新工科建设之路·新能源与智能网联汽车应用型系列教材

新能源与智能网联
汽车技术

樊百林　赵　航　辛文萍　张　伟　等编著

电子工业出版社
Publishing House of Electronics Industry
北京·BEIJING

内 容 简 介

本书内容由浅入深，由传统技术到新技术，图文并茂，条理清晰，内容翔实得当。本书共 5 章，分别为汽车结构概述、新能源汽车技术、车联网技术、自动驾驶技术、汽车制造技术。

本书不仅可以作为大中专院校汽车类专业的教材，还可作为非汽车类专业学生学习"汽车概论""汽车构造""智能汽车"等课程的教材，也可以作为通识读本，供对汽车感兴趣的大众读者阅读和学习。

未经许可，不得以任何方式复制或抄袭本书之部分或全部内容。
版权所有，侵权必究。

图书在版编目（CIP）数据

新能源与智能网联汽车技术 / 樊百林等编著.
北京 : 电子工业出版社, 2025.2. -- ISBN 978-7-121-50179-1

Ⅰ. U469.7；U463.67
中国国家版本馆 CIP 数据核字第 2025LH5124 号

责任编辑：张天运
印　　刷：涿州市京南印刷厂
装　　订：涿州市京南印刷厂
出版发行：电子工业出版社
　　　　　北京市海淀区万寿路 173 信箱　邮编：100036
开　　本：787×1092　1/16　印张：10.75　字数：276 千字
版　　次：2025 年 2 月第 1 版
印　　次：2025 年 2 月第 1 次印刷
定　　价：49.80 元

凡所购买电子工业出版社图书有缺损问题，请向购买书店调换。若书店售缺，请与本社发行部联系，联系及邮购电话：（010）88254888，88258888。

质量投诉请发邮件至 zlts@phei.com.cn，盗版侵权举报请发邮件至 dbqq@phei.com.cn。

本书咨询联系方式：（010）88254172，zhangty@phei.com.cn。

编委会

樊百林　赵　航　辛文萍　张　伟

程学道　潘锐辉　张　毅　陈　也

任海啸　张聪燕　王俊朋　邹　静　黄增辉

前　言

汽车是人类文明发展的标志之一，可以说是20世纪最具代表性的社会事物之一，也是21世纪最具影响力的社会事物之一。

汽车是世界上唯一产量以万计、保有量以亿计、结构复杂的综合性工业产品。汽车工业的发展促进了社会的进步和工业的发展，汽车工业在许多国家已经成为非常重要的支柱产业。随着低碳减排政策的颁布、新能源技术的应用及智能制造技术的提升，新能源汽车技术、无人驾驶技术日新月异，这对高等院校在工程人才培养上提出了新的目标。

本书在内容上注重介绍新技术和新工艺，强调实用性和工程概念，同时减少了理论推导，适应普通高等院校培养应用型人才的需求。本书共5章，第1章为汽车结构概述，第2章为新能源汽车技术，第3章为车联网技术，第4章为自动驾驶技术，第5章为汽车制造技术。

本书不仅可以作为大中专院校汽车类专业的教材，还可作为非汽车类专业学生学习"汽车概论""汽车构造""智能汽车"等课程的教材。

本书由樊百林（北京科技大学）、赵航（中国电子科技集团公司第三研究所）、辛文萍（北京福田汽车股份有限公司）、张伟（中信戴卡股份有限公司）、程学道（比亚迪汽车工程研究院）、潘锐辉（联想集团）、张毅（北京奔驰汽车有限公司）、陈也（上海蔚来汽车有限公司）、任海啸、张聪燕（首都航天机械有限公司）、王俊朋（宇通客车有限公司）、邹静（北京科技大学）、黄增辉（内蒙古锐明泰实业有限公司）编写。全书由樊百林统稿。在本书的编写过程中，直金达、张昌瑞等对本书的内容和图片提供了一定的帮助，在这里一并表示感谢。

由于编者水平和经验所限，书中难免存在疏漏之处，敬请读者批评指正。

樊百林
写于北京科技大学
2024年7月22日

目 录

第 1 章 汽车结构概述 1
  1.1 汽车组成 1
    1.1.1 发动机 1
    1.1.2 底盘 2
    1.1.3 车身 2
    1.1.4 电器与电子设备 2
  1.2 发动机及工作原理 3
    1.2.1 发动机分类 3
    1.2.2 发动机工作原理 4
    1.2.3 常用名词解释 6
    1.2.4 发动机主要性能 7
  1.3 发动机基本结构 9
    1.3.1 曲柄连杆机构 9
    1.3.2 配气机构 11
    1.3.3 燃料供给系统 11
    1.3.4 进排气系统 13
    1.3.5 冷却系统 13
    1.3.6 润滑系统 13
    1.3.7 点火系统 14
    1.3.8 启动系统 14
  1.4 汽车底盘结构 16
    1.4.1 汽车传动系统 16
    1.4.2 汽车行驶系统 24
    1.4.3 汽车转向系统 25
    1.4.4 汽车制动系统 27
  1.5 汽车车身 30
    1.5.1 车身 30
    1.5.2 车身的分类 32

1.6 电气设备 ·33
1.6.1 电气设备的组成 ·33
1.6.2 供电系统 ·33
1.6.3 照明系统 ·34
1.6.4 仪表系统 ·34
1.6.5 信号系统 ·35
1.6.6 空调系统 ·35
思考题 ·35

第2章 新能源汽车技术 ·36
2.1 新能源汽车 ·36
2.1.1 新能源汽车定义 ·36
2.1.2 新能源汽车分类 ·36
2.2 纯电动汽车 ·36
2.2.1 电动车的定义及特点 ·36
2.2.2 纯电动汽车的组成 ·37
2.2.3 电动汽车高压标识 ·40
2.2.4 纯电动汽车驱动系统布置形式 ·41
2.2.5 轮毂电机 ·45
2.2.6 电动汽车制动能量回收系统 ·47
2.3 混合动力汽车 ·50
2.3.1 混合动力汽车的定义 ·50
2.3.2 混合动力汽车的种类 ·50
2.3.3 混合动力系统 ·51
2.4 电池 ·54
2.4.1 电池分类 ·54
2.4.2 动力电池分类 ·54
2.4.3 燃料电池 ·55
2.4.4 燃料电池电动汽车组成 ·56
2.4.5 燃料电池电动汽车工作原理 ·57
2.4.6 氢燃料电池的应用 ·57
2.5 风能发电汽车 ·58
2.5.1 国外风能发电汽车 ·59
2.5.2 国内风能发电汽车 ·60
2.5.3 风力机类型选择 ·61
2.5.4 风力机基本性能表示方法 ·62
2.5.5 设计 ·62
2.5.6 蓄电池系统 ·68

2.5.7　控制系统 ··· 69
　　　2.5.8　车阻耗能研究 ··· 70
　　　2.5.9　有风环境下的做功 ·· 71
　2.6　太阳能汽车 ·· 73
　思考题 ·· 74

第3章　车联网技术 ·· 75
　3.1　物联网 ··· 75
　　　3.1.1　物联网定义 ·· 75
　　　3.1.2　物联网的层次结构 ·· 75
　3.2　智能网联技术 ·· 76
　　　3.2.1　智能网联汽车定义 ·· 76
　　　3.2.2　智能网联汽车的关键技术 ·· 77
　3.3　车联网概念及技术体系 ··· 79
　　　3.3.1　车联网的定义 ·· 79
　　　3.3.2　车联网的技术体系 ·· 80
　3.4　智能网联的应用 ·· 84
　　　3.4.1　基于车联网的车载信息服务系统 ·································· 84
　　　3.4.2　公交及营运车辆的网联化信息管理系统 ······················ 85
　　　3.4.3　智能辅助驾驶系统 ·· 85
　　　3.4.4　自动驾驶和无人驾驶 ·· 86
　思考题 ·· 87

第4章　自动驾驶技术 ·· 88
　4.1　自动驾驶与无人驾驶的区别 ··· 88
　　　4.1.1　自动驾驶汽车的组成 ·· 89
　　　4.1.2　自动驾驶汽车各系统的功用 ·· 89
　　　4.1.3　自动驾驶技术特点 ·· 90
　4.2　自动驾驶的核心技术 ··· 90
　　　4.2.1　环境感知层 ·· 91
　　　4.2.2　决策规划层 ·· 109
　　　4.2.3　控制层核心技术 ·· 116
　思考题 ·· 123

第5章　汽车制造技术 ·· 124
　5.1　汽车智能制造与数字化工厂 ··· 124
　　　5.1.1　智能制造技术 ·· 124
　　　5.1.2　数字化工厂 ·· 125
　　　5.1.3　汽车制造工艺流程 ·· 126

VII

- 5.2 铸造工艺 ·· 127
  - 5.2.1 铸造定义 ·· 127
  - 5.2.2 铸造工艺原理 ·· 127
  - 5.2.3 汽车铸件应用 ·· 130
- 5.3 锻造工艺 ·· 131
  - 5.3.1 锻造定义 ·· 131
  - 5.3.2 锻造工艺原理 ·· 131
  - 5.3.3 汽车锻件应用 ·· 134
- 5.4 冲压工艺 ·· 135
  - 5.4.1 冲压定义 ·· 135
  - 5.4.2 冲压工艺原理 ·· 135
  - 5.4.3 汽车冲压件应用 ·· 137
- 5.5 焊接工艺 ·· 138
  - 5.5.1 焊接定义 ·· 138
  - 5.5.2 焊接工艺原理 ·· 139
  - 5.5.3 汽车焊接件应用 ·· 140
- 5.6 机械加工工艺 ·· 142
  - 5.6.1 金属切削加工定义 ·· 142
  - 5.6.2 切削加工工艺原理 ·· 142
  - 5.6.3 汽车机床加工件应用 ·· 144
- 5.7 涂装工艺 ·· 147
  - 5.7.1 汽车涂装 ·· 147
  - 5.7.2 涂装前金属的表面处理 ·· 148
  - 5.7.3 涂装施工工艺 ·· 148
  - 5.7.4 汽车涂装工艺应用 ·· 148
- 5.8 总装工艺 ·· 149
  - 5.8.1 总装线 ·· 149
  - 5.8.2 分装线 ·· 150
  - 5.8.3 装饰线 ·· 151
- 5.9 汽车检测 ·· 152
  - 5.9.1 整车检测线 ·· 152
  - 5.9.2 外观检查 ·· 152
  - 5.9.3 道路测试 ·· 153
- 5.10 智能制造汽车生产线 ·· 153
  - 5.10.1 汽车工厂生产运作流程 ·· 153
  - 5.10.2 汽车生产信息系统整体框架 ·· 155
  - 5.10.3 MES 的功能 ··· 157
- 思考题 ·· 159

参考文献 ·· 160

第1章 汽车结构概述

1.1 汽车组成

汽车由发动机、底盘、车身、电器与电子设备四大部分组成,如图 1-1 所示。

图 1-1 汽车组成

1.1.1 发动机

发动机(Engine)是一种能够将其他形式的能转化为机械能的装置,如图 1-2 所示,包括内燃机(如汽油发动机)、外燃机(如斯特林发动机、蒸汽机)等。发动机作为汽车的动力装置,其在起作用时,可使进入其中的燃料经过燃烧变成热能,并转化为动能,最终通过底盘的传动系统驱动汽车行驶。

(a)汽车发动机实体模型

(b)康明斯发动机

图 1-2 发动机

1.1.2 底盘

底盘能够起到支承作用,安装发动机和其他总成,可接收发动机输出的动力,使汽车运动并按驾驶员的操纵正常行驶。底盘由传动系、行驶系、转向系、制动系四部分组成,如图 1-3 所示。

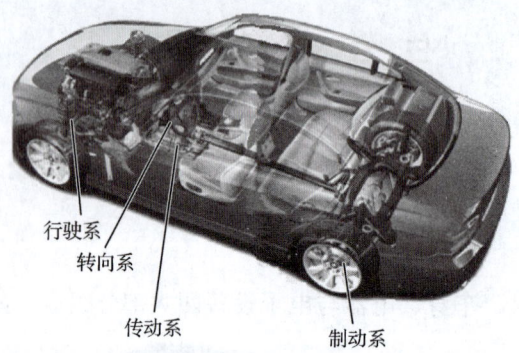

图 1-3 底盘组成

(1)传动系:将发动机的转矩传递到驱动车轮,同时根据行驶条件,改变转矩的大小。

(2)行驶系:将汽车的各个部件整合成一个整体,对全车起支承作用。将转矩转化为汽车行驶的动力,承受各种反力、弯矩和扭矩,减少震动和冲击,保证汽车平顺行驶。

(3)转向系:使汽车按驾驶员选定的方向行驶。

(4)制动系:使汽车减速或停止,并保证在驾驶员离去后汽车的可靠停驻。

1.1.3 车身

车身是驾驶员工作及容纳乘客和货物的场所,如图 1-4 所示。车身应为驾驶员提供便捷的操作条件,以及为乘客提供舒适安全的环境或保证货物完好无损。

图 1-4 车身

白车身(Body in White)是指完成焊接但未涂装的车身。白车身、内外饰部件(包括仪表板、方向管柱、座椅、前后挡风玻璃、后视镜、翼子板、水箱、大灯、地毯、内饰护板等)、车门、引擎盖、行李箱盖和电子电器系统组成了真正意义上的车身。

1.1.4 电器与电子设备

汽车电器由电源组、启动电动机、点火设备、照明与信号仪表、空调、刮水器、收录机等设备组成。汽车电子设备由电控燃油喷射系统和电控点火系统等组成。

1.2 发动机及工作原理

1.2.1 发动机分类

汽车发动机是汽车的动力装置，是汽车的"心脏"。现代汽车发动机大多采用的是内燃机。内燃机的作用是先把燃料燃烧产生的化学能转化为热能，再通过曲柄连杆机构将热能转化为机械能，最后通过底盘的传动系驱使汽车行驶。

发动机种类繁多，可以从以下几个方面进行分类。

（1）根据燃料的种类，发动机可以分为汽油机、柴油机、煤气机（主要燃料为天然气和沼气）、多种燃料内燃机。

（2）根据燃烧方式，发动机可以分为外燃机和内燃机。

外燃机是指燃料在机器外部燃烧的热机，如蒸汽机、蒸汽轮机和热气机（如斯特林发动机）。

内燃机是指将液体或气体燃料和空气混合后，直接输入机器内部燃烧的热机，如汽油机、柴油机、燃气轮机、喷气式发动机等。其中，根据内燃机活塞的运动方式又可分为往复活塞式内燃机和旋转活塞式内燃机。内燃机的分类如表1-1所示。

表1-1 内燃机的分类

分类方法	类别	含义
按冲程数分	二冲程内燃机	活塞经过两个冲程完成一个工作循环的内燃机
	四冲程内燃机	活塞经过四个冲程完成一个工作循环的内燃机
按气缸点火方式分	点燃式内燃机	压缩气缸内的可燃混合气，并用外源点火燃烧的内燃机
	压燃式内燃机	压缩气缸内的空气或可燃混合气，产生高温，进而引起燃料着火的内燃机
按使用燃料种类分	液体燃料内燃机	燃烧液体燃料（汽油、柴油、醇类燃料等）的内燃机
	气体燃料内燃机	燃烧气体燃料（液化石油气、天然气等）的内燃机
	多种燃料内燃机	能够使用着火性能差异较大的两种或两种以上燃料的内燃机
按进气状态分	非增压内燃机	进入气缸前的空气或可燃混合气未经压缩的内燃机
	增压内燃机	进入气缸前的空气或可燃混合气经过压气机压缩，以增大充量密度的内燃机
按冷却方式分	水冷式内燃机	使用水冷却气缸和气缸盖等零件的内燃机
	风冷式内燃机	使用空气冷却气缸和气缸盖等零件的内燃机
按气缸数及布置分	单缸内燃机	只有一个气缸的内燃机
	多缸内燃机	具有两个或两个以上气缸的内燃机
	立式内燃机	气缸布置于曲轴上方且气缸中心线垂直于水平面的内燃机
	卧式内燃机	气缸中心线平行于水平面的内燃机
	直列式内燃机	具有两个或两个以上直立气缸并呈一列布置的内燃机

续表

分类方法	类别	含义
按气缸数及布置分	V 形内燃机	具有两个或两列气缸，其中心线夹角呈 V 形，并共用一根曲轴输出功率的内燃机
	对置气缸式内燃机	具有两个或两列气缸且分别排列在同一曲轴上，两边呈 180°夹角的内燃机
	斜置式内燃机	气缸中心线与水平面呈一定角度（不是直角）的内燃机

除此之外，内燃机按用途可以分为汽车用内燃机、机车用内燃机、拖拉机用内燃机、船用内燃机、坦克用内燃机、摩托车用内燃机、发电用内燃机、农用内燃机、工程机械用内燃机等。

1.2.2 发动机工作原理

发动机的所有结构都是为能量转换服务的。发动机伴随着汽车走过了 100 多年的历史，无论是在设计上、制造上、工艺上，还是在性能上、控制上都有很大提高，但其基本原理始终未变。

1．四冲程汽油机工作原理

四冲程汽油机有四个工作行程：进气、压缩、燃烧膨胀和排气。每完成这四个行程一次，汽油机对外做功一次，称为一个工作循环。曲轴转一圈，活塞在气缸中往复运动一次，完成一个工作循环的汽油机称为二冲程汽油机；曲轴转两圈，活塞在气缸中往复运动两次，完成一个工作循环的汽油机称为四冲程汽油机，如图 1-5 所示。

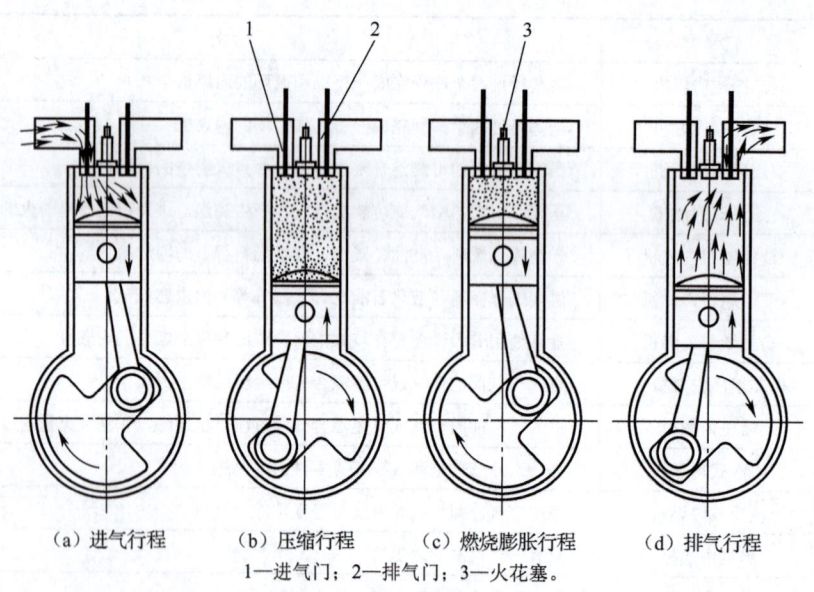

(a) 进气行程　　(b) 压缩行程　　(c) 燃烧膨胀行程　　(d) 排气行程
1—进气门；2—排气门；3—火花塞。

图 1-5　四冲程汽油机的工作循环

在这四个行程中，由于只有一个行程做功，曲轴转速不均匀、工作震动大，所以在曲轴后端安装了一个质量较大的飞轮。在汽油机对外做功时，飞轮吸收储存能量，其余三个行程依靠飞轮的惯性维持转动。

二冲程汽油机在活塞运行两个行程中完成一个工作循环。两个行程依次为换气压缩行程和膨胀换气行程。

2．四冲程柴油机结构特点与工作原理

结构特点：四冲程柴油机没有火花塞，喷油器安装在气缸顶，可直接向气缸内喷油，如图1-6所示。

工作原理：在进气行程中，进入气缸的是纯空气，不是可燃混合气；在压缩行程末，喷油器向气缸内喷入高压柴油，由于气缸的高温高压作用，柴油迅速燃烧，气体急剧膨胀，进而推动活塞做功。四冲程柴油机的点火方式属于压燃式，并非汽油机的点燃式。

燃料：柴油。柴油具有黏度高、不易挥发、自燃点低的特点，不会产生爆燃。为了使柴油可靠着火，提高柴油机燃烧热效率，柴油机的压缩比一般为16～22，比汽油机高得多，所以其最高燃烧压力也比汽油机高。

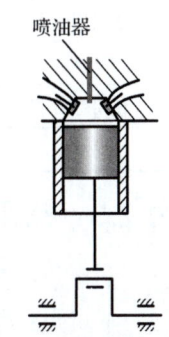

图1-6 四冲程柴油机结构特点

柴油机与汽油机的比较如表1-2所示。

表1-2 柴油机与汽油机的比较

性能	汽油机	柴油机
点火方式	点燃	压燃
燃油消耗率	高	低
热效率	30%左右	40%左右
工作平稳性	柔和	粗暴
发动机转速	高（4000～6000r/min）	低（2500～3000r/min）
升功率	大	小
启动性	易	难
制造维修成本	低	高
比质量	小	大
使用寿命	短	长
排放	CO、HC 多，NO_X、黑烟少	CO、HC 少，NO_X、黑烟多

注：柴油机的转速在不断提高，奔驰V230轿车柴油机的最高转速可达6000r/min。

3．二冲程汽油机与四冲程汽油机比较

二冲程汽油机与四冲程汽油机的比较如表1-3所示。

表1-3 二冲程汽油机与四冲程汽油机的比较

性能	二冲程汽油机	四冲程汽油机
结构	简单	复杂
比质量	小	大

续表

性能	二冲程汽油机	四冲程汽油机
燃油消耗率	高	低
升功率	大	小
制造维修成本	低	高
启动性	易	难
使用寿命	短	长
排放	大	小

1.2.3 常用名词解释

（1）上止点：气缸内活塞离曲轴中心线最远的位置，简称 TDC（见图 1-7）。

（2）下止点：气缸内活塞离曲轴中心线最近的位置，简称 BDC（见图 1-7）。

（3）活塞行程：活塞在气缸内由上止点至下止点所移动的距离，用 S 表示，单位为 mm。活塞行程又称冲程，如图 1-7 所示。

（4）气缸工作容积：活塞在气缸内从下止点运动到上止点所扫过的气缸容积，用 V_h 表示，单位为 mL，如图 1-8 所示。

$$V_h = \frac{\pi}{4}D^2 S$$

气缸工作容积又称活塞排量，对于单缸汽油机而言，气缸工作容积又称汽油机排量。对于多缸汽油机而言，各气缸工作容积之和称作汽油机总排量。

（5）燃烧室容积：当活塞位于上止点时，活塞顶上面的气缸空间称作燃烧室。燃烧室容积用 V_c 表示，单位为 mL，如图 1-9 所示。

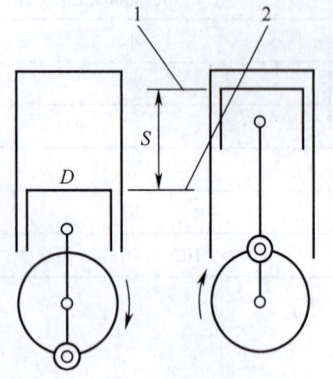

1—上止点；2—下止点；S—活塞行程；D—气缸直径。

图 1-7 位置示意图

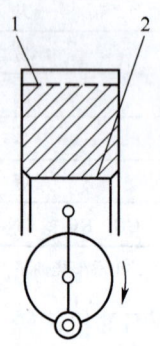

1—上止点；2—下止点。

图 1-8 气缸工作容积

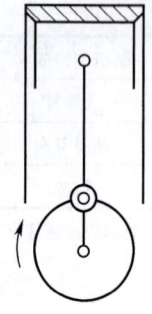

图 1-9 燃烧室容积

（6）气缸总容积：活塞顶上面的总气缸容积，用 V_a 表示，单位为 mL。

$$V_a = V_h + V_c$$

（7）压缩比：气缸总容积与燃烧室容积的比值，即 V_a/V_c。现代汽油机压缩比一般为 7～11，广州本田雅阁 2.4i-VTEC 发动机的压缩比为 9.7，3.0V6-VTEC 发动机的压缩比为 10。

发动机的压缩比不能过高，否则会使压缩终了温度和压力升高。对于汽油机而言，这可能会产生爆震，加大热负荷、机械负荷、噪声和震动，进而造成启动困难。

可变压缩比发动机能根据发动机工作负荷的变化，自动调节压缩比。当负荷减小时，压缩比提高；当全负荷时，压缩比降低。这种调节机制可有效达到防止爆震燃烧、增加功率、降低油耗、减少排放的目的。

1.2.4 发动机主要性能

发动机主要性能常用动力性指标（扭矩功率）和经济性指标（燃油消耗率）表示。

1. 发动机扭矩

在发动机做功过程中，燃烧产生的高压气体推动活塞运动，活塞则通过连杆使曲轴转动，曲轴对外输出的扭矩称为发动机扭矩，用 M_e 表示，单位为 N·m。在节气门（油门）开度最大时，用测功器测出曲轴最大扭矩随发动机转速变化的曲线，称该曲线为发动机的外特性曲线，如图 1-10 所示的 M_e 曲线。

常用发动机外特性曲线上的最大扭矩值标注发动机的扭矩。

2. 发动机有效功率

通过曲轴端输出的功率称为发动机有效功率，用 P_e 表示，单位为 kW。

$$P_e = \frac{M_e \cdot n}{9500}$$

式中　M_e——发动机扭矩，N·m；
　　　n——发动机曲轴转速，r/min。

M_e、n 均可由测功器测出，将计算结果绘制成如图 1-10 所示的 P_e 曲线。

发动机产品铭牌上标明的功率及相应转速称为发动机的额定功率和额定转速。GB/T 19055—2003《汽车发动机可靠性试验方法》规定，汽车发动机应能在额定工况下连续运行 300~1000h。

3. 发动机燃油消耗率

在发动机工作时，在 1h 内，每输出 1kW 功率所消耗的燃油量称为发动机燃油消耗率，用 g_e 表示，单位为 g/(kW·h)。

$$g_e = \frac{1000 G_T}{P_e}$$

式中　G_T——单位时间内的耗油量，可用耗油仪测得；
　　　P_e——通过曲轴端输出的功率，kW。

在节气门开度最大时测量耗油量，并将计算结果绘制成如图 1-10 所示的 g_e 曲线。

从图 1-10 中可以看出：g_e 曲线越低、越平坦，发动机工作时的油耗就越低，燃油经济性也就越好。外特性曲线表示了发动机具有的最高动力性能和最准确的燃油经济性能，因此，常用发动机的外特性曲线分析并比较相同排量的发动机的性能，外特性曲线也是改进和提高发动机性能的依据。

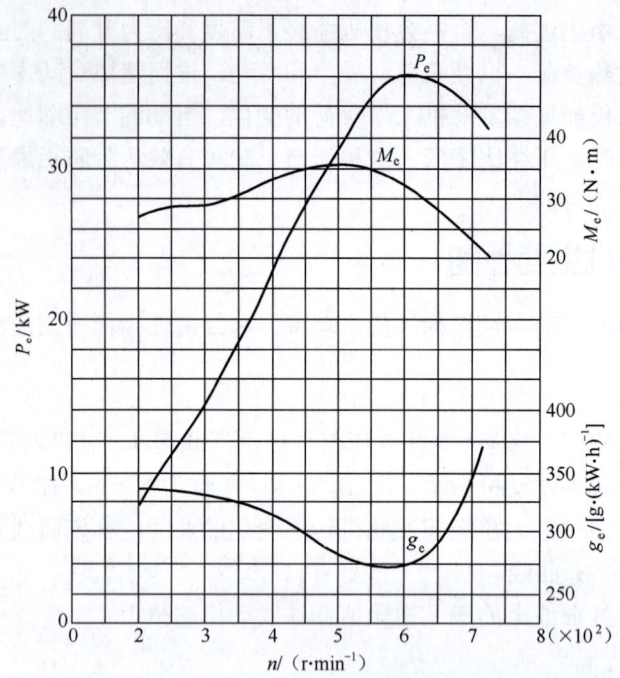

图 1-10　发动机外特性曲线、有效功率曲线和燃油消耗率曲线

4．示功图

将四冲程发动机在一个工作循环里气缸内气体压力随气缸工作容积或曲轴转角变化的关系用坐标图表示，得到如图 1-11 所示的四冲程发动机示功图。

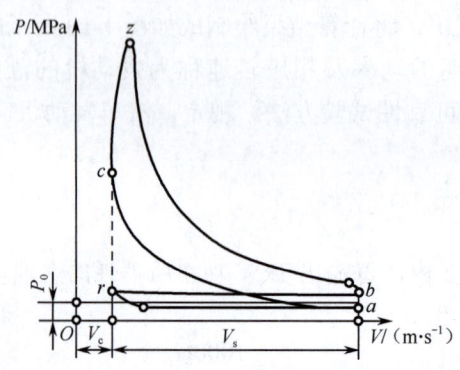

图 1-11　四冲程发动机示功图

由图 1-11 可以看出发动机在一个工作循环里工作状态的变化，据此可检查并判断发动机性能的优劣。发动机特征点参数随机型、结构等有所不同，一般范围如表 1-4 所示。

表 1-4　发动机特征点参数

特征点		a	c	z	b	r
汽油机	P/MPa	0.075～0.09	0.6～1.2	3～5	0.3～0.5	0.105～0.115
	T/K	370～400	600～700	2200～2800	1300～1600	900～1200

续表

特征点		a	c	z	b	r
柴油机	P/MPa	0.08～0.09	3.5～4.5	6～9	0.2～0.4	0.105～0.125
	T/K	300～370	750～1000	2000～2500	1200～1500	800～1000

注：P 为气缸内气体压强，单位为 MPa；T 为气缸内气体温度，单位为 K。

1.3 发动机基本结构

无论是四冲程发动机还是二冲程发动机，无论是单缸发动机还是多缸发动机，为了完成能量转换，实现工作循环，保证长时间连续工作，燃用汽油的发动机一般应具备以下机构和系统。

1.3.1 曲柄连杆机构

曲柄连杆机构是发动机实现工作循环、完成能量转换的主要运动零件。它由机体组、活塞连杆组和曲轴飞轮组等组成。在燃烧膨胀行程中，活塞承受燃气压力，进而在气缸内做直线运动。在这一行程中，活塞的运动通过连杆转换成曲轴的旋转运动，从而向外输出动力。而在进气、压缩和排气行程中，飞轮释放能量，又把曲轴的旋转运动转换成活塞的直线运动。

1. 机体组

机体组由气缸盖罩、气缸盖、气缸体、曲轴箱、气缸垫、燃烧室等组成，机体组是发动机的骨架，它的作用是支承和安装发动机的其他零部件，承受发动机工作时产生的各种载荷。

气缸盖的功用：密封气缸，与活塞共同组成燃烧室空间，承受高温高压燃气的作用力，并把燃油燃烧时的部分热量散发出去，使发动机不至于过热。

气缸体的功用：可燃混合气压缩、燃烧和膨胀的空间，对活塞起导向作用，可将气缸中一部分热量传递给周围的冷却介质。气缸体结构图如图 1-12 所示。

曲轴箱的功用：气缸体下部安放并封闭曲轴的部分，分为上曲轴箱和下曲轴箱，下曲轴箱又称油底壳，如图 1-13 所示。水冷发动机通常将气缸体与上曲轴箱整合为一个整体部件，这个部件被统称为机体或气缸体。

图 1-12 气缸体结构图

图 1-13 油底壳

2. 活塞连杆组

活塞连杆组由活塞、气环、组合油环、活塞销、连杆、连杆轴瓦、连杆螺栓和连杆盖等机件组成。活塞连杆组分解图如图 1-14 所示。

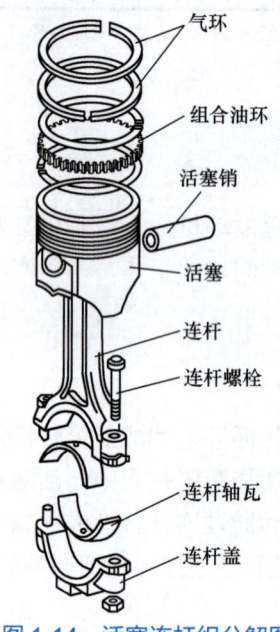

图 1-14 活塞连杆组分解图

3. 曲轴飞轮组

曲轴飞轮组由曲轴、飞轮、曲轴扭转减震器等组成，如图 1-15 所示。

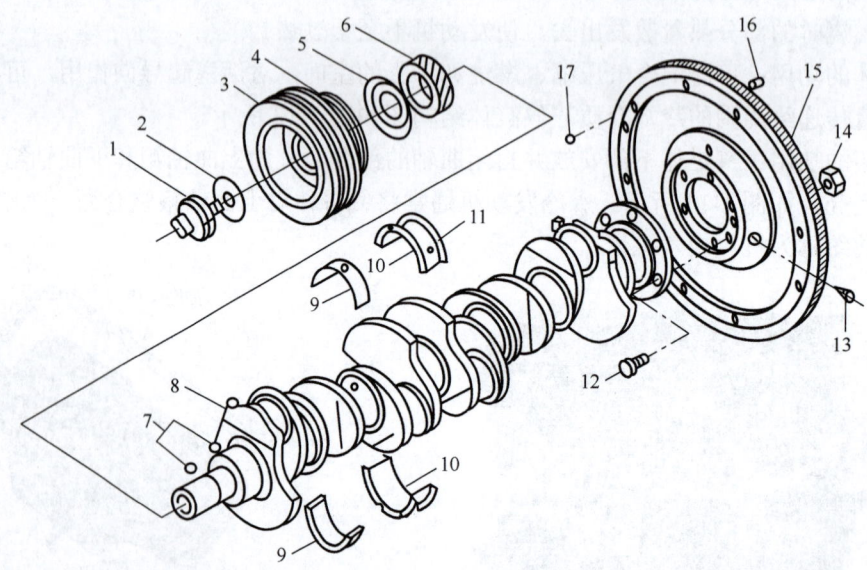

1—启动爪；2—锁紧垫圈；3—扭转减震器总成；4—皮带轮；5—挡油盘；6—正时齿轮；7—半圆键；8—曲轴；9、10—主轴承；11—止推片；12—飞轮螺栓；13—滑脂嘴；14—螺母；15—飞轮与齿圈；16—离合器盖定位销；17——缸、六缸上止点记号用钢球。

图 1-15 曲轴飞轮组

1.3.2 配气机构

配气机构由气门组和气门传动组组成,如图 1-16 所示。配气机构根据凸轮轴位置的不同,分为下置式、中置式和上置式;根据气门安置位置不同,分为气门顶置式和气门侧置式。气门顶置式配气机构如图 1-17 所示。

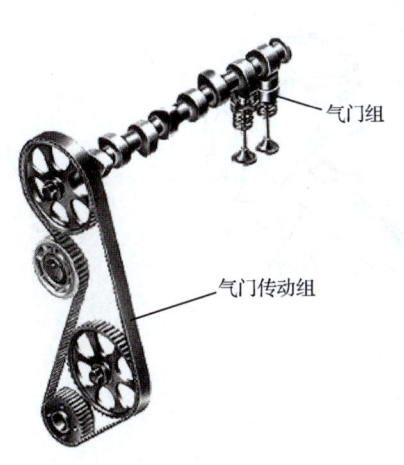

图 1-16　配气机构示意图

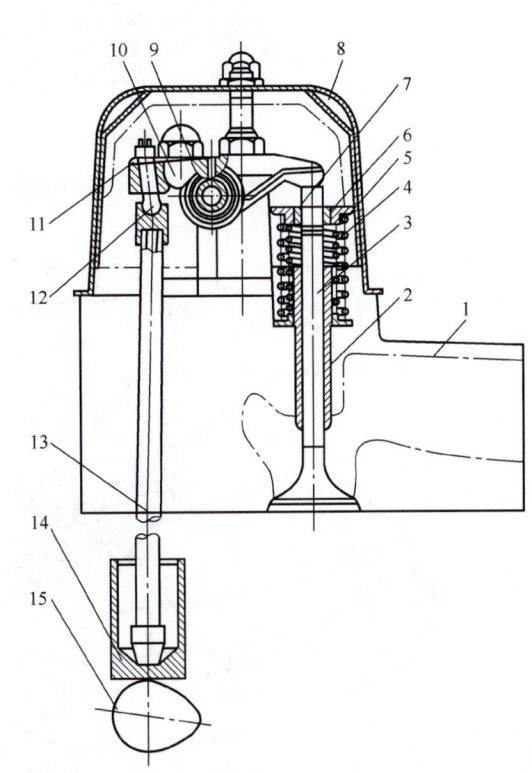

1—气缸盖;2—气门导管;3—气门;4—气门主弹簧;5—气门副弹簧;6—气门弹簧座;7—锁片;8—气门室罩;9—摇臂轴;10—摇臂;11—锁紧螺母;12—调整螺钉;13—推杆;14—挺柱;15—凸轮轴。

图 1-17　气门顶置式配气机构

配气机构的功用是适时地将可燃混合气吸入气缸,并及时地将废气排出,以保证发动机正常工作。

1.3.3 燃料供给系统

汽油机燃料供给系统有缸外喷射与缸内喷射两种方式,如图 1-18 所示。汽油机燃料供给系统的功用是根据发动机工况的要求,配制出一定数量和浓度的可燃混合气,并将该可燃混合气送入气缸。燃料供给系统示意图如图 1-19 所示。

柴油机燃料供给系统的功用是把柴油和空气分别送入气缸,使它们在燃烧室内形成混合气并燃烧。

电控汽油喷射供给系统主要由燃料供给系统、进气系统、电子控制系统(见图 1-20)三大部分组成。电控汽油喷射供给系统的控制功能如下。

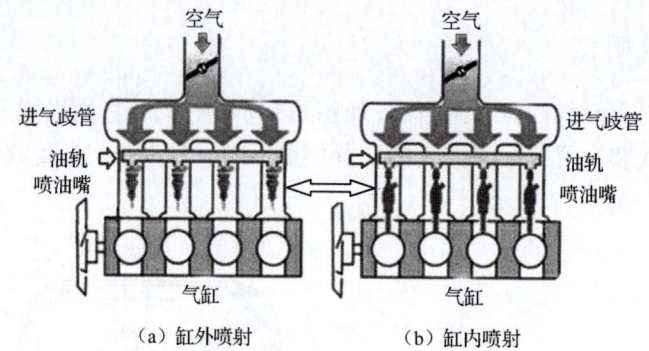

图 1-18 汽油机燃料供给系统的两种方式

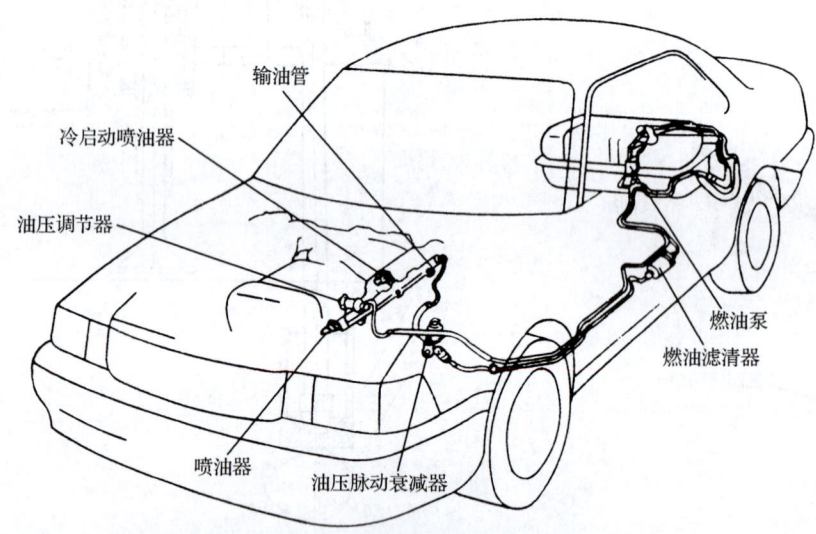

图 1-19 燃料供给系统示意图

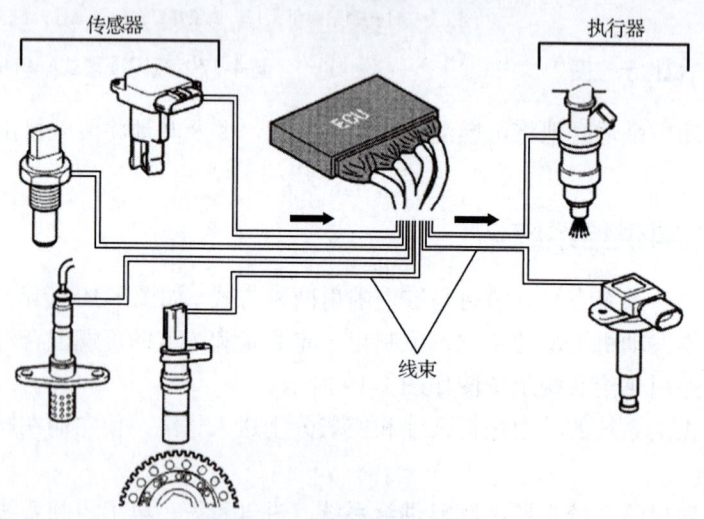

图 1-20 电子控制系统

（1）汽油喷射控制。
（2）点火提前控制。
（3）怠速控制。
（4）诊断功能控制。
（5）安全功能控制。
（6）发动机其他功能控制。

1.3.4 进排气系统

进气系统的功用是引导并滤清空气，控制进入气缸的混合气量。若进气系统中装有进气消声器，则可降低进气噪声。排气系统的功用是排出废气并降低排气噪声。

1.3.5 冷却系统

冷却系统的功用主要是将发动机运转时传导给气缸体、气缸盖的热量散发到空气中，使发动机处于热平衡状态，保证发动机正常工作。

水冷发动机的冷却系统通常由散热器、水泵、冷却风扇、节温器等组成，具体零部件如图 1-21 所示。

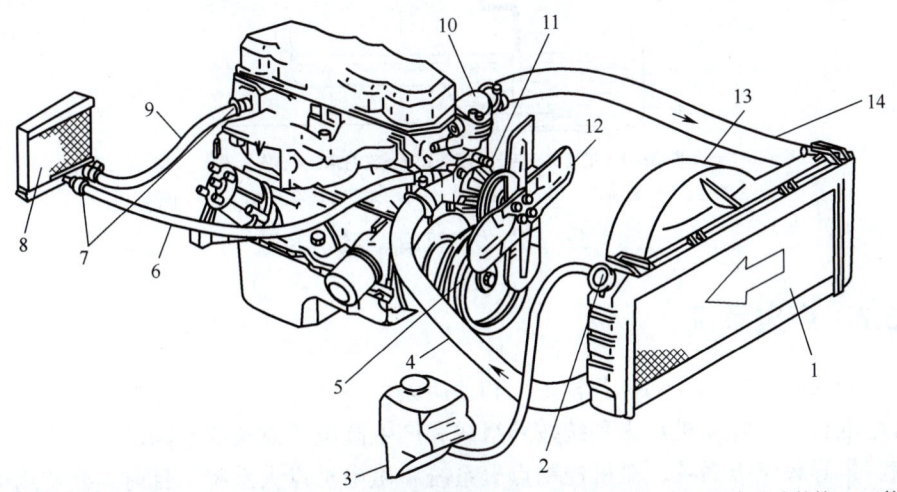

1—散热器；2—散热器盖；3—补偿水桶；4—散热器出水软管；5—风扇传动带；6—暖风机出水软管；7—管箍；8—暖风机芯；9—暖风机进水软管；10—节温器；11—水泵；12—冷却风扇；13—护风圈；14—散热器进水软管。

图 1-21 水冷发动机冷却系统示意图

冷却风扇的功用是利用风扇旋转送风，辅助散热器进行热交换。
散热器的功用是利用冷风冷却被加热的冷却液，散热器又名水箱。
节温器的功用是控制冷却液流动的开关阀，从而使冷却液保持适当的温度。
水泵的功用是使冷却液循环。

1.3.6 润滑系统

润滑系统的功用是向做相对运动的零件表面输送定量的清洁润滑油，以实现液体摩擦，从而减小摩擦阻力,减轻机件的磨损,并对零件表面进行清洗和冷却。润滑油具有润滑作用、密封作用、散热作用、清洗作用、防锈作用。

润滑系统通常由油底壳、润滑油道、机油泵、机油滤清器和阀门等组成,具体零部件如图 1-22 所示。

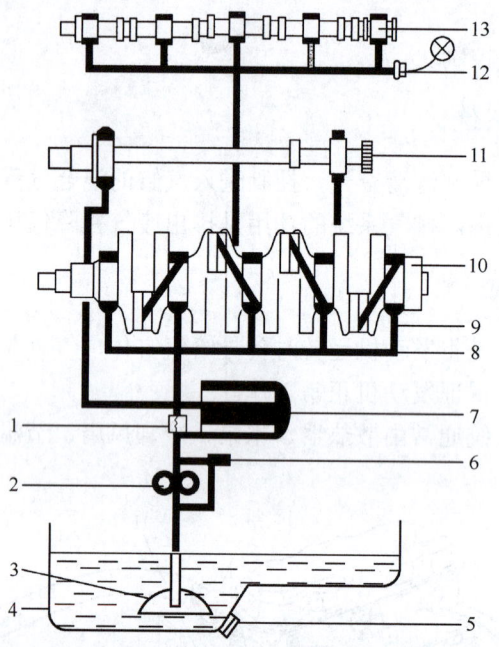

1—旁通阀;2—机油泵;3—集滤器;4—油底壳;5—放油塞;6—安全阀;7—机油滤清器;
8—主油道;9—分油道;10—曲轴;11—中间轴;12—限压阀;13—凸轮轴。

图 1-22　汽车发动机润滑系统示意图

1.3.7　点火系统

点火系统应确保能在发动机各种工况和使用条件下可靠工作,从而准确点火,即点燃气缸内的可燃混合气。发动机点火系统按其组成和产生高电压方式的不同,可分为传统蓄电池点火系统、半导体点火系统、微机控制点火系统和磁电机点火系统。目前主要使用无分电器式直接点火系统,如图 1-23 所示。

点火系统应满足以下基本要求:第一,能产生足以击穿火花塞两电极间隙的电压;第二,电火花应具有足够的点火能量;第三,点火时刻应与发动机的工作情况相适应。

1.3.8　启动系统

要使发动机由静止状态过渡到工作状态,必须先用外力转动发动机的曲轴,使活塞做往复运动,进而使气缸内的可燃混合气燃烧膨胀做功,推动活塞向下运动使曲轴旋转,发动机才能自行运转,工作循环才能自动进行。因此,曲轴在外力作用下开始转动直至发动机能够自动地怠速运转的全过程,称为发动机的启动。负责完成这一启动过程所需的装置,称为发动机的启动系统。图 1-24 所示为启动机的零部件。

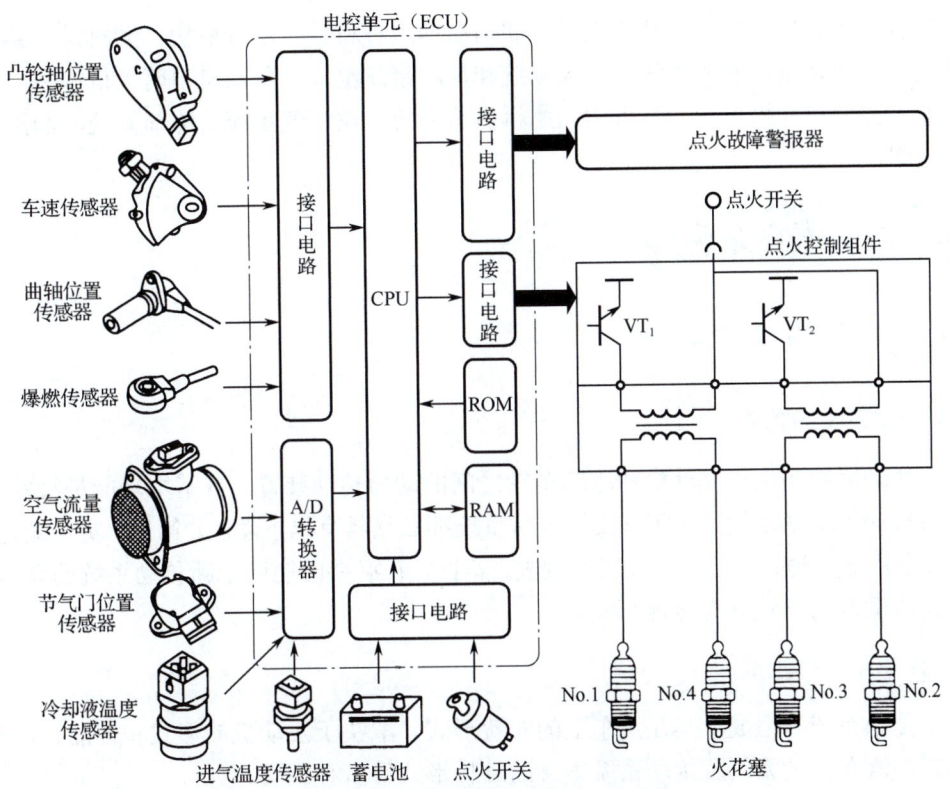

图 1-23　无分电器式直接点火系统

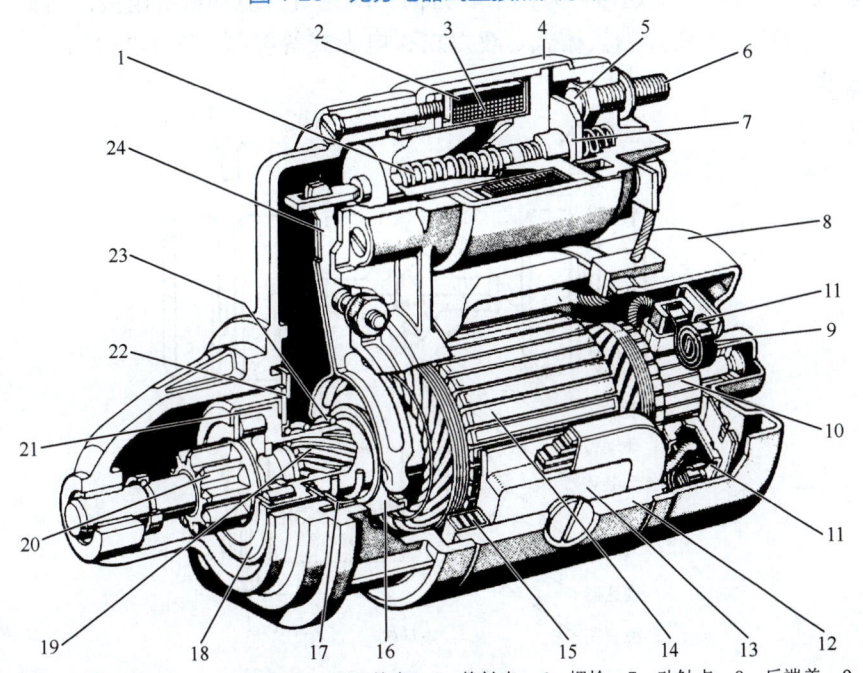

1—回位弹簧；2—保持线圈；3—吸引线圈；4—开关壳；5—静触点；6—螺栓；7—动触点；8—后端盖；9—刷簧；10—换向器；11—炭刷；12—定子；13—磁极；14—电枢；15—励磁绕组；16—导向环；17—止挡；18—单向离合器；19—轴花键；20—齿轮；21—罩盖；22—制动盘；23—啮合弹簧；24—拨叉。

图 1-24　启动机的零部件

汽油机由两大机构和六大系统组成，即由曲柄连杆机构、配气机构、燃料供给系统、进排气系统、冷却系统、润滑系统、点火系统和启动系统组成。柴油机由两大机构和五大系统组成，即由曲柄连杆机构、配气机构、燃料供给系统、进排气系统、冷却系统、润滑系统和启动系统组成。

1.4 汽车底盘结构

1.4.1 汽车传动系统

1. 传动系统的功能

汽车传动系统是位于发动机和驱动车轮之间的动力传动装置，其基本功能是将发动机输出的动力传递给驱动车轮。任何形式的传动系统都必须具有以下功能：第一，实现减速增矩；第二，实现汽车变速；第三，实现汽车倒驶；第四，在必要时能够中断传动系统的动力传递；第五，使两侧驱动车轮具有差速功能。

2. 传动系统的组成

汽车传动系统的组成及其在汽车上的布置形式，取决于发动机的形式和性能、汽车总体结构形式、汽车行驶系统及传动系统本身的结构形式等多种因素。

传动系由离合器、变速器、万向节和万向传动装置、驱动桥等组成。目前，传动系统根据传动元件的特征主要分为机械式、液力式和电力式等类型。图 1-25 所示为大型客车传动系统示意图。

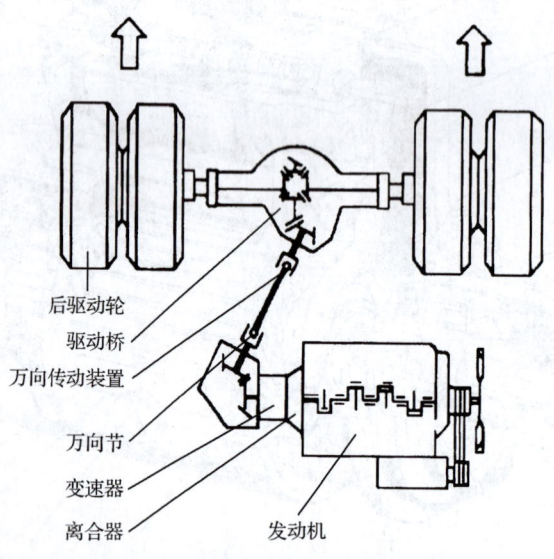

图 1-25 大型客车传动系统示意图

1）离合器

离合器是汽车传动系统中直接与发动机相连的部件，它具有切断和结合动力传输与传动系统的作用。其主要功能如下。

（1）在汽车起步时，通过离合器主、从动部分之间产生的滑动摩擦，离合器主、从动部分的转速逐渐接近，以确保汽车的平稳起步。

（2）当变速换挡时，通过离合器主、从动部分的迅速分离来切断动力的传递，以减轻齿轮轮齿间的冲击，确保在换挡时汽车平顺工作。

（3）当传递给离合器的转矩超过其所能传递的最大转矩时，其主、从动部分之间将产生滑动摩擦，以防止传动系统过载。

离合器主要由主动部分、从动部分、压紧部分和操纵部分组成。图1-26所示为离合器结构图。

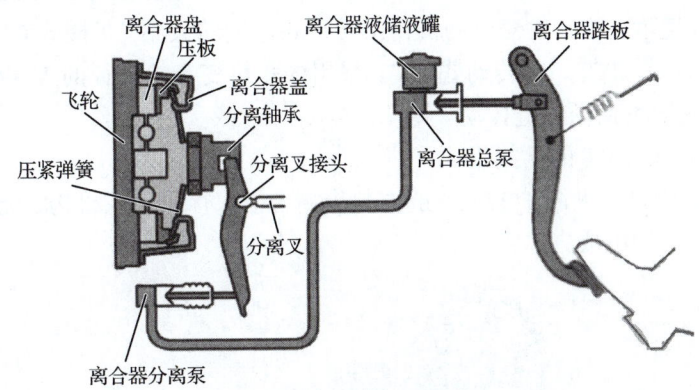

图 1-26　离合器结构图

（1）主动部分：离合器主动部分由装在曲轴上的飞轮和压板组成。

（2）从动部分：离合器从动部分指双面带摩擦衬片的从动盘，即图1-26中的离合器盘。

（3）压紧部分：离合器压紧部分由压紧弹簧和离合器盖组成。

（4）操纵部分：离合器操纵部分包括离合器踏板、分离叉、分离杠杆（位于离合器壳内）、分离轴承等组成，大型汽车离合器的操纵部分还包括液压助力装置。

2）变速器

变速器的功用是改变汽车的行驶速度和转矩；利用倒挡实现倒车，利用空挡暂时切断动力传递。

变速器可以按照操纵方式和传动比变化方式来分类，按照操纵方式，可分为手动操纵式变速器（强制操纵式变速器）、自动操纵式变速器和半自动操纵式变速器；按照传动比变化方式，可分为有级式变速器、无级式变速器和综合式变速器。

（1）手动操纵式变速器（Manual Transmission，MT）。

手动操纵式变速器主要由驱动轴、输出轴、差速器、倒挡齿轮和1～5挡齿轮等组成，由驾驶员直接操纵变速杆。

（2）半自动操纵式变速器。

半自动操纵式变速器有两种形式，一种是常用挡位采用自动换挡，其余挡位由驾驶员手动换挡；另一种是预选式，即预先用按钮选定挡位，驾驶员通过操纵离合器踏板或加速踏板来接通一个电磁装置或液压装置，进而进行换挡。

（3）自动操纵式变速器。

自动操纵式变速器在某一传动范围内（前进挡），由变速器的自动控制系统根据发动机的负荷和车速的变化自动选定挡位并变换挡位。

（4）有级式变速器。

有级式变速器的传动比在一定范围内为有限个固定值，不连续变化。

（5）无级式变速器（Continuously Variable Transmission，CVT）。

CVT的传动比在一定范围内可连续多级变化。根据传力介质的不同，CVT可分为电力式CVT、液力式CVT（动液式CVT）和机械式CVT。电力式CVT通常采用直流串激电动机改变输入电流的大小，进而改变电动机输出转矩和转速的大小。液力式CVT通常采用液力变矩器改变液流方向和速度，进而改变电动机输出转矩和速度的大小。机械式CVT又可分为带传动式CVT和链传动式CVT。带传动式CVT采用的是可变带轮直径的V带传动，链传动式CVT采用的是可变链轮直径的链传动。

① 金属带传动式CVT的结构组成。

金属带传动式CVT（见图1-27）一般由起步离合器、行星齿轮机构、无级变速机构、控制系统和中间减速机构组成。

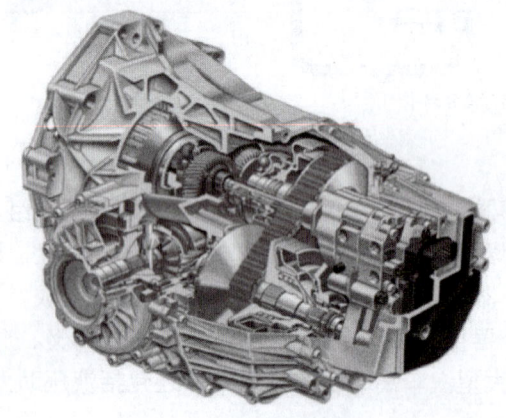

图1-27　金属带传动式CVT

- 起步离合器。

起步离合器的主要功用是使汽车以足够大的牵引力平顺地起步，提高驾驶舒适性，在必要时可切断动力传输。目前，用于汽车起步的装置主要有三种，分别为湿式离合器、金属带传动式电磁离合器和液力变矩器。

- 行星齿轮机构。

行星齿轮机构用来实现前进挡和倒挡之间的切换操作。在使用前进挡时，太阳轮主动旋转，行星架随太阳轮同速旋转，即整体同步旋转；在使用倒挡时，太阳轮主动旋转而齿圈不动，此时行星架与太阳轮反向旋转。

- 无级变速机构。

无级变速机构（见图1-28）由金属传动带、主动轮组、从动轮组组成。其中，主动轮组和从动轮组都由可动锥盘和固定锥盘组成。

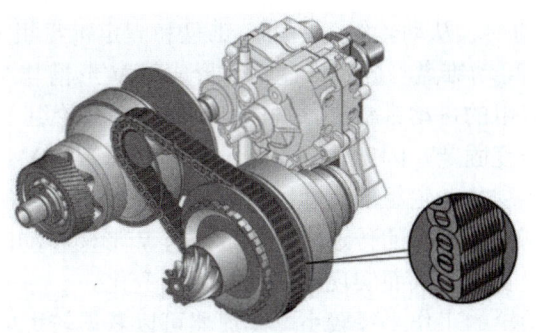

图 1-28　无级变速机构

- 控制系统。

控制系统是用来实现 CVT 传动比无级自动变化的,多采用机-液控制系统或电-液控制系统。机-液控制系统主要由油泵,液压调节阀(用来调节传动比和传动带与轮之间的压紧力),传感器(用来测量节气门开度和发动机转速),主、从动轮的液压缸及管道组成。电-液控制系统则在机-液控制系统的基础上加装了一些电子控制单元、电磁阀和传感器,提高了对 CVT 控制的效率和精确度。

- 中间减速机构。

由于 CVT 可以提供的传动比的变化范围为 0.445~2.6,不能完全满足整车传动比变化范围的要求,因此设有中间减速机构。中间减速机构可以将 CVT 传动比的变化范围调整为 0.8~5.0。

② 金属带传动式 CVT 的工作原理。

金属带传动式 CVT 主要通过改变主动带轮、从动带轮和金属带的接触半径(工作半径)来实现传动比的连续变化,如图 1-29、图 1-30 所示。

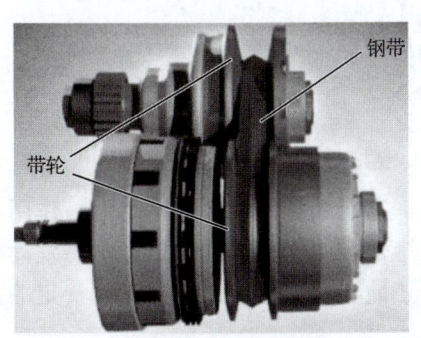

图 1-29　金属带传动式 CVT 示意图

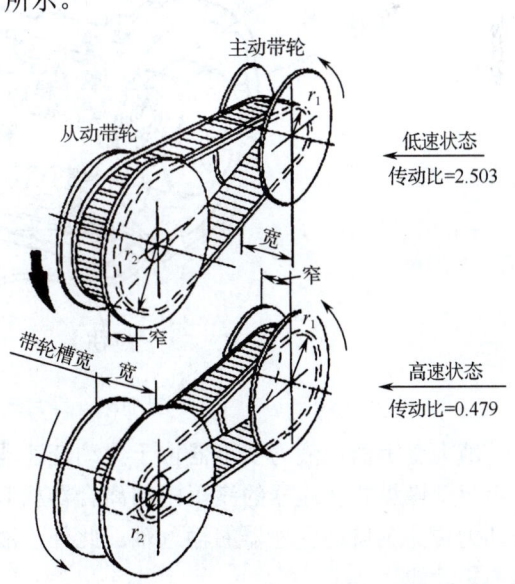

图 1-30　金属带传动式 CVT 的工作原理

从结构上看，CVT 的主、从动轮组都由可动锥盘和固定锥盘组成，可动锥盘可以在主、从动轴上进行轴向移动，可动锥盘与固定锥盘之间形成的 V 形槽与 V 形金属带相啮合。当主动轮组的油缸控制主动轮组的可动锥盘进行轴向移动时，主动轮组一侧的金属带随之沿 V 形槽移动，由于金属带的长度固定，因此从动轮组一侧的金属带沿 V 形槽向相反的方向移动。此时，从动轮组的油缸控制从动轮组的可动锥盘进行轴向移动，以保持金属带的张紧力，保证来自发动机的动力得到高效可靠的传递。当金属带沿 V 形槽移动时，其在主动轮组和从动轮组上的回转半径会发生变化，从而实现传动比的连续变化。

在汽车起步时，主动轮的工作半径较小，变速器可以获得较大的传动比，从而保证有足够的转矩使得汽车有较高的加速度。随着车速的增加，主动轮的工作半径逐渐增大，从动轮的工作半径相应减小，CVT 的传动比下降，使得汽车能够以更高的速度行驶。

（6）综合式变速器。

综合式变速器是一种液力机械式变速器，它由液力变矩器和齿轮式有级式变速器（通常为行星齿轮变速器）组成。该变速器传动比可在最大值和最小值之间的几个间断范围内做无级变化。综合式变速器结合了液力变矩器的无级变速特性和齿轮变速器传动效率高的特点进行工作，具有良好的综合性能，并在当前得到了广泛应用。

综合式变速器主要由液力变矩器、行星齿轮变速器、油泵和电子控制系统（液力式控制系统和电液式控制系统）等组成，具体组成结构如图 1-31 所示。

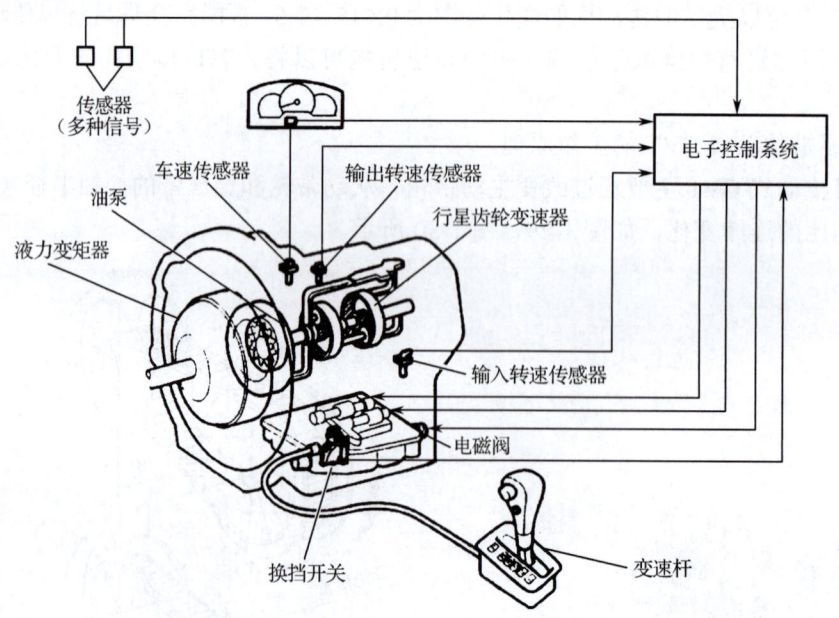

图 1-31 综合式变速器的组成结构

液力变矩器：液力变矩器位于自动变速器的最前端，它安装在发动机的飞轮上，作用与采用手动操纵式变速器的汽车中的离合器相似。液力变矩器利用液力传递的原理，将发动机的动力传递至自动变速器的输入轴。此外，液力变矩器还能实现无级变速，并具有一定的减速增矩功能。

行星齿轮变速器：行星齿轮变速器是自动变速器的主要组成部分，它包括齿轮和换挡执行机构。换挡执行机构可以使行星齿轮变速器处于不同挡位，以实现不同传动比。大部分自动变速器的行星齿轮变速器有3~4个前进挡和1个倒挡,这些挡位与波相配合,可获得由起步至最高车速整个范围内的无级变速。

油泵:油泵通常安装在液力变矩器之后,由飞轮通过液力变矩器直接驱动变矩器、控制系统及换挡执行机构工作,以提供一定压力的液压油。

电子控制系统:新型汽车自动变速器的控制系统有液力式和电液式两种。液力式控制系统包括由许多控制阀组成的阀板总成及液压管路。电液式控制系统除了阀板及液压管,还包括ECU(电子控制单元)、传感器、执行器及控制电路等。

电子控制系统根据手动阀的位置及节气门开度、车速、控制开关的状态等因素,利用液压自动控制原理或电子自动控制原理,按照一定规律控制行星齿轮变速器中换挡执行机构的工作,进而实现自动换挡。

(7) 变速器的新技术。

① 低扭矩双离合变速箱。

双离合变速箱(Dual Clutch Transmission,DCT)有别于一般的自动变速器,它基于手动变速器而又不是自动变速器,除了拥有手动变速器的灵活性及自动变速器的舒适性,还能提供无间断的动力输出。

传统的手动变速器仅使用一台离合器,在换挡时,驾驶员需踩下离合器踏板,使不同挡的齿轮做出啮合动作,而动力会在换挡期间出现间断,令输出出现间断。双离合变速箱具有两套离合器,通过空气进行散热的称为干式双离合,通过油液进行散热的称为湿式双离合。一套离合器用来控制奇数挡,另一套离合器用来控制偶数挡。双离合变速箱的换挡速度快,传动效率也比较高。

② DSG双离合变速箱。

DSG双离合变速箱是一种发展较快的变速器,是一种介于手动变速器和自动变速器之间的变速器。新一代DSG双离合变速箱采用了包含2个离合器和6个前进挡的传统齿轮变速器作为动力的传送部件,主要与高扭矩的发动机配合使用。奥迪7速汽车就采用了DSG双离合变速箱。

奥迪OIJ CVT主要由飞轮减震装置、启动装置(即倒挡制动器和前进挡离合器)、速比调节变换器、液压控制单元和电子控制单元等组成,如图1-32所示。

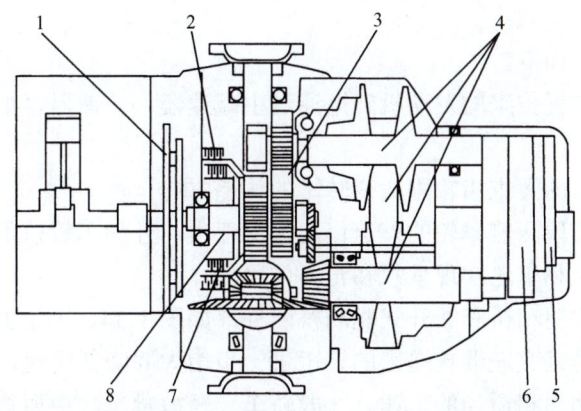

1—飞轮减震装置;2—倒挡制动器;3—辅助减速齿轮;4—速比调节变换器;5—电子控制单元;
6—液压控制单元;7—前进挡离合器;8—行星齿轮变速器。

图1-32 奥迪OIJ CVT

发动机输出转矩通过飞轮减震装置或双质量飞轮传递给 CVT。前进挡离合器和倒挡制动器都是湿式摩擦元件，倒挡的旋转方向是通过行星齿轮变速器改变的。发动机的转矩通过辅助减速齿轮传到速比调节变换器，并由此传到主减速器、差速器。液压控制单元和电子控制单元集成体位于 CVT 内部。

3）万向传动装置

万向传动装置是用来传递在工作过程中相对位置不断改变的两根轴之间的动力的装置，它主要由万向节、传动轴和中间支承组成。安装时必须使传动轴两端的万向节处于同一平面。图 1-33 所示为一般传动系统万向节与传动轴布置示意图。

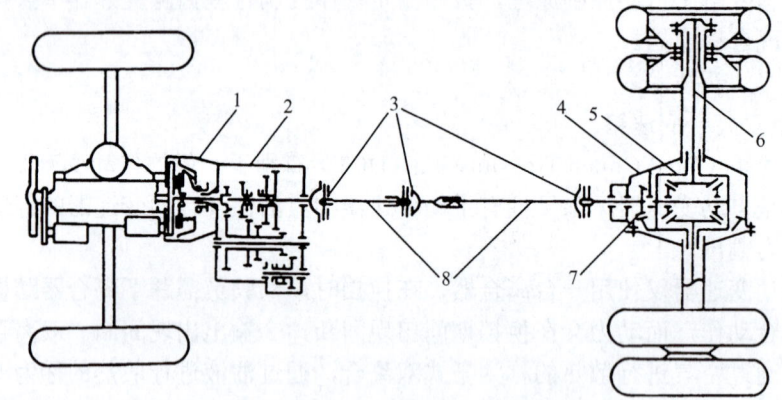

1—离合器；2—变速器；3—万向节；4—驱动桥；5—差速器；6—半轴；7—主减速器；8—传动轴。

图 1-33　一般传动系统万向节与传动轴布置示意图

万向传动装置的作用是连接不在同一直线上的变速器输出轴和主减速器输入轴，并保证在两轴之间的夹角和距离经常变化的情况下，仍能可靠地传递动力。

4）驱动桥

驱动桥是位于传动系统末端，能改变来自变速器的转速和转矩，并将它们传递给驱动轮的机构。驱动桥一般由主减速器、差速器、车轮传动装置和驱动桥壳等组成，转向驱动桥还包括等速万向节。

驱动桥的基本功能如下。

（1）将万向传动装置传来的发动机转矩通过主减速器、差速器、半轴等传到驱动车轮，实现降速增矩。

（2）通过主减速器的圆锥齿轮副改变转矩的传递方向。

（3）通过差速器实现两侧车轮的差速作用，保证内、外侧车轮以不同的转速转向。

（4）通过驱动桥壳和车轮实现承载和传力作用。

驱动桥有非断开式驱动桥和断开式驱动桥两种，如图 1-34、图 1-35 所示。

主减速器的功用是将变速器传递来的转矩进一步增大并降低转速，以保证汽车在良好的路面上有足够的驱动动力和适当的车速。一般轿车、轻型货车、中型货车采用由一对锥齿轮组合而成的单级主减速器。

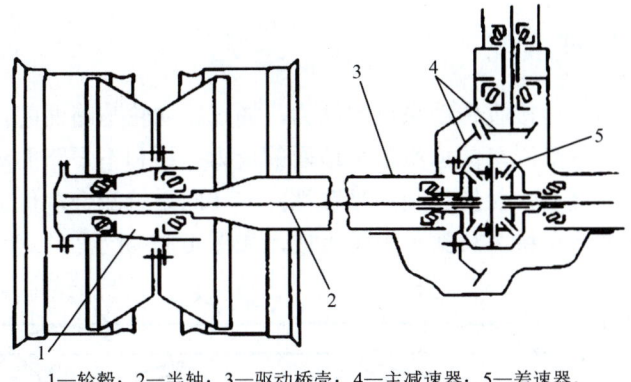

1—轮毂；2—半轴；3—驱动桥壳；4—主减速器；5—差速器。

图 1-34　非断开式驱动桥

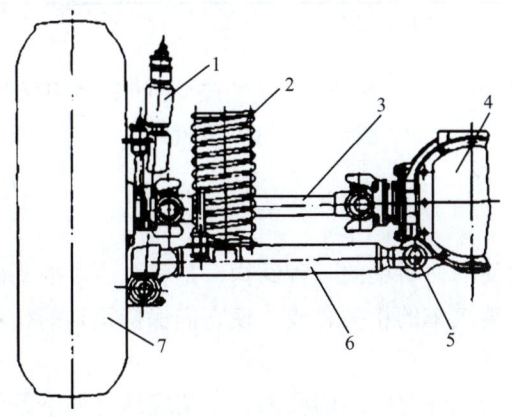

1—减震器；2—弹性元件；3—半轴；4—主减速器；5—摆臂轴；6—摆臂；7—车轮。

图 1-35　断开式驱动桥

差速器的功用是避免轮胎打滑，使汽车圆滑地转弯。差速器主要由行星齿轮、行星齿轮轴、半轴齿轮和差速器壳等组成。主减速器和差速器示意图如图 1-36 所示。

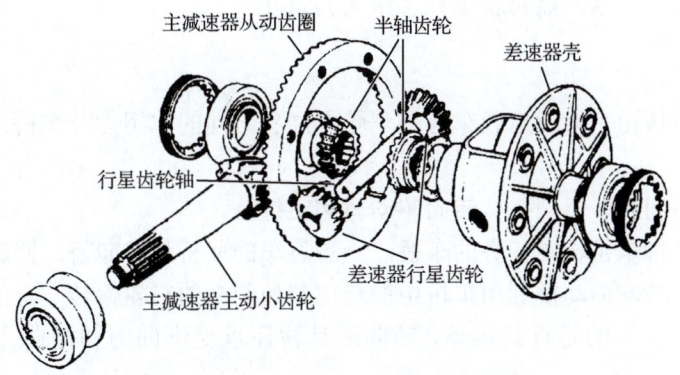

图 1-36　主减速器和差速器示意图

1.4.2 汽车行驶系统

汽车行驶系统的功能：接收传动系统的动力，通过驱动轮与路面的作用产生牵引力，使汽车正常行驶；传递并承受汽车的总质量和地面的反力；缓和不平路面对车身造成的冲击，减小汽车行驶中产生的震动，保持行驶的平顺性；与转向系统配合，保证汽车操纵稳定。汽车行驶系统主要由车架、车桥、悬架和车轮组成，如图 1-37 所示。

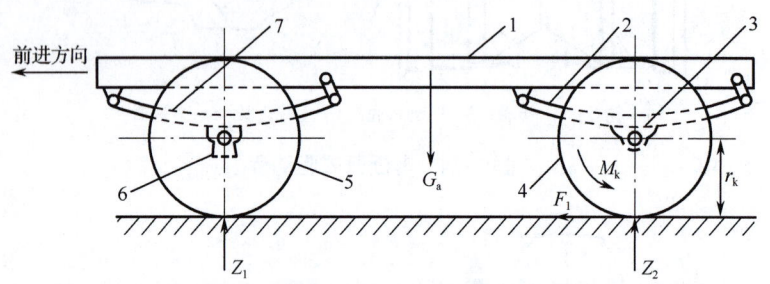

1—车架；2—后悬架；3—驱动桥；4—后轮；5—前轮；6—从动桥；7—前悬架。

图 1-37　汽车行驶系统

1. 车架

车架是连接在车桥之间形似桥梁的一种结构，是整个汽车的基础。

车架的主要功用是安装汽车的相关总成，使它们保持正确的相对位置，并承受来自车上和地面的各种载荷。

汽车对车架的结构及稳定性有较高的要求，车架应满足如下条件。

（1）车架的结构应满足汽车总体的布置要求。

（2）车架应具有足够的强度和合适的刚度，以满足承受各种载荷的要求。

（3）车架的质量应尽可能小，结构简单，便于机件的拆装、维修。

（4）车架的结构形状应尽可能地有利于降低汽车质心和获得大的转向角，以提高汽车行驶的稳定性和机动性，这一点对轿车和客车尤为重要。

2. 车桥

车桥的功用是传递车架或承载车身与车轮之间各方向的作用力。车桥通过前悬架和后悬架与车架相连。

车桥可分为转向桥、驱动桥、转向驱动桥和支持桥。

转向驱动桥是指承担转向任务的车桥。一般汽车的前桥是转向桥。四轮转向汽车的前、后桥都是转向桥。转向驱动桥利用车桥中的转向节使两端的车轮偏转一定的角度，以实现汽车的转向。除承担汽车的垂直载荷外，转向驱动桥还承受纵向力和侧向力及这些力造成的力矩。

3. 悬架

悬架是车架与车桥之间一切传递动力连接装置的统称。悬架的功用是将车桥与车身弹性地连接在一起，缓和在行驶中车辆受到的由不平路面引起的冲击力，保证乘客乘坐舒适和货物完好；迅速减轻由弹性系统引起的震动，传递垂直反力、纵向反力、侧向反力及其力矩；起导向作用，使车轮按一定轨迹相对车身运动。

悬架一般由弹性元件、导向装置（如摇臂）、减震器和横向稳定杆等组成，如图 1-38 所示，各部分的作用如下。

（1）弹性元件用来承受并传递垂直载荷，缓和由不平路面、紧急制动、加速和转弯引起的冲击或车身位置的变化。

（2）导向装置可使车轮按一定的运动轨迹相对车身运动，同时传递力的作用。

（3）减震器用来减轻由弹性系统引起的震动。

（4）横向稳定杆的作用是提高侧倾刚度，改善汽车的操纵稳定性和行驶平顺性。

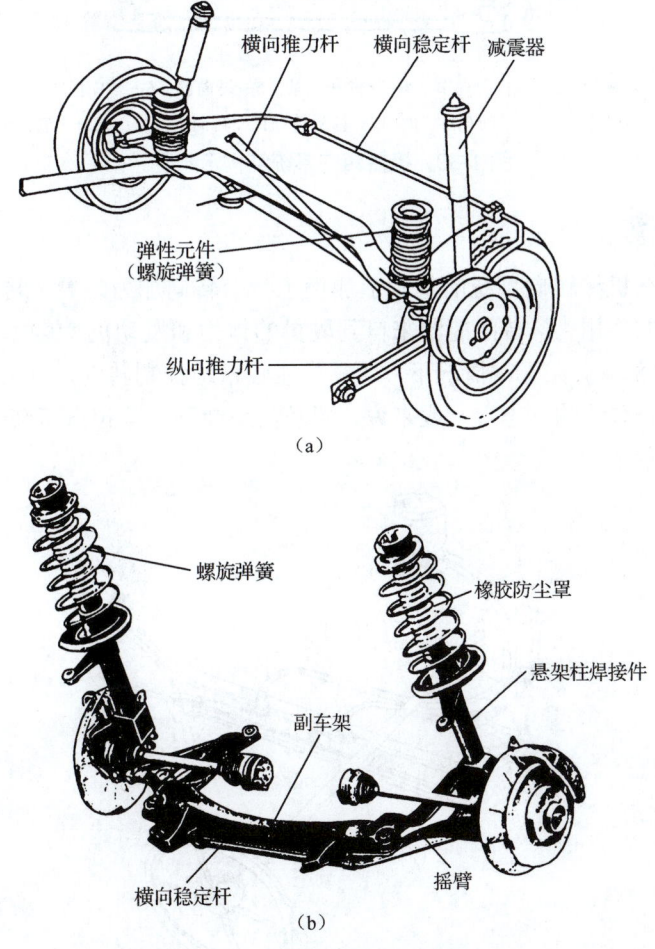

图 1-38　悬架组成示意图

1.4.3　汽车转向系统

用来改变或保持汽车行驶方向的机构称为汽车转向系统。汽车转向系统的功能是按照驾驶员的意愿控制汽车的行驶方向。目前，汽车转向系统分为机械转向系统和动力转向系统两大类。

1. 机械转向系统

机械转向系统以驾驶员的体力作为转向能源,其中的所有传力件都是机械的。机械转向系统由转向操纵机构、转向器和转向传动机构三大部分组成,其具体结构如图1-39所示。

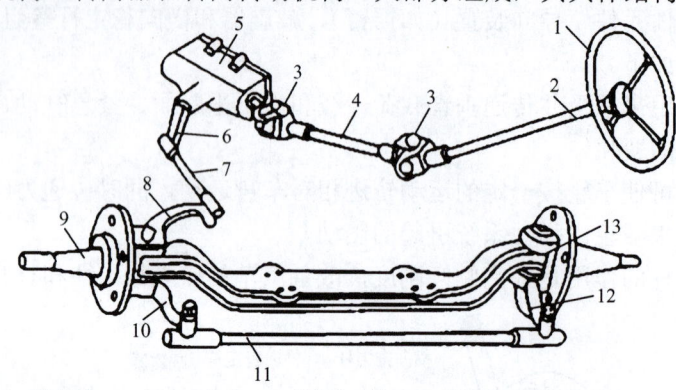

1—转向盘;2—转向轴;3—转向万向节;4—转向传动轴;5—转向器;6—转向摇臂;7—转向直拉杆;
8—转向节臂;9—左转向节;10、12—梯形臂;11—转向横拉杆;13—右转向节。

图1-39 机械转向系统结构示意图

2. 动力转向系统

动力转向系统在机械转向系统的基础上加设了一套转向加力装置。转向加力装置减轻了驾驶员操纵转向盘的作用力。转向能源来自驾驶员的体力和发动机(或电动机),其中发动机(或电动机)占主要部分。在正常情况下,驾驶员能轻松地控制转向,但在转向加力装置失效时,就回到机械转向系统的状态,一般来说,驾驶员还能独立承担汽车转向任务。图1-40所示为动力转向系统示意图。

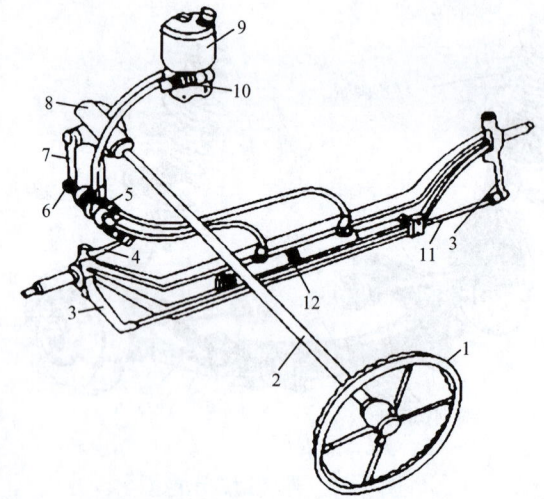

1—转向盘;2—转向轴;3—梯形臂;4—转向节臂;5—转向控制阀;6—转向直拉杆;7—转向摇臂;
8—机械转向器;9—转向油缸;10—转向液压泵;11—转向横拉杆;12—转向动力缸。

图1-40 动力转向系统示意图

3. 转向器

常用的转向器有齿轮齿条式转向器、循环球式转向器、蜗杆曲柄指销式转向器等。

1）齿轮齿条式转向器

齿轮齿条式转向器分两端输出式和中间（或单端）输出式两种。

两端输出式的齿轮齿条式转向器的结构及工作原理：作为传动副主动件的转向齿轮轴通过轴承安装在转向器壳体中，齿轮轴上端通过花键与万向节叉和转向轴连接。与转向齿轮啮合的转向齿条水平布置，齿条两端通过球头座与转向横拉杆相连。弹簧通过压块将齿条压靠在齿轮上，保证齿条和齿轮无间隙啮合。弹簧的预紧力可用调整螺塞调整。当转动转向盘时，转向器的齿轮开始转动，使与之啮合的齿条轴向移动，进而使左、右横拉杆带动转向节左右转动，从而使转向车轮偏转，最终实现汽车的转向。

中间输出式的齿轮齿条式转向器如图1-41所示，其结构及工作原理与两端输出式的齿轮齿条式转向器基本相同，不同之处在于它在转向齿条的中部用螺栓与左、右转向横拉杆相连。中间输出式的齿轮齿条式转向器上的齿条的一端通过内、外托架与转向横拉杆相连。

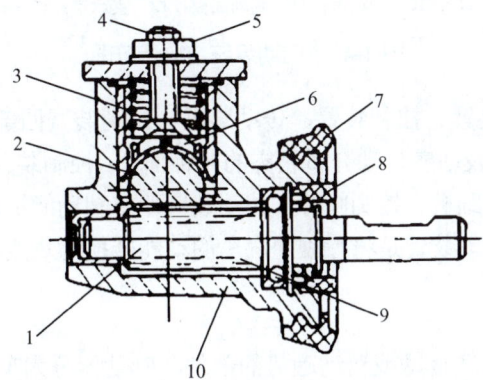

1—转向齿轮；2—转向齿条；3—弹簧；4—调整螺栓；5—螺母；6—压块；7—防尘罩；8—油封；9—轴承；10—壳体。

图1-41 中间输出式的齿轮齿条式转向器

2）循环球式转向器

循环球式转向器是目前国内外应用最广泛的转向器，它一般有两级传动副，第一级是螺杆螺母传动副，第二级是齿条齿扇传动副。

3）蜗杆曲柄指销式转向器

蜗杆曲柄指销式转向器的传动副以转向蜗杆为主动件，以装在摇臂轴曲柄端部的指销为从动件。当转向蜗杆转动时，与之啮合的指销会沿着一个圆弧运动（该圆弧以摇臂轴轴线为中心），并带动摇臂轴转动。

1.4.4 汽车制动系统

1. 制动系统的工作原理

制动系统是可以使汽车的行驶速度强制降低的一系列专门装置。

制动系统的主要功用是使行驶的汽车减速甚至停止、使在下坡行驶的汽车的速度保持稳定、使已停驶的汽车保持不动。制动系统结构示意图如图1-42所示。

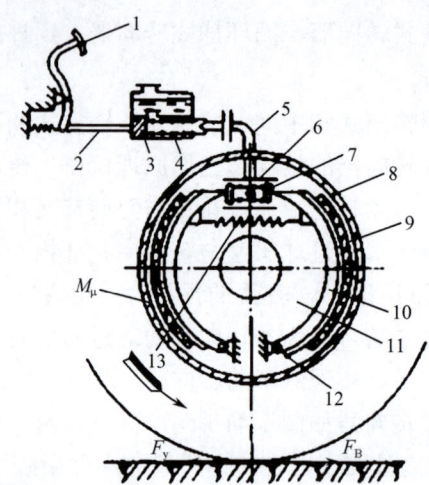

1—制动踏板；2—推杆；3—制动主缸活塞；4—制动主缸；5—油管；6—制动轮缸；7—轮缸活塞；8—制动鼓；9—摩擦片；10—制动蹄；11—制动底板；12—支承销；13—制动蹄回位弹簧。

图1-42 制动系统结构示意图

制动系统主要由供能装置、控制装置、传动装置和制动装置四部分组成。其中供能装置即供给、调节制动所需的能量及改善传动介质状态的各种部件；控制装置即产生制动动作和控制制动效果的各种部件，如制动踏板、控制阀等；传动装置即将制动能量传输到制动器的各个部件，如制动主缸、制动轮缸；制动装置是将行驶中汽车的动能转换为热能，使汽车减速的装置。

2．制动器

制动器是可产生阻碍车辆运动或运动趋势的部件。制动器分为车轮制动器和驻车制动器。

1）车轮制动器

车轮制动器可分为鼓式制动器和盘式制动器。鼓式制动器摩擦副中的旋转元件为制动鼓，其圆柱面为工作表面；盘式制动器摩擦副中的旋转元件为圆盘状制动盘，其端面为工作表面。鼓式制动是由摩擦衬片压紧旋转的制动鼓内侧进而产生制动的，盘式制动是由摩擦衬块夹紧制动盘进而产生制动的，两种制动方式都会产生大量的摩擦热。

（1）鼓式制动器

① 单向双领蹄式制动器。在制动鼓正向旋转时，两个制动蹄均为领蹄的制动器称为单向双领蹄式制动器。

② 双向双领蹄式制动器。无论是前进制动还是倒车制动，两个制动蹄均为领蹄的制动器称为双向双领蹄式制动器。

③ 双从蹄式制动器。在前进制动时，两个制动蹄均为从蹄的制动器称为双从蹄式制动器。

单向双领蹄式制动器、双向双领蹄式制动器和双从蹄式制动器的固定元件的布置都是中心对称的。如果间隙调整正确，则其制动鼓所受两蹄施加的两个法向合力能互相平衡，不会对轮毂轴承造成附加径向载荷。因此，这三种制动器都属于平衡式制动器。

目前，在国产汽车及部分外国汽车的气压制动系统中，广泛采用了凸轮式车轮制动器，并且这些制动器大多被设计成领蹄式。

(2) 盘式制动器

盘式制动器主要分为钳盘式制动器和全盘式制动器两类。钳盘式制动器又可以分为定钳盘式制动器和浮钳盘式制动器。

盘式制动器已广泛应用于轿车，但除了在一些高性能轿车上用于全部车轮，大多只用于前轮制动，与后轮的鼓式制动器相配合，以期汽车在制动时有较高的方向稳定性。

钳盘式制动器在过去只作为中央制动器使用，但目前愈来愈多地被各级轿车和货车当作车轮制动器使用。只有少数汽车（主要是重型汽车）采用全盘式制动器作为车轮制动器。钳盘式制动器适用于小功率的制动，制动过程中需要一定的时间来增加制动力，但由于钳盘式制动器结构简单、质量较小，因此被广泛应用于商用车辆和小型车辆。全盘式制动器主要适用于大功率的制动，能在短时间内制动车辆，有很强的制动力和制动稳定性，因此在高速公路和赛车中较为常见。

2) 驻车制动器

驻车制动器的功用：防止汽车在停驶后滑溜；使汽车在坡道上顺利起步；在行车制动失效时，能临时使用或配合制动器进行紧急制动。

驻车制动器的两种形式：一种安装在变速器或分动器后，称为中央制动器；另一种是利用后桥的制动器，兼作驻车制动器。图 1-43 所示为典型的汽车制动系统。

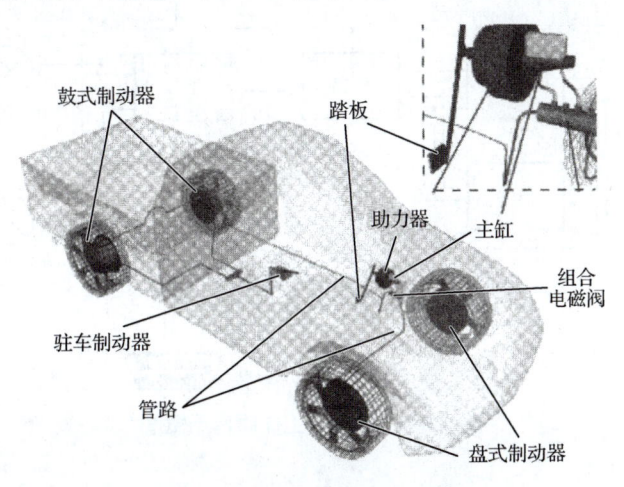

图 1-43　典型的汽车制动系统

3. 防抱死制动系统

防抱死制动系统（Anti-lock Braking System，ABS）在提高汽车制动安全性方面的功用如下。

(1) 保持汽车在任何路面（尤其是冰雪及泥泞路面）上的制动稳定性，防止侧滑甩尾。

(2) 保持汽车在制动时，尤其是在冰雪及泥泞路面上制动时，对转向的操纵，防止汽车失控。

(3) 缩短制动距离，尤其是在冰雪路面上，制动距离可缩短 10%～20%。

(4) 防止轮胎产生剧烈拖痕，延长轮胎使用寿命。

（5）提高汽车的平均车速。

（6）减少交通事故。

ABS 由控制整个系统的控制装置（电子计算机）、实际控制液压的调节器（也称为执行器）、检测汽车状态的车速传感器、输送制动液的液压泵等构件组成。

ABS 的工作原理：当发生过度制动时，即制动力超出路面及车胎的摩擦力时，车轮抱死。为防止这一现象的发生，必须检测出车轮是否会发生抱死。安装在车轮上的车轮转速传感器在检测到车轮的转速后，会向控制装置发送信号。控制装置会对各车轮信号进行比较，以监控车轮是否抱死。一旦控制装置判断车轮发生抱死，便会立即向调节器发出信号，进而打开阀门使钳夹的液压力瞬间下降。此时，制动力变弱，车轮恢复转速。随后，调节器会再次急速增大钳夹的液压力，加大制动。这一过程循环往复进行。ABS 通过增减钳夹的液压力来防止车轮抱死，除此之外，有使用活塞来调节制动压力的方式，还有利用泵将钳夹制动液吸回到制动主缸的方式。ABS 的工作原理示意图如图 1-44 所示。

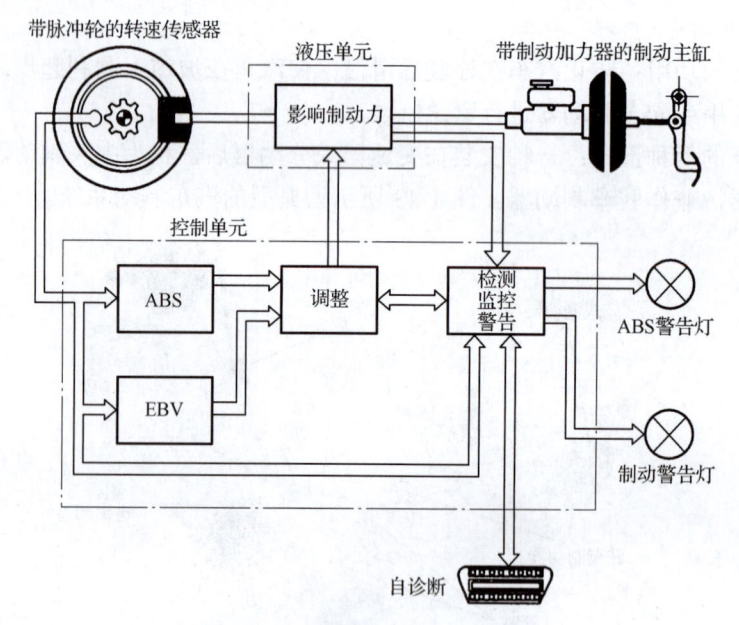

图 1-44　ABS 的工作原理示意图

1.5　汽车车身

1.5.1　车身

汽车车身既是驾驶员的工作场所，也是容纳乘客和货物的场所。

对轿车而言，汽车车身一般由车身壳体（白车身）、车身外装件、车身内装件及车身电气附件组成。对货车和专用汽车而言，汽车车身还包括货厢和其他专用设备。

车身壳体是一切车身部件的安装基础，通常由纵梁、横梁、立柱、加强板等车身结构件和车身覆盖件焊接而成，还包括发动机罩、翼子板、车门和后备厢盖等。车身壳体结构如图 1-45 所示。

第 1 章　汽车结构概述

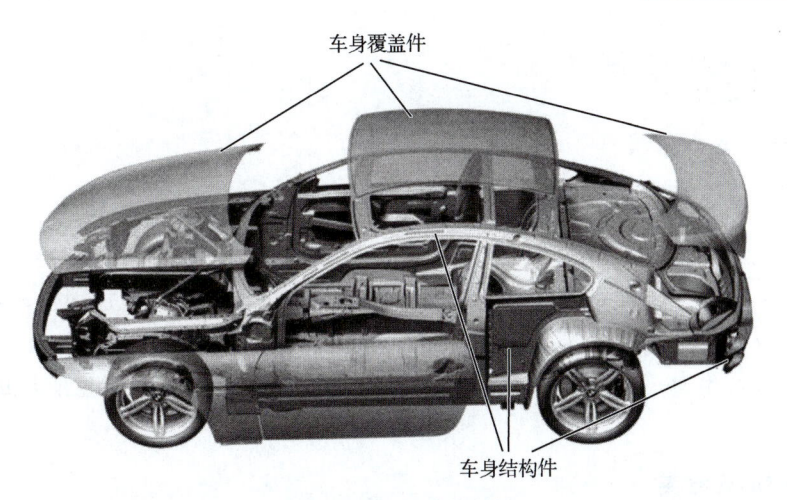

图 1-45　车身壳体结构

车身外装件是指车身外部起保护或装饰作用的部件，以及实现某种功能的车外附件，主要包括前保险杠、后保险杠、车身外部装饰条、密封条、车外后视镜、散热器罩、天窗及附件、车门附件及空气动力附件等。

车身内装件是指车内对人体起保护或装饰作用的部件，以及实现某种功能的车内附件，主要包括仪表板、座椅及安全装置、安全气囊、遮阳板、车内后视镜、车门内饰、地板内饰及车内其他内饰等。

车身电气附件一般指除用于发动机和底盘外的所有电气及电子装置，主要包括各种仪表及开关、各种照明设备、灯光信号装置、音响和收视装置、空调装置、风窗刮水器和洗涤器、除霜装置、防盗装置等。图 1-46 所示为捷达轿车车身壳体结构。

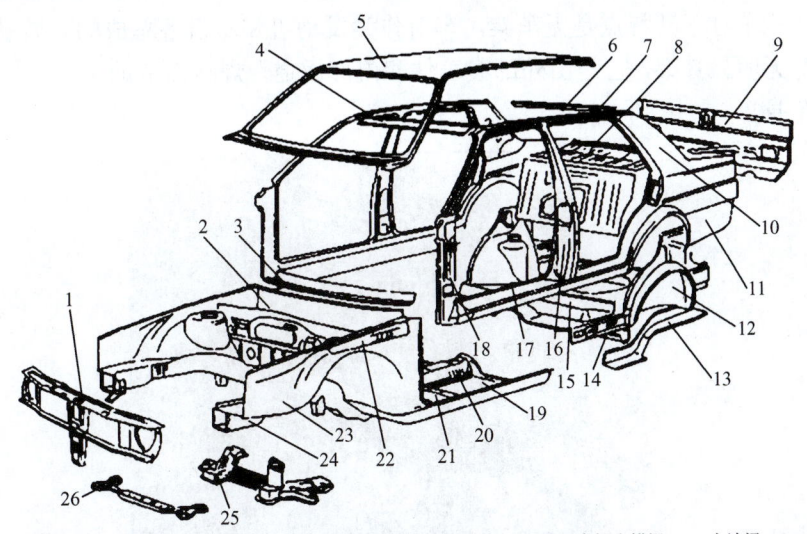

1—散热器框架；2—前围板；3—前风窗框下横梁；4—前风窗框上横梁；5—顶盖；6—后风窗框上横梁；7—上边梁；8—后窗台板；9—后围板；10—后立柱（C柱）；11—后翼板；12—后轮罩；13—后纵梁；14—地板后横梁；15—后地板；16—中立柱（B柱）；17—门槛；18—前立柱（A柱）；19—前地板；20—地板通道；21—前座椅横梁；22—前挡泥板加强撑；23—前挡泥板；24—前纵梁；25—副车架；26—前横梁。

图 1-46　捷达轿车车身壳体结构

1.5.2 车身的分类

1. 按结构形式分类

车身按结构形式可分为骨架式车身、半骨架式车身和无骨架式车身。

（1）骨架式车身：有完整的骨架，车身蒙皮板固定在其上。

（2）半骨架式车身：有部分骨架，如单独的立柱、拱形梁及其他加固件，各骨架可彼此相连或借蒙皮板相连。

（3）无骨架式车身：没有骨架，代替骨架的是各蒙皮板相互连接时所形成的加强肋或板壳。

2. 按承载形式分类

车身按承载形式可分为非承载式车身、半承载式车身和承载式车身。

（1）非承载式车身：其特点是保留车架，车身与车架通过弹簧或橡胶柔性连接。车架的刚度大，它承受发动机和底盘各部件的重力及它们工作时通过支架传递的力、汽车行驶时由路面通过悬架传来的力。车身承受本身重力与所装载的客货重力，以及汽车行驶时所引起的惯性力和空气阻力，图 1-47 所示为非承载式车身。

（2）半承载式车身：其特点是保留车架，车身与车架刚性连接，车身除承受非承载式车身所承受的各种载荷外，还分担车架所受的部分载荷，车身对车架有加固作用。

由于车身与车架是刚性连接的，因此车身只是部分参与承载，车架是主承载体。半承载式车身的结构与非承载式车身的结构基本相同，也属于有车架式。它们之间的区别在于半承载式车身与车架的连接不是柔性的，而是刚性的，车架与车身通过焊接或用螺栓固定。

（3）承载式车身：其特点是无车架，车身作为发动机和底盘各总成的安装基础。

轿车车身无明显骨架，它是由外部覆盖件和内部钣金件焊接而成的空间结构。图 1-48 所示为承载式车身。

图 1-47 非承载式车身

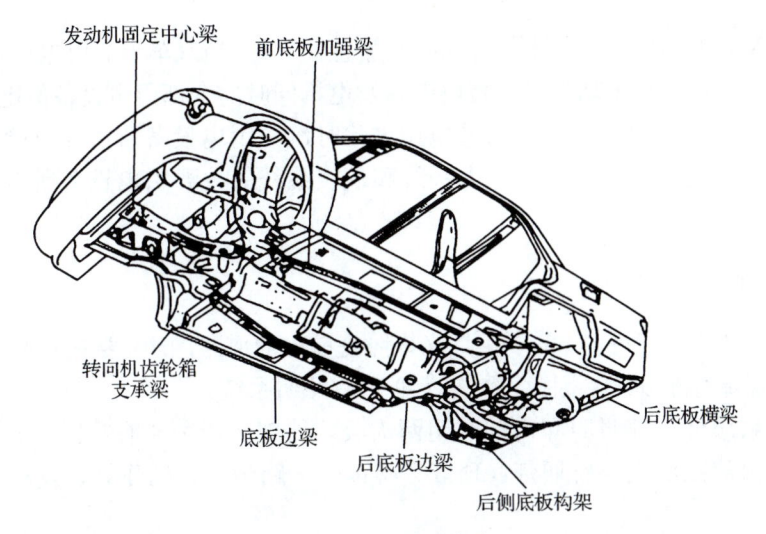

图 1-48 承载式车身

1.6 电气设备

1.6.1 电气设备的组成

现代汽车上所装的电气设备种类繁多、功能各异，主要可分为电源和用电设备两大部分。电源部分包括蓄电池、发电机及其调节器。用电设备部分主要包括点火系统、启动系统、照明系统、信号系统、仪表系统、显示系统、空调系统、辅助电气设备及电子控制系统等。

点火系统是汽油机不可缺少的组成部分，其功能是按照发动机的工作顺序产生高压电并通过火花塞点火，保证适时、准确地点燃气缸内的可燃混合气。

启动系统由蓄电池供电，负责将电能转变为机械能，以带动发动机旋转并启动。一旦完成启动任务，该系统立即停止工作。

照明及信号系统包括各种照明灯、信号灯，以及电喇叭、蜂鸣器等，保证汽车在各种运行条件下的行车安全。

仪表及显示系统包括各种机械式或电子式的燃油表、机油压力表、冷却液温度表、电流表、车速里程表及各种显示装置等，用以指示汽车的工作情况。

辅助电气设备包括电动刮水器、电动玻璃升降器、空调系统、声像系统、防盗系统、电动座椅、电动天窗、CPS（曲轴位置传感器）等，可以提高汽车行驶的安全性、经济性和舒适性。

电子控制系统包括燃油喷射控制系统、ABS、自动变速器控制系统和电子悬架控制系统等。

1.6.2 供电系统

汽车的供电系统由蓄电池、发电机及其调节器组成。在发动机正常工作的情况下，发电机向点火系统及其他用电设备供电,并同时向蓄电池充电。当汽车上的用电设备耗电量过大,所需功率超过发电机的额定功率时,蓄电池和发电机同时向全部用电设备供电。当发动机低速运行时,发电机不发电或发出很低的电压,此时汽车用电设备所需的电能完全由蓄电池供给。在发动机启动时,起动机、点火系统和仪表系统等主要用电设备所需要的电能由蓄电池供给。

1.6.3 照明系统

汽车在夜间或雾中行驶时,需要用灯光来照亮前方的道路,同时要有发光的标志和信号,以便于联络和保障行车安全。因此,汽车上必须有照明系统。

汽车照明系统分外部照明和内部照明两大类。外部照明主要有前照灯、雾灯、牌照灯和防空灯等。内部照明主要有厢灯、顶灯、阅读灯、踏步灯、工作灯、发动机舱灯和仪表灯等。

车用 LED 有很多突出的性能优点,主要有寿命长、节能、无延迟的特点。与此同时,关于车用 LED 的技术发明越来越多,例如,陆占平研发了一种汽车尾灯全屏显示装置,该装置采用了一种智能全屏显示技术,当使用刹车、倒车、转向、双闪单一功能时,尾灯全屏分别显示红色、白色、黄色和浅红色,而在使用复合功能时,各项显示互不影响。这项技术充分利用了尾灯的全部有效面积,与传统尾灯相比,其显示面积平均增大了三倍,克服了传统尾灯的不足,不仅使尾灯显示更美观、醒目、直观、大气和高档,还更容易引起后面车辆和行人的注意,使事故的发生概率大大降低,行车更安全。

图 1-49 所示为机动车前照灯国家专利。图 1-50 所示为机动车弯道灯国家专利。

图 1-49 机动车前照灯国家专利

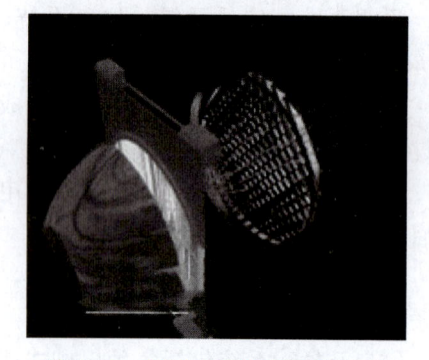

图 1-50 机动车弯道灯国家专利

1.6.4 仪表系统

为了使驾驶员能够随时掌握汽车各系统的工作情况,汽车驾驶室的仪表板上配备了各种指示仪表及各种报警装置。

汽车一般采用组合仪表板,组合仪表板主要由车速表、转速表、冷却液温度表、燃油表、时钟等组成。仪表电路为薄膜印制电路,冷却液温度表与燃油表被制造成一体。为了防止电源电压变化给燃油表、冷却液温度表的指示精度带来影响,燃油表和冷却液温度表配有仪表稳压器。图 1-51 所示为汽车仪表板。

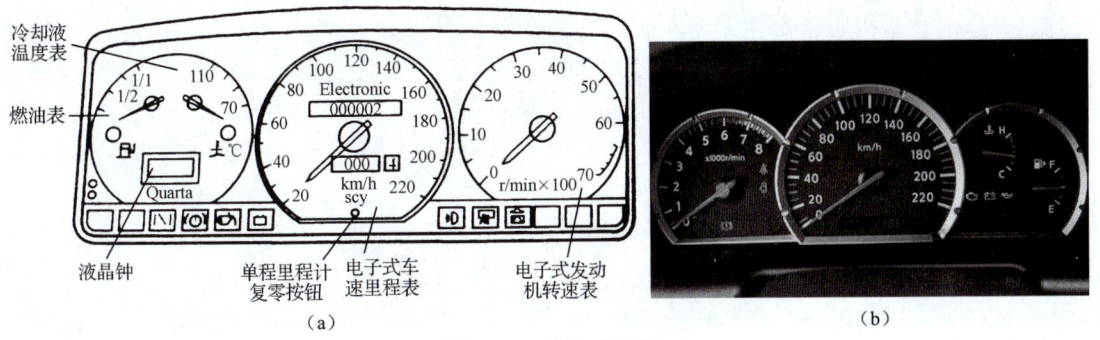

图 1-51　汽车仪表板

1.6.5　信号系统

信号系统包括转向信号灯、制动信号灯、倒车信号灯、倒车报警器、喇叭等。

1.6.6　空调系统

大多现代汽车配备有车用空调来提高车内空气质量（温度、湿度、风速等）。

汽车空调系统一般由通风装置、暖风装置、冷气装置及空气净化装置等组成。空调系统的具体组成如图 1-52 所示。

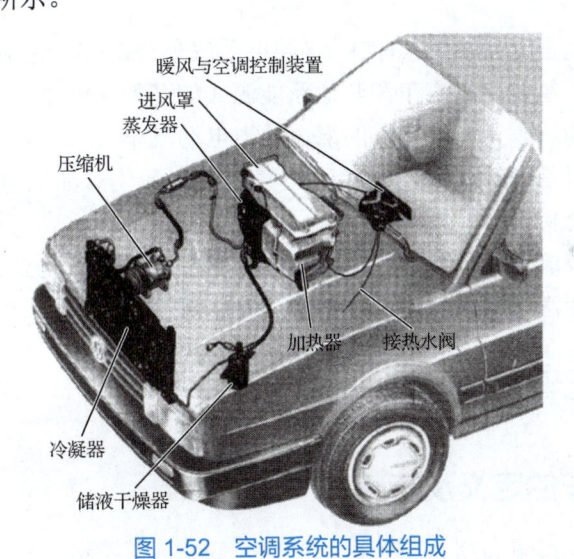

图 1-52　空调系统的具体组成

思 考 题

1．汽车的总体构造包括哪几个部分？各部分的作用是什么？
2．汽车发动机包括哪几个部分？各有什么功用？
3．汽油机燃料供给系统的作用是什么？
4．汽车电气设备由哪几部分组成？
5．车身按承载形式分为哪几类？

第 2 章 新能源汽车技术

2.1 新能源汽车

2.1.1 新能源汽车定义

新能源汽车是指采用非常规车用燃料作为动力来源，结合先进的动力控制和驱动技术，形成的技术原理先进、结构新颖的汽车。

2.1.2 新能源汽车分类

新能源汽车包括混合动力汽车（HEV）、纯电动汽车（BEV，包括太阳能汽车）、燃料电池电动汽车（FCEV）、氢发动机汽车和其他新能源（如高效储能器、二甲醚）汽车等各类别产品，其中增程式电动汽车是一种特殊的混合动力电动汽车。

非常规的车用燃料是指除汽油、柴油、天然气（NG）、液化石油气（LPG）、乙醇汽油（EG）、甲醇、二甲醚之外的燃料。

全球各大厂家在节能环保理念的影响下，分别在不同层面上建立了纯电动汽车、混合动力汽车、燃料电池电动汽车三大新能源产品平台。

2.2 纯电动汽车

2.2.1 电动车的定义及特点

电动车是指以车载电源为动力，用电机驱动车轮行驶，符合道路交通、安全法规各项要求的车辆，包括纯电动汽车、纯电动摩托车和纯电动自行车等。纯电动汽车动力系统如图 2-1 所示。

纯电动汽车的特点如下。

（1）纯电动汽车以电池为动力，本身不排放污染大气的有害气体，实现了"零排放"，被称为真正的绿色环保汽车。

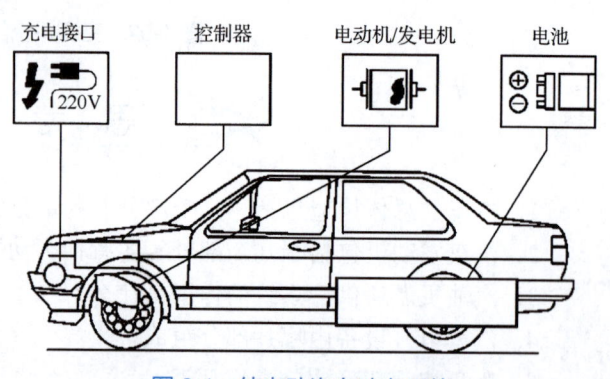

图 2-1 纯电动汽车动力系统

（2）将纯电动汽车的耗电量换算为发电厂的气体排放量，除硫和微粒外，其他污染物也显著减少。发电厂大多建于远离密集人口的地方，所以对人类造成的伤害较小，而且发电厂位置固定，集中排放、清除烟囱内的硫和微粒等有害物质相对容易。

（3）由于纯电动汽车没有发动机，在开车时不会产生震耳欲聋的发动机轰鸣声，其噪声能骤降至 30 分贝以下，因此人们不用担心车辆的噪声污染。

（4）纯电动汽车的充电时间灵活。一般在使用直流快充充电桩为车辆充电时，只需要 15～60min 就可将电池电量从 0 充至 80%，但是为了保护电池的安全，当电池电量达到 80%以后，充电功率就会逐渐减小，因此将电量充至 100%需要 1.8～2h。

（5）国产纯电动汽车一次充电所能行驶的里程一般在 200～400km。

2013 年 1 月 23 日，中国首辆可量产的纯电动汽车荣威 E50 正式挂牌上路。荣威 E50 由上汽集团自主研发，采用电动汽车整车平台，并顺利通过 C-NCAP（中国新车评价规程）四星安全碰撞测试。预计 2025 年，我国新能源汽车市场规模将接近 1400 万辆，其中三成为纯电动汽车或串联式混合动力车。

我国已具有新能源领域核心能力，掌握了整车系统集成和标定匹配、CAN（Controller Area Network，控制器局域网）通信协议优化、安全控制策略设计、诊断系统开发等混合动力轿车关键核心技术。

2.2.2 纯电动汽车的组成

与传统汽车相比，纯电动汽车取消了发动机，底盘上的传动机构发生了改变，并且根据驱动方式的不同，部分部件已被简化或取消，增加了电源系统和驱动电机系统等。图 2-2 所示为纯电动汽车与传统汽车的区别。

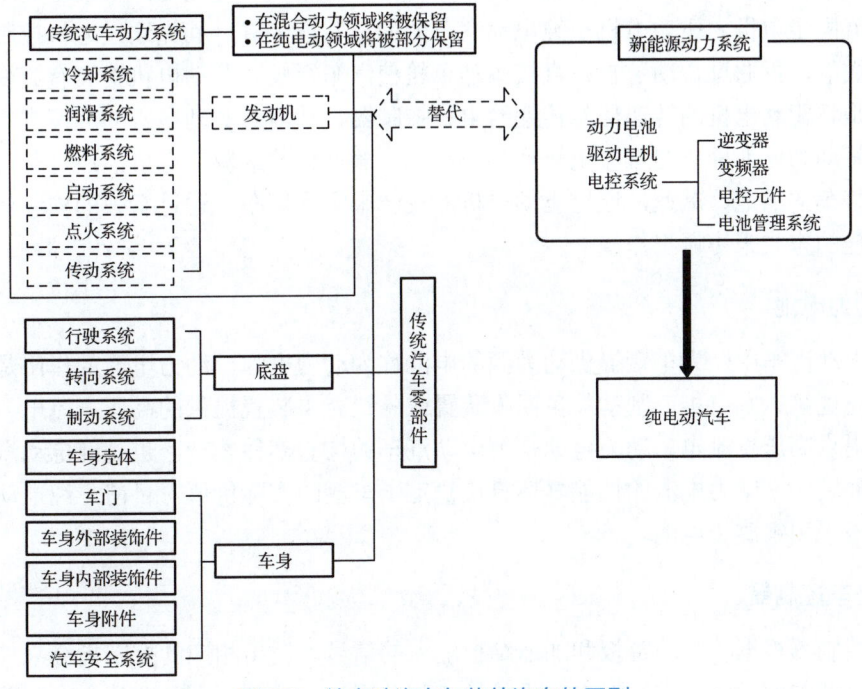

图 2-2 纯电动汽车与传统汽车的区别

典型纯电动汽车的组成如图 2-3 所示，主要包括电源系统、驱动电机系统、整车控制器和辅助系统等。动力电池输出电能，通过电机控制器使驱动电机运转，进而产生动力，再通过减速机构将动力传给驱动车轮，从而使纯电动汽车行驶。

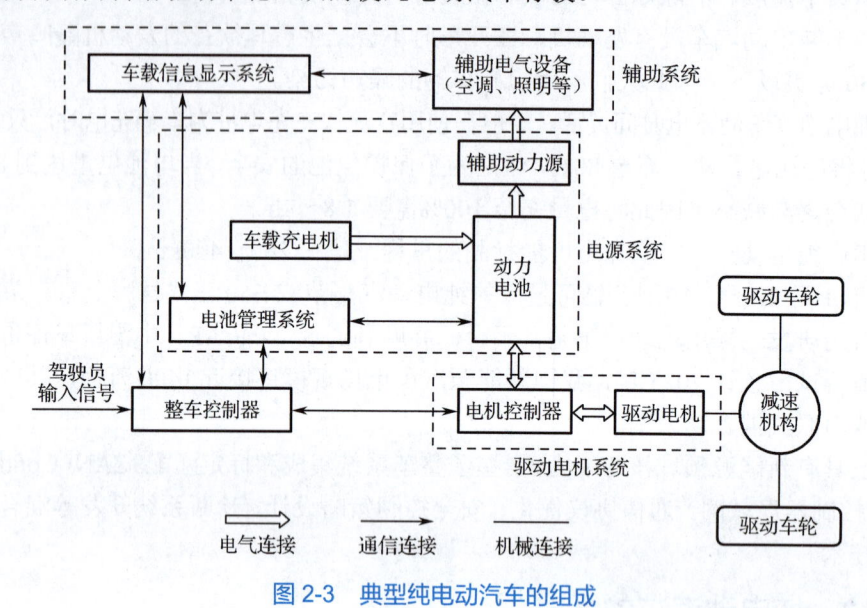

图 2-3　典型纯电动汽车的组成

1. 驱动电机

驱动电机是纯电动汽车的核心部件之一，是车辆行驶的主要执行机构，其特性决定了车辆的主要性能指标，直接影响车辆动力性、经济性和舒适性。纯电动汽车的驱动电机一般采用三相交流同步电机。驱动电机是纯电动汽车的能量转换装置，其先通过电机控制器将电能转化为机械能，再通过传动装置或直接驱动车轮使汽车行驶。驱动电机上装有旋变传感器，主要作用是将驱动电机的转速信号传递给电机控制器，从而对驱动电机的转速进行判断。电机控制器将动力电池提供的直流电转换为交流电，随后传输给驱动电机，通过驱动电机的正转来实现整车的加速、减速，通过驱动电机的反转来实现倒车，通过有效的控制策略控制动力，以最佳的方式来协调工作。

2. 动力电池

在纯电动汽车中，为车辆提供动力源的电池称为动力电池。动力电池的作用是接收和储存由车载充电机、发电机、制动能量回收装置或外置充电装置提供的高压直流电，并且为纯电动汽车提供高压直流电。动力电池是纯电动汽车的核心部件之一，也是纯电动汽车上价格高昂的部件之一。动力电池的性能好坏直接决定了车辆的实际价值。目前，纯电动汽车的动力电池普遍采用锂离子电池。

3. 整车控制器

整车控制器根据从制动踏板和加速踏板输入的信号，发出相应的控制指令来控制电能转换器中功率开关的通断，进而对电动机的转速和转矩进行控制。同时，整车控制器通过对电池管理系统和电能转换器的协调控制，实现能量回馈控制和能量匹配控制。

4．电能转换器

电能转换器的主要功能是控制电动机和电源之间的功率流。当纯电动汽车在驱动时，电能转换器的功率开关在控制器输出的控制信号触发下适时地通断，以控制电动机的转矩、转速及转向；当纯电动汽车在制动时，电能转换器使功率流的方向反向，进而使电动机在发电状态下工作，将再生制动的动能转换为电能，并被主电源吸收。图 2-4 所示为一种纯电动汽车构造图。图 2-5 所示为汽车控制器与传感器。

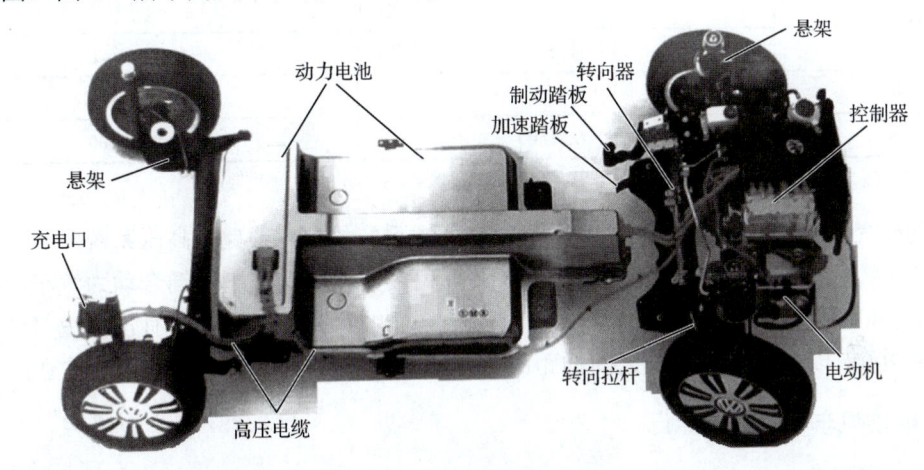

图 2-4　一种纯电动汽车构造图

(a) 燃料电池控制器（FCCU）　　(b) 发动机控制器　　(c) 动力总成集成控制器

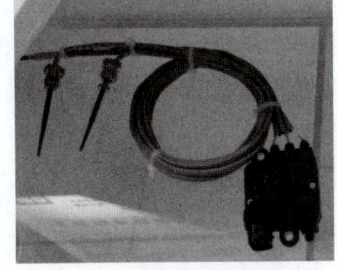

(d) 后处理器　　(e) 智能排温传感器　　(f) NO_X 传感器

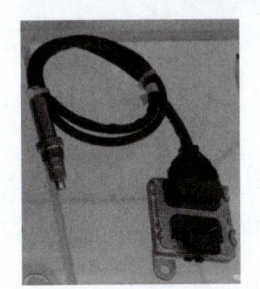

图 2-5　汽车控制器与传感器

2.2.3 电动汽车高压标识

1. 电压级别

依据 GB 18384—2020《电动汽车安全要求》中的人员触电防护要求，根据对人体产生的伤害和危险程度不同，将电压按照类型和数值分为以下等级，如表 2-1 所示。

表 2-1 电压等级

电压等级	工作电压 U/V	
	直流	交流（rms）
A	$0<U\leqslant60$	$0<U\leqslant30$
B	$60<U\leqslant1500$	$30<U\leqslant1000$

注：A 级电压为低压，B 级电压为高压。

在电动汽车中，低压系统通常指的是 12V 电源系统的电气线路，高压系统主要指的是动力电池及相关线路，其电压一般在 200V 以上。大多数纯电动汽车或混合动力汽车的动力电池电压在 280V 左右。当电压为 12V，正、负极之间的距离很近时，会有击穿空气的可能；当电压在 200V 以上，正、负极之间的距离很远时，会击穿空气进而产生导电现象。

2. 电动汽车中的高压标记

为防止意外触及高压电，电动汽车的高压部件均采用特殊的标记或颜色，以此向维修人员或车主发出警示。电动汽车通常采用两种形式进行高压标记，分别是高压警告标记和高压警示颜色。

1）高压警告标记

每辆电动汽车的高压组件壳体上都带有一个标记，人们可通过标记直观地看出高压电可能带来的危险，所用警示牌基于国际标准危险电压警告标记。如图 2-6 所示，高压警告标记采用黄色或红色作为底色，图形上布有高压触电国家标准符号。

图 2-6 高压警告标记

2）高压警示颜色

由于高压导线很长，仅在一处或两处通过警示牌进行标记的意义不大，人们可能会忽视这些标牌，因此常选用橙色警示颜色标出所有高压导线。高压导线的某些接插件及维修开关也采用橙色设计。

2.2.4 纯电动汽车驱动系统布置形式

纯电动汽车的驱动系统布置取决于电机驱动方式，可以有多种类型。纯电动汽车的驱动方式主要有后轮驱动方式、前轮驱动方式和四轮驱动方式。

1. 后轮驱动方式

纯电动后轮驱动汽车的驱动系统布置形式如图 2-7 所示。

（a）传统的机械驱动布置形式　　　　　　（b）无离合器的布置形式

（c）集成驱动的布置形式　　　　　　　　（d）无差速器的布置形式

（e）轮毂式电机布置形式　　　　　　　　（f）外转子式电动机布置形式

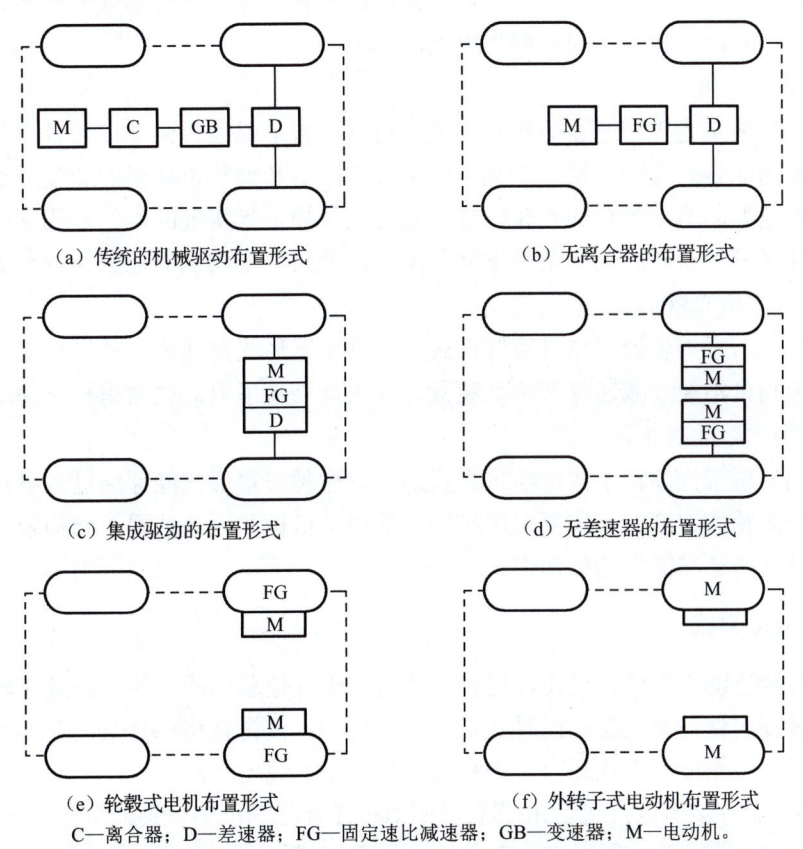

C—离合器；D—差速器；FG—固定速比减速器；GB—变速器；M—电动机。

图 2-7　纯电动后轮驱动汽车的驱动系统布置形式

1）传统的机械驱动布置形式

图 2-7（a）所示为传统的机械驱动布置形式。这种布置形式几乎与传统燃料汽车的驱动结构相同，除了动力源由电动机替换了发动机，其他结构几乎没有变化。这种布置形式具有不同的传动比，当车辆在启动或爬升过程中使用低挡位时，车辆可以获得较大的力矩；当在车速较高且使用高挡位时，车辆可以获得较小的力矩和更高的速度。虽然车辆的启动转矩较大，但是由于机械传动部件的数量很多，整个车辆的传动效率低。这种布置形式常用于纯电动车辆的早期开发，整体性能一般。

2）无离合器的布置形式

图 2-7（b）所示为无离合器的布置形式。这种布置形式是选择固定速比减速器的车辆驱

动系统布置形式,不使用离合器,大大地减小了传递动力机构的质量和体积。其驱动系统由电动机、差速器和固定速比减速器三种机构组成。这种布置形式只有通过改变转速才能改变电动机的速度。

3) 集成驱动布置形式

图 2-7(c) 所示为集成驱动的布置形式。这种布置形式不使用离合器和变速器,减小了机械传动装置的质量和体积,减少了能量传递的损失。电动机、差速器和固定速比减速器被安装在一条直线上,通过左、右车轴的运动来驱动车轮。这种布置形式的动力传递路径相对较短,传动效率较高,普遍应用在微型电动汽车上。

4) 无差速器的布置形式

图 2-7(d) 所示为无差速器的布置形式。这种布置形式通过两个车轮各自的电动机及固定速比减速器的配合来驱动车轮,并且可以单独地改变和调整电动机的速度,这使其不需要传统常规的差速器。两个车轮的差速前进是通过电子控制来实现的,但是相关的控制程序更加复杂。要使车辆在不同的工作条件下顺利驱动,就要对电动机的控制精度有更高的要求。

5) 轮毂式电机布置形式

图 2-7(e) 所示为轮毂式电机布置形式。这种布置形式是通过电动机直接驱动车轮旋转来实现的,电动机不经过减速器和传动装置,大大地缩短了电动机向车轮传递动力的路径。

6) 外转子式电动机布置形式

图 2-7(f) 所示为外转子式电动机布置形式。这种布置形式能够通过对电动机速度的调节来直接改变车轮的速度,不需要使用机械式的传动机构和减速装置,结构较为简单,减少了动力的机械式传递和能量的传递损失。

2. 前轮驱动方式

纯电动前轮驱动汽车结构紧凑,这种设计有利于其他总成的安装,并且在转向和加速时有较好的行驶稳定性;前轮驱动同时负责驱动与转向,使得其结构复杂,在上坡时前轮附着力小,易打滑。前轮驱动方式适合于中级及中级以下的纯电动汽车。

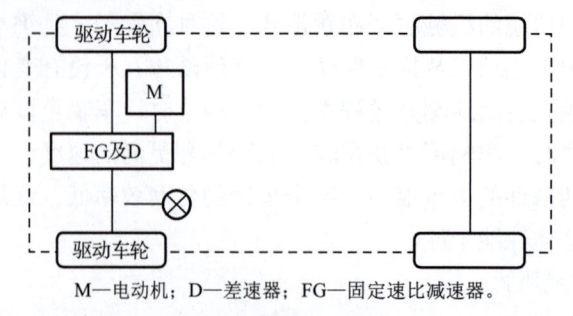

前轮驱动方式主要有电机-驱动桥组合前驱动布置形式、电机-变速器组合前驱动布置形式、电机-变速器一体化前驱动布置形式、轮边电机前驱动布置形式、轮毂电机前驱动布置形式等。

1) 电机-驱动桥组合前驱动布置形式

电机-驱动桥组合前驱动布置形式如图 2-8 所示。

M—电动机;D—差速器;FG—固定速比减速器。

图 2-8 电机-驱动桥组合前驱动布置形式

电机-驱动桥组合前驱动布置形式需要纯电动汽车专用前驱动转向桥,如图 2-9 所示。

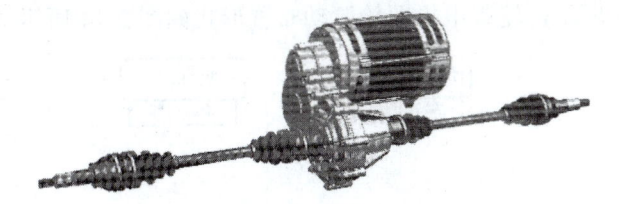

图 2-9　纯电动汽车专用前驱动转向桥

2)电机-变速器组合前驱动布置形式

电机-变速器组合前驱动布置形式如图 2-10(a)所示,变速器可用 2 挡自动变速器。

3)电机-变速器一体化前驱动布置形式

电机-变速器一体化前驱动布置形式如图 2-10(b)所示。

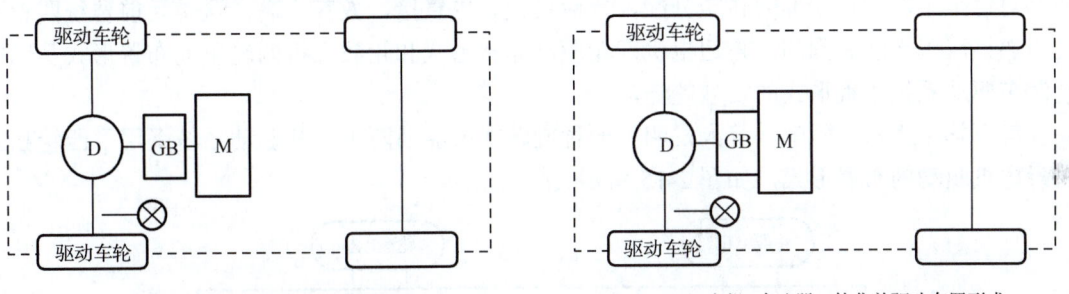

(a)电机-变速器组合前驱动布置形式　　　　(b)电机-变速器一体化前驱动布置形式

D—差速器;GB—变速器;M—电动机。

图 2-10　电机-变速器前驱动布置形式

4)轮边电机前驱动布置形式

轮边电机前驱动布置形式如图 2-11 所示。

5)轮毂电机前驱动布置形式

轮毂电机前驱动布置形式如图 2-12 所示。

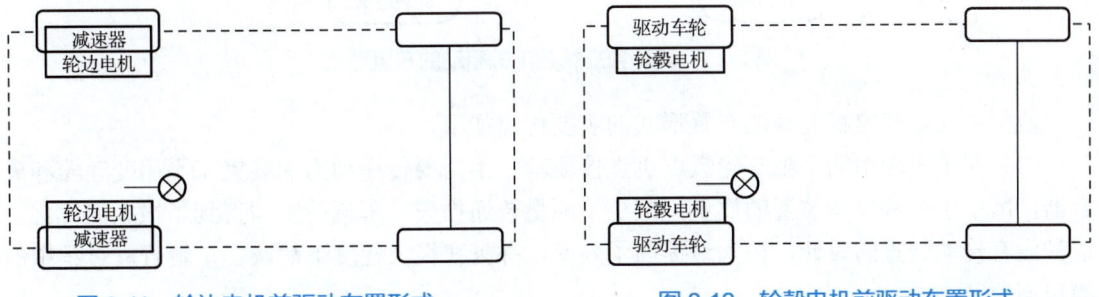

图 2-11　轮边电机前驱动布置形式　　　　图 2-12　轮毂电机前驱动布置形式

3. 四轮驱动方式

四轮驱动方式适合于要求动力性强的电动汽车或城市 SUV。与传统四轮驱动内燃机汽车相比,纯电动四轮驱动汽车能够取消传动零件,提高空间的利用率和动力的传递效率。四轮驱动方式主要有轮边电机四轮驱动布置形式和轮毂电机四轮驱动布置形式。轮边电机四轮驱动布置形式如图 2-13 所示，轮毂电机四轮驱动布置形式如图 2-14 所示。

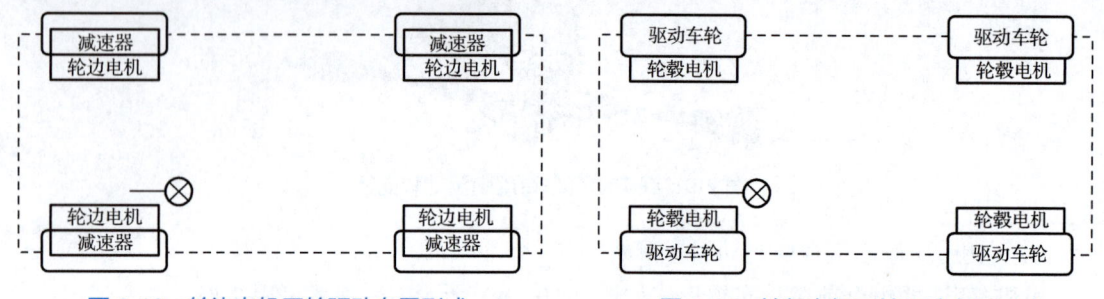

图 2-13　轮边电机四轮驱动布置形式

图 2-14　轮毂电机四轮驱动布置形式

四轮驱动方式的布置形式可以极大地节省空间，并且每个车轮都是一个独立的动力单元，能够对每个车轮进行精准的转矩分配，反应更快、更直接，效率更高，这是目前传统四轮驱动内燃机汽车无法做到的。轮边电机四轮驱动布置形式和轮毂电机四轮驱动布置形式是纯电动汽车驱动系统布置形式的发展趋势。

樊百林、张伟、程学道等人发明了一种旋转式智能消防车，其驱动系统采用了四轮独立轮毂电机驱动的布置形式，如图 2-15 所示。

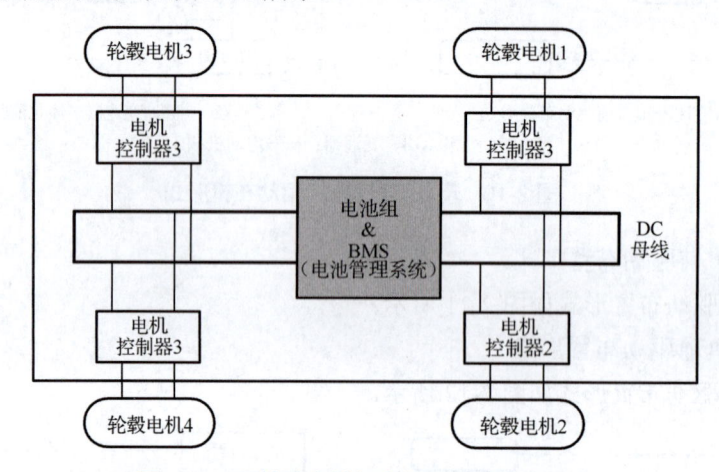

图 2-15　四轮独立轮毂电机驱动的布置形式

四轮独立轮毂电机驱动的布置形式的主要优点如下。

（1）四个车轮由四个独立轮毂电机直接驱动，不需要传递动力的装置，不用变速器和离合器，减小了机械传动装置的质量，减少了能量传递损失，车辆的空间得到了很大的优化。这种没有传动装置的设计，极大地提高了效率，并且在很大程度上解决了车辆行驶过程中的噪声问题。

（2）每个车轮的转动和制动都是由电子控制系统单独控制的，极大地提高了车辆的动力性能，提升了车辆的响应能力，同时大大地减小了主车架的研发难度。

（3）汽车在转动方向时，利用差速转向系统，通过差速转向系统对每个车轮的速度进行了独立控制，进而实现了转向，这种方式大大地缩短了车辆的最小转向半径。

（4）与一般燃油汽车或其他车辆相比，轮毂电机驱动式车辆具有更多的空间，足够安装电池及其他各种装置。

2.2.5 轮毂电机

1. 轮毂电机的结构形式

轮毂电机技术又称车轮内装式电机技术，是一种将电机、传动系统和制动系统融为一体的轮毂装置技术，是现阶段先进电动汽车技术研究的热点之一。图 2-16 所示为轮毂电机的结构。

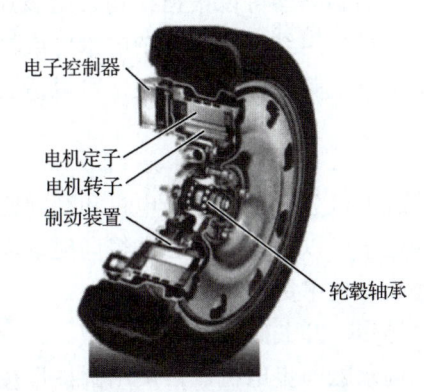

图 2-16　轮毂电机的结构

根据轮毂电机的转子形式，轮毂电机分为内转子式轮毂电机和外转子式轮毂电机两种。其中，外转子式轮毂电机采用低速外转子电机，电机的最高转速为 1000~1500r/min，并且没有减速装置，车轮的转速与电机的转速相同；而内转子式轮毂电机采用高速内转子电机，配备固定速比减速器，为获得较高的功率密度，电机的转速可高达 10000r/min，减速装置通常采用传动比在 10∶1 左右的行星齿轮减速器，车轮的转速在 1000r/min 左右。图 2-17 所示为轮毂电机分解示意图。

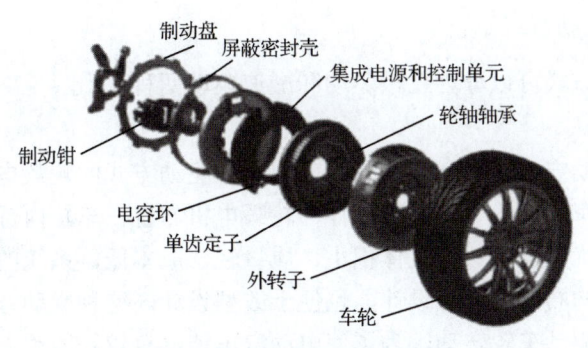

图 2-17　轮毂电机分解示意图

由于紧凑的行星齿轮减速器的出现，在功率密度方面，内转子式轮毂电机比外转子式轮毂电机更有优势。

低速外转子电机的优点是结构简单，轴向尺寸小，比功率高，能在很大的速度范围内控制转矩,并且响应速度快。又因为外转子直接与车轮相连,没有减速机构,因此低速外转子电机的效率高;缺点是如要获得较大的转矩,就必须增大电机的体积和质量,因此成本高,加速时的效率低,噪声大。高速内转子电机的优点是比功率高,质量小,体积小,效率高,噪声小,成本低;缺点是必须采用减速机构,因此降低效率,非簧载质量增大,电机的最高转速受线圈损耗、摩擦损耗及变速机构的承受能力等因素的限制。这两种电机在目前的电动汽车中都有应用,但是随着紧凑的行星齿轮变速机构的出现,在功率密度方面,高速内转子电机比低速外转子电机更具竞争力。

由于轮毂电机中的电机电制动容量较小,不能满足整车制动效能的要求,因此通常需要附加机械制动系统。轮毂电机中的制动器可以根据结构采用鼓式或盘式制动器。大多数轮毂电机采用风冷方式进行冷却,也可采用结构比较复杂的水冷或油冷方式对电机、制动器等的发热部件进行散热降温。由于电机电制动容量的存在,可以适当减小制动器的设计容量。

2. 轮毂电机的应用类型

根据电机的磁场不同,轮毂电机分为轴向磁场电机和径向磁场电机两种。轴向磁场电机的结构更利于热量散发,它的定子可以不需要铁芯;径向磁场电机的定子和转子之间受力比较均衡,磁路由硅钢片叠压而成,技术更简单成熟。

轮毂电机主要分为永磁、异步、开关磁阻式三种类型。

永磁轮毂电机,特别是无刷永磁同步电机,常采用圆柱形径向磁场结构或盘式轴向磁场结构,具有较高的功率密度和效率,以及宽广的调速范围,发展前景十分广阔,已应用于国内外多种电动汽车。

异步轮毂电机的优点是结构简单,坚固耐用,成本低廉,运行可靠,转矩脉动小,噪声小,不需要位置传感器,转速极限高;缺点是驱动电路复杂,成本高,相对永磁轮毂电机而言,异步轮毂电机的效率和功率密度偏低。

开关磁阻式轮毂电机具有结构简单,制造成本低廉,转速、转矩特性好等特点,适用于电动汽车驱动;缺点是设计和控制非常困难和精细,运行噪声大。

3. 轮毂电机的驱动方式

轮毂电机的驱动方式可以分为直接驱动和减速驱动两种。

1)直接驱动

轮毂电机直接驱动方式如图 2-18 所示,应用这种驱动方式的轮毂电机采用的是低速外转子电机,轮毂电机与车轮组成一个完整部件,轮毂电机布置在车轮内部,直接驱动车轮并带动汽车行驶。其主要优点是轮毂电机体积小,质量轻,成本低,系统的传动效率高,结构紧凑,既有利于整车结构布置和车身设计,也便于改型设计。这种驱动方式直接将外转子安装在车轮的轮辋上,以驱动车轮转动。为了使电动汽车能够有较好的动力性,轮毂电机还必须具有很大的转矩和转速调节范围。由于轮毂电机工作时会产生一定的冲击和震动,要求车轮轮辋和车轮支撑必须坚固、可靠,同时由于非簧载质量大,要保证电动汽车的舒适性,就要对悬架系统进行优化设计。此驱动方式适用于在平路或负载小的场合行驶的电动汽车。

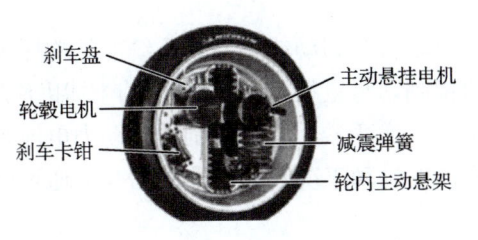

图 2-18 轮毂电机直接驱动方式

2）减速驱动

应用减速驱动方式的轮毂电机采用的是高速内转子电机，符合现代高性能电动汽车的运行要求，可以获得较高的功率。减速装置布置在轮毂电机和车轮之间，起减速和增矩的作用，以确保电动汽车在低速时能够获得足够大的转矩。轮毂电机的输出轴通过减速装置与车轮的驱动轴连接，使电机轴承不直接承受车轮与路面载荷的作用，从而改善电机轴承的工作条件。

这种驱动方式采用固定速比行星齿轮减速器，使系统具有较大的调速范围和输出转矩，消除了车轮尺寸对电机输出转矩和功率的影响。轮毂电机内齿轮的工作噪声比较大，不便润滑，非簧载质量也比应用直接驱动方式的轮毂电机大，对轮毂电机及系统内部的结构设计要求更高。

从电动汽车各种驱动技术的特点和发展趋势来看，轮毂电机驱动技术将是未来电动汽车的主要驱动方式。

2.2.6 电动汽车制动能量回收系统

1. 制动能量回收系统定义

制动能量回收系统（Braking Energy Recovery System）是指一种应用在汽车或轨道交通上的，能够将制动时产生的热能转换成机械能，并将其存储在电容器内，在使用时可迅速将能量释放的系统。

制动能量回收系统可将车辆的动能转换成电能，并利用其动力给蓄电池充电，由此降低蓄电池对发动机动力的需求，从而显著降低油耗。

2. 制动能量回收系统的组成与原理

电动汽车制动能量回收系统主要由两部分组成，即电机再生制动部分和传统液压摩擦制动部分，因此，该制动系统可被视为机电复合制动系统。

电机再生制动部分是利用电机的电动机/发电机的可逆性原理实现的。在电动汽车需要减速或滑行时，可以利用驱动电机的控制电路实现电机的发电运行，使减速制动时的能量转换成对蓄电池充电的电流，从而得到再生利用。由于摩擦制动一般采用液压形式，所以机电复合制动系统又称再生液压混合制动系统。电机再生制动部分虽然可以回收制动能量，并向车轮提供部分制动力，但是其无法使车轮完全停止转动，制动效果受电机、电池和速度等条件的限制，在紧急制动和高强度制动条件下不能独立完成制动要求，因此，为了保证汽车的制动安全性能，在采用电机再生制动的同时，必须使用传统液压摩擦制动作为辅助，从而达到既保证汽车的制动安全性，又可回收可观的能量的目的。

四轮轮毂电机驱动的纯电动汽车制动能量回收系统的结构原理如图 2-19 所示。电动汽车的制动过程是在传统液压摩擦制动与电机再生制动的协调作用下完成的。电机再生制动系统主要由轮毂电机、电机控制器、逆变器、制动控制器和动力电池等部件组成。汽车在进行制动时，制动控制器会根据不同的制动工况发出不同的指令，通过电机控制器控制轮毂电机，由此进行再生制动。

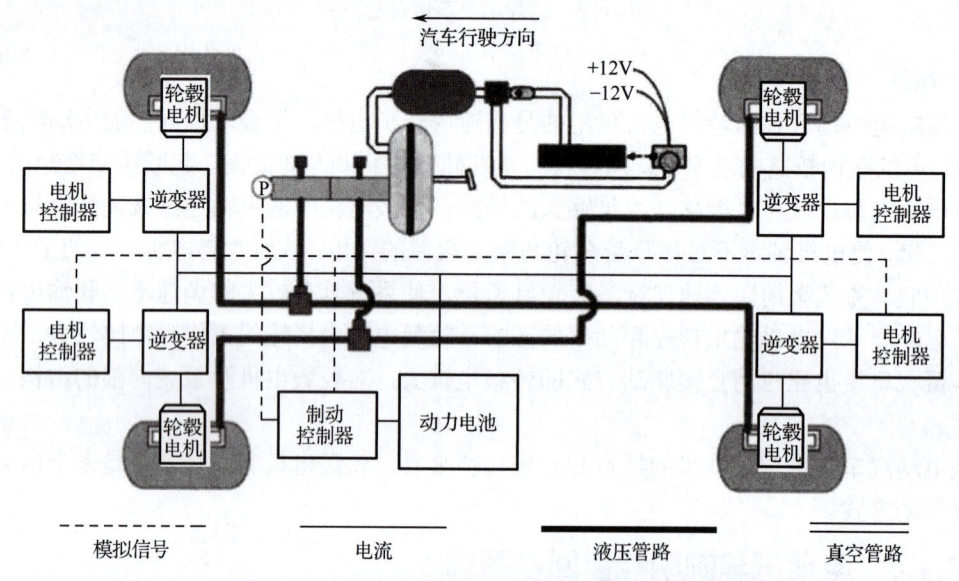

图 2-19　四轮轮毂电机驱动的纯电动汽车制动能量回收系统的结构原理

3. 制动能量回收控制策略

常见的电动汽车主要采用的是前轮驱动的形式，因此相应的制动能量回收控制策略主要关注前、后轮制动器提供的制动力和前轮电机提供的再生制动力三部分之间的关系。制动能量回收控制策略主要有前、后轴制动力理想分配时的控制策略，以及前、后轴制动力比例分配时的控制策略和最优能量回收控制策略。

（1）前、后轴制动力理想分配时的控制策略。

当制动减速度要求较小时，仅电机再生制动系统工作。随着制动减速度逐渐增大，前、后轴制动力将被控制在理想制动力的分配曲线上，其中，前轴制动力等于再生制动力和机械制动力的总和。当控制系统得到驾驶员的制动减速度要求后，将根据制动电机的特性和车载蓄电池的 SOC（State of Charge，电池荷电状态）值来决定驱动轴制动力是由再生制动系统单独提供的，还是由机械制动系统和再生制动系统共同提供的。

（2）前、后轴制动力比例分配时的控制策略。

当需要的总制动力较小时，所需制动力全部由再生制动力提供；当需要的制动减速度逐渐增大时，电机再生制动力所占的比例逐渐减小，机械制动力开始起作用；当总制动力大于一定值时，意味着这是一个紧急制动，因此再生制动力减小到零，机械制动提供所有的制动力；当所需的制动减速度介于两者之间时，再生制动与机械制动共同起作用。

(3) 最优能量回收控制策略。

当总制动力需求小于此时能提供的最大再生制动力时，只有再生制动力起作用；当总制动力大于此时能提供的最大再生制动力时，应该提供的机械制动力是总制动力减去最大再生制动力，剩余的需提供的机械制动力将被分配为前轮机械制动力和后轮机械制动力。前、后轮机械制动力尽可能地按照前、后轮制动力分配接近理想制动力分配曲线来分配。

大众电动汽车所采用的 eBKV 制动系统布置结构如图 2-20 所示。可实现制动能量回收的制动系统的立体结构示意图如图 2-21 所示。可实现制动能量回收的制动系统包括电子机械式制动助力器（eBKV）、串联式制动主缸、制动系统蓄压器 VX70、三相电流驱动装置 VX54，以及电动装置的电子功率和控制装置 JX1。

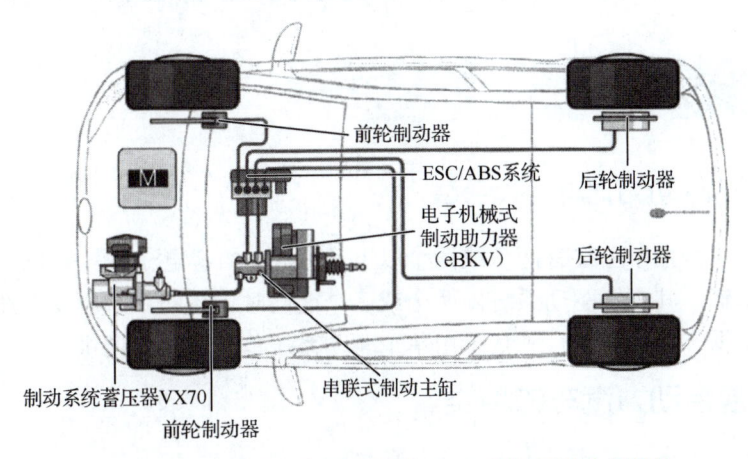

图 2-20 大众电动汽车所采用的 eBKV 制动系统布置结构

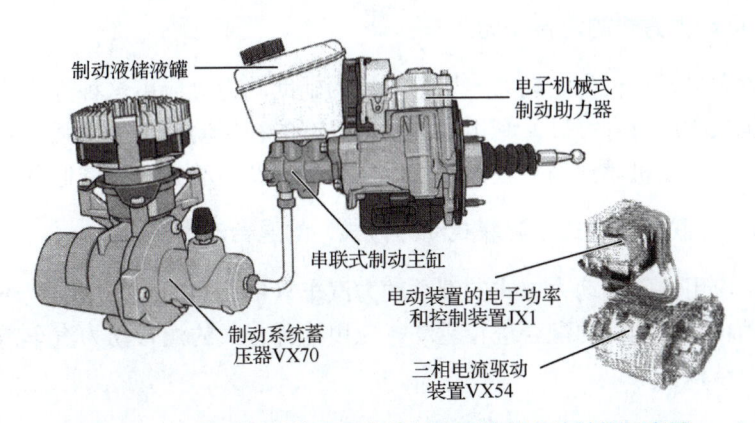

图 2-21 可实现制动能量回收的制动系统的立体结构示意图

樊百林等人发明了货车下坡减速传动轴发电装置，以及利用重力势能发电的机动车。利用重力势能发电的机动车结构示意图如图 2-22 所示。该机动车具有动力能量回收系统，并且具有车底、固定架、滑动轴、外部保护壳、传动轴等部件。

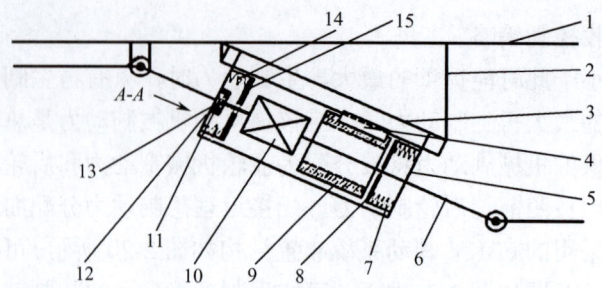

1—车底；2—固定架；3—滑动轴；4—滑动机构；5—外部保护壳；6—传动轴；7、14—弹簧；
8、15—缓冲片；9—永磁铁；10—电枢；11—整流器；12—碳刷；13—换向器。

图2-22 利用重力势能发电的机动车结构示意图

2.3 混合动力汽车

2.3.1 混合动力汽车的定义

混合动力汽车是指车上装有两个或两个以上动力源（如蓄电池、燃料电池、太阳能电池、内燃机车）的车辆。其车辆驱动系统由两个或多个能同时运转的单个驱动系统联合组成，车辆的行驶功率依据实际的车辆行驶状态由单个驱动系统单独或共同提供。

2.3.2 混合动力汽车的种类

目前，混合动力汽车主要分为3种，具体如下。

1. 应用并联动力方式的混合动力汽车

并联动力方式以发动机为主动力，以电动机为辅助动力。应用这种方式的混合动力汽车主要依靠发动机来驱动自身行驶，利用电动机所具有的在启动时可产生强大动力的特征，在汽车起步、加速等发动机燃油消耗较大时，用电动机辅助驱动方式来降低发动机的油耗。

2. 应用串、并联动力方式（混联式动力方式）的混合动力汽车

在低速时，应用混联式动力方式的混合动力汽车只依靠电动机来驱动汽车行驶，在速度提高时依靠发动机和电动机的配合进行驱动。应用这种方式的混合动力汽车需要动力分担装置和发电机等，结构复杂。

3. 应用串联动力方式的混合动力汽车

应用串联动力方式的混合动力汽车以发动机作为动力源，只依靠电动机来驱动汽车行驶，驱动系统只是电动机，但因为同样需要安装燃料发动机，所以也是混合动力汽车的一种。

混合动力汽车的优点如下。

（1）在采用混合动力时，可按平均所需功率来确定内燃机的最大功率，从而汽车在油耗低、污染少的最优工况下工作。当内燃机功率不足以满足高功率需求时，额外的电力由电池来补充；当车辆负荷较低时，内燃机产生的富余功率可以用来发电，进而为电池充电。由于

内燃机可持续工作，电池又可以不断得到电量补充，故其行程和普通汽车的行程一样。

（2）制动、下坡、怠速时的能量可以回收。

（3）可实现零排放，即在繁华市区，可关停内燃机，由电池单独驱动。

（4）内燃机可以方便地解决纯电动汽车在耗能大的空调、取暖、除霜等应用场景中遇到的难题。

（5）可以利用现有的加油站加油，不必再投资建立新加油站。

（6）可以让电池保持良好的工作状态，不发生过充、过放现象，从而延长电池使用寿命，降低成本。

混合动力汽车至今已经有二十多年的历史。1997年12月，丰田汽车公司宣布推出复合动力电动轿车普锐斯。丰田汽车公司在实现混合动力系统的低能耗、低排放和改进行驶性能方面已经走在了世界的前列。1998年2月，美国克莱斯勒汽车公司在底特律展出第二代道奇无畏 ESX2 型混合动力电动轿车，随后又推出了 3 款混合动力概念车。中国合资汽车企业从 2001 年开始了对混合动力技术的研究，至 2021 年，中国混合动力乘用车的销量达到 177.8 万辆。图 2-23 所示为玉柴 YCHPTII 混合动力系统。玉柴 YCHPTII 混合动力系统是于 2011 年推出的，其秉承了单轴并联集成化程度高的特点，功率密度大，电机功率可达 120kW，可适应深度混合动力和插电式系统的需求。

图 2-23 玉柴 YCHPTII 混合动力系统

2.3.3 混合动力系统

1. 串联式混合动力系统

在串联式混合动力系统中，发动机可驱动发电机发电，发出的电能又可使电动机驱动车辆行驶。装有这种系统的车辆可被称为配有发动机驱动发电机的电动车辆。

在串联式混合动力系统中，小功率发动机在最有效的转速范围内以恒定转速运转，以此来给行驶中的车辆的蓄电池充电。串联式混合动力系统及其工作原理分别如图 2-24 和图 2-25 所示。

2. 并联式混合动力系统

使用发动机和电动机直接驱动车辆行驶的混合动力系统统称为并联式混合动力系统。在车辆行驶时，除了可辅助发动机驱动车辆行驶，电动机还可作为发电机为蓄电池充电。并联式混合动力系统及其工作原理分别如图 2-26 和图 2-27 所示。

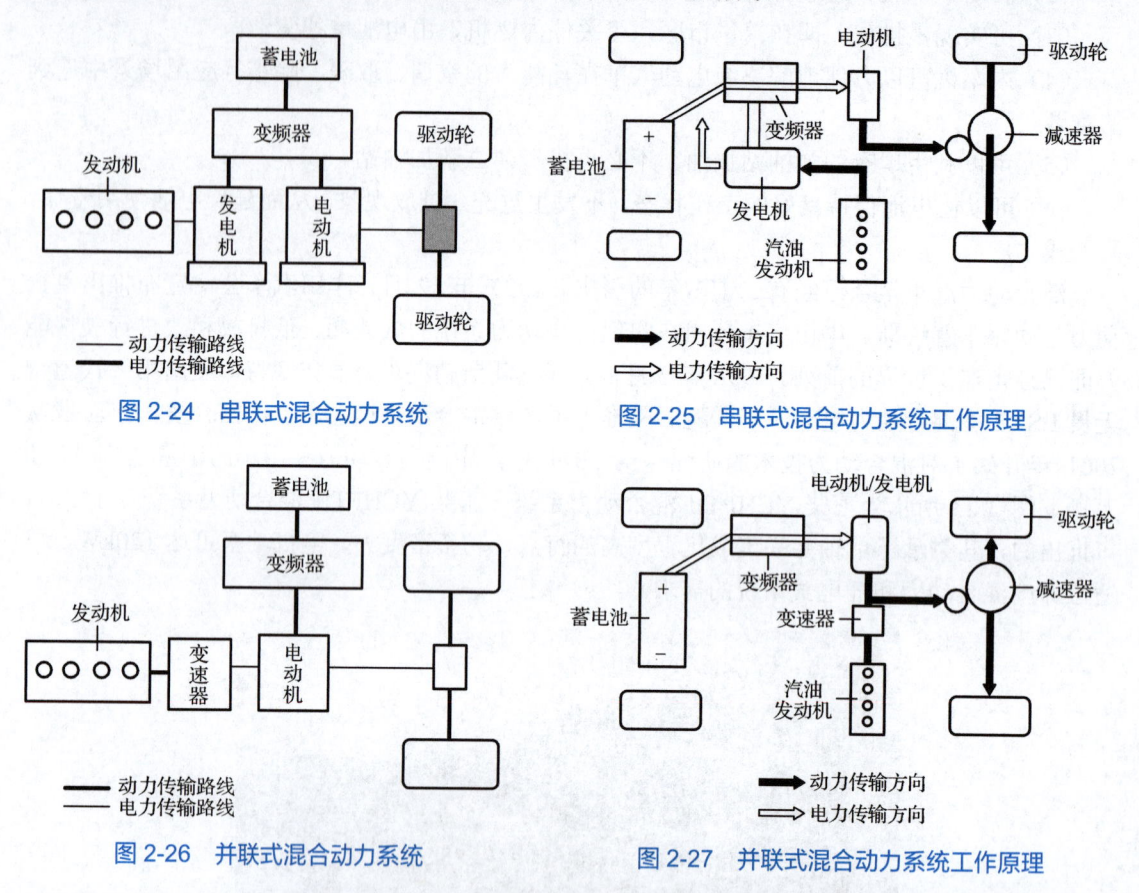

图 2-24　串联式混合动力系统

图 2-25　串联式混合动力系统工作原理

图 2-26　并联式混合动力系统

图 2-27　并联式混合动力系统工作原理

3. 混联式混合动力系统

混联式混合动力系统更加有效地组合了串联式和并联式混合动力系统，使两者的优势发挥到极致。如图 2-28 所示，发动机的动力由动力分离装置分配，一部分直接驱动车轮转动，另一部分用于发电，其使用比例可自由控制。若由汽油发动机所产生的电能驱动电动机，则电动机的使用比例比并联式混合动力系统更大。

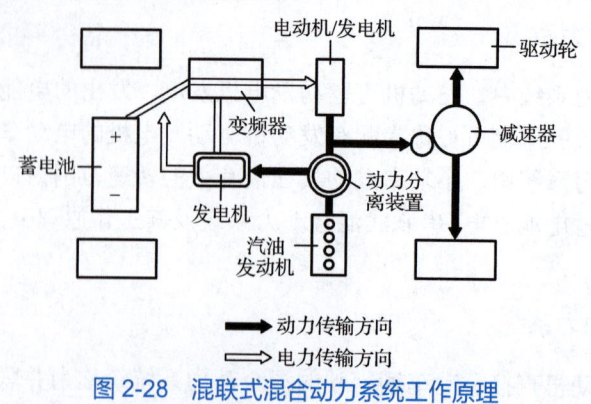

图 2-28　混联式混合动力系统工作原理

4. 丰田 Prius 混合动力电动汽车

丰田 Prius 混合动力电动汽车是典型的混联式混合动力电动汽车。图 2-29 所示为丰田 Prius 混合动力系统的组成。丰田 Prius 混合动力系统采用行星齿轮差速机构实现多个部件的速度复合，各个部件之间的转矩保持一定的比例关系。行星齿轮差速机构有两个自由度，通过不同的制动器和离合器相互作用，可以实现单自由度、固定传动比的传动。图 2-30 所示为丰田 Prius 混合动力电动汽车的工作模式。表 2-2 所示为丰田 Prius 整车主要特性参数。

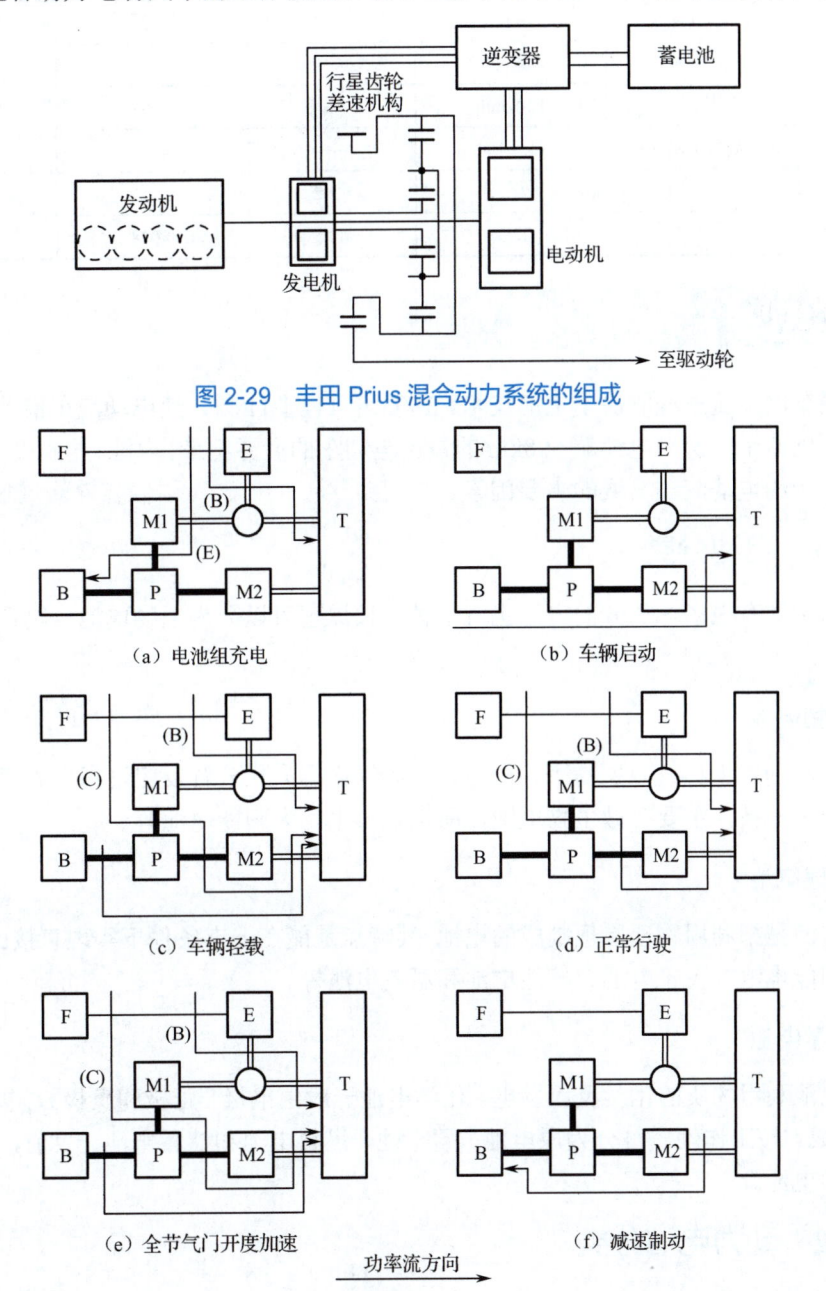

图 2-29 丰田 Prius 混合动力系统的组成

(a) 电池组充电　　(b) 车辆启动
(c) 车辆轻载　　(d) 正常行驶
(e) 全节气门开度加速　　(f) 减速制动

B—蓄电池组；E—内燃机；F—油箱；M1—电动机；M2—电动机；P—功率转换器；T—传动装置。

图 2-30 丰田 Prius 混合动力电动汽车的工作模式

表 2-2 丰田 Prius 整车主要特性参数

试验项目			法规要求	试验结果	备注
动力性	最高车速 /（km·h^{-1}）		—	160	满载
	原地起步连续换挡加速至 100km/h 所需时间 / s		—	16.8	满载
	最大爬坡度 / %		—	17.9	
经济性（汽油燃料部分）	直接（D）挡等速行驶消耗量 /（L·100km^{-1}）	60km/h		3.3	空载+100kg 用碳平衡法
		90km/h		3.8	
		120km/h		5.3	
	模拟城市工况燃料消耗量 /（L·100km^{-1}）		—	4.32	
排放	C /（g·km^{-1}）		≤2.2	0.511	—
	HC+NO$_X$ /（g·km^{-1}）		≤0.5	0.028	—

2.4 电池

电动汽车的续航里程取决于电池技术。1993 年 11 月 11 日，纯电动汽车借助镍锌电池的力量在瑞士创造了一次充电续航 508km 的量产电动车的世界纪录。电池、电机及其电控装置、充电站等是制约电动汽车发展的主要因素。

2.4.1 电池分类

电池的种类有很多，划分的方法也有多种。按原理可以分为生物电池、物理电池和化学电池。

1. 生物电池

生物电池利用生物（如生物酶、微生物、叶绿素等）在分解反应过程中表现出来的带电现象进行能量转换，主要有微生物电池、酶电池、生物太阳能电池等。

2. 物理电池

物理电池是指利用物理原理制成的电池，其特点是能在一定条件下实现直接的能量转换，主要有太阳能电池、飞轮电池、核能电池和温差电池等。

3. 化学电池

化学电池利用物质的化学反应发电。化学电池一般由电极（正极和负极）、电解质和外壳（容器）组成。按工作性质可分为原电池、蓄电池、燃料电池和储备电池。目前，电动汽车普遍采用化学电池。

2.4.2 动力电池分类

目前，电动汽车主要采用的是铅酸电池、镍氢电池、锂离子电池，如图 2-31 所示。铅酸电池作为电动汽车的低压辅助电池,为车辆的普通低压电气系统提供低压工作用电。镍氢电池主要用在普通混合动力车辆和插电式混合动力车辆上,如丰田凯美瑞普通混合动力版、丰田普锐斯插电式混合动力版。锂离子电池普遍应用在纯电动汽车中,如比亚迪E6、宝马i3、吉利帝豪EV300等。

(a)铅酸电池　　(b)镍氢电池　　(c)锂离子电池

图2-31　各种动力电池

2.4.3　燃料电池

1. 燃料电池定义

燃料电池(Fuel Cell)是一种将存在于燃料与氧化剂中的化学能直接转化为电能的发电装置。燃料电池是电动汽车的主要动力源,它是一种不燃烧燃料而直接以电化学反应方式将燃料的化学能转变为电能的高效发电装置。

地球上的氢主要以其化合物[如水(H_2O)、甲烷(CH_4)、氨(NH_3)等]的形式存在。氢气本身不具有毒性和放射性,是环保、安全的无碳能源,氢能的可储存性使其在未来可再生能源体系中处于无可替代的位置,是人类向往的能源,但是制氢成本高是限制其发展的主要原因。

氢燃料电池采用氢能源作为燃料,其原理是利用电解水时的逆反应,使氢气与空气中的氧气发生化学反应,生成水和电,从而实现高效率的低温发电,并且余热能够回收再利用。

2. 燃料电池发电原理

燃料电池发电原理:在电池的阳极(燃料极)输入氢气(燃料),氢分子在阳极的催化剂作用下被分解为氢离子和电子,氢离子穿过燃料电池的电解质层向阴极(氧化极)方向运动,电子因无法通过电解质层而从外部电路流向阴极;在电池的阴极输入氧气,氧分子在阴极的催化剂作用下被分解为氧原子,氧原子与通过外部电路流向阴极的电子和穿过电解质的氢离子结合生成结构稳定的水,完成电化学反应,从而放出热量。这种电化学反应与氢气在氧气中发生的剧烈燃烧反应是完全不同的,只要在阳极不断输入氢气,在阴极不断输入氧气,电化学反应就会持续进行下去,电子就会不断地通过外部电路,进而形成电流,从而连续不断地向汽车提供电力。

3. 燃料电池电动汽车性能特点

燃料电池电动汽车是以燃料电池作为动力的电动汽车,其特点如下。

(1) 在动力系统工作时,排放物质只有水和蒸汽,汽车可真正实现零排放。
(2) 汽车动力系统的工作效率高。
(3) 燃料来源广泛,作为可再生的能源载体,可以消除汽车能源短缺之忧。
(4) 噪声小。
(5) 能量转换效率可高达 80%,实际使用效率是普通内燃机的 2~3 倍。
(6) 成本高。成本高使氢能源汽车不能量产。

2.4.4 燃料电池电动汽车组成

燃料电池电动汽车主要由燃料电池、高压储氢罐、辅助动力源、驱动电机、DC/DC 转换器和整车控制器等组成,如图 2-32 所示。

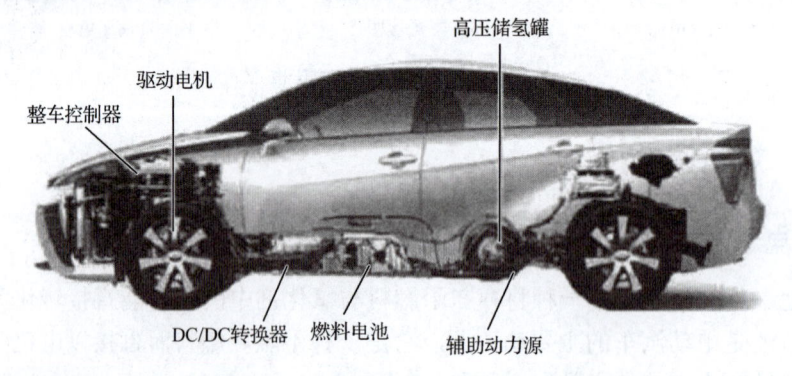

图 2-32 燃料电池电动汽车的组成

1. 高压储氢罐

高压储氢罐是气态氢的储存装置,用于给燃料电池提供氢气。为保证燃料电池电动汽车一次充气有足够的续航里程,需要用多个高压储氢罐来储存气态氢。一般轿车需要 2~4 个高压储氢罐,大客车上需要 5~10 个高压储氢罐。

2. 辅助动力源

根据燃料电池电动汽车设计方案的不同,其所采用的辅助动力源也有所不同,可以用蓄电池组、飞轮储能器或超大容量电容器等共同组成双电源系统。

3. 驱动电机

燃料电池电动汽车采用的驱动电机主要有直流电机、交流电机、永磁同步电机和开关磁阻式电机等,具体选型必须结合整车开发目标,综合考虑电机的特点。

4. DC/DC 转换器

燃料电池电动汽车的燃料电池需要装置单向 DC/DC 转换器,蓄电池和超大容量电容器需要装置双向 DC/DC 转换器。DC/DC 转换器的主要功能有调节燃料电池的输出电压,能够升压到 650V;调节整车能量分配;稳定整车直流母线电压。

5. 整车控制器

整车控制器是燃料电池电动汽车的大脑,由燃料电池管理系统、电池管理系统、驱动电机控制器等组成。一方面,整车控制器可以接收来自驾驶员的需求信息(如点火开关、节气门踏板、制动踏板、挡位信息等),实现整车工况控制;另一方面,它还能基于反馈的实际工况(如车速、制动、电机转速等),以及动力系统的状况(燃料电池的电压和电流,动力蓄电池的电压和电流等),根据预先匹配好的多能源控制策略进行能量分配调节控制。

2.4.5 燃料电池电动汽车工作原理

燃料电池电动汽车的工作原理如图 2-33 所示,高压储氢罐中的氢气和空气中的氧气在汽车搭载的燃料电池中发生氧化还原反应,产生电能,驱动电机工作。驱动电机产生的机械能经减速机构传给驱动轮,进而驱动汽车行驶。

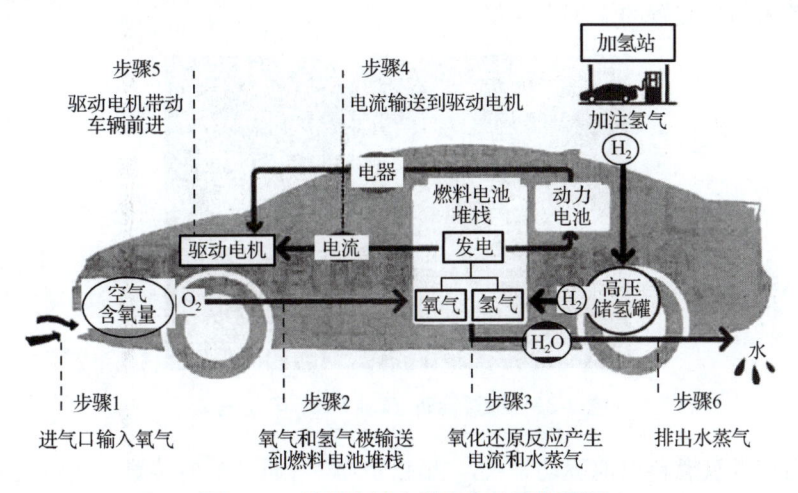

图 2-33　燃料电池电动汽车的工作原理

2.4.6 氢燃料电池的应用

燃料电池电动汽车如图 2-34 所示,打开它的发动机盖,内部非常整洁,看不到任何的线路,也没有常见的进气歧管、机油尺等部件,隐藏在下方的是这辆车的动力核心——永磁同步电机。

图 2-34　燃料电池电动汽车

梅赛德斯-奔驰 F125 电动汽车（见图 2-35）属于 S 级豪华轿车，具有宽敞、舒适和安全的特性。其特点如下：

（1）具有燃料经济性高、零排放等特点。等价燃油经济性为 105gal/km，即每加仑油能够行驶 105km。

（2）具有四台电动机。该车型使用最先进的氢燃料电池，利用氢产生电能，以驱动车内的四台电动机。其速度和环保性能是在未来的 S 级车型上逐步实现的。

（3）具有超短后悬。F125 车型相较于现有的短轴距 S 级车型，短 97mm、宽 110mm、低 50mm。但由于其超短的后悬，它的轴距比现有的长轴距版车型的轴距还要长。

（4）采用超轻技术。该车搭载着一种轻量的铝底盘，可支撑 23in（约 58.42cm）的车轮，其质量较现款 S350CGI 轻 135kg。

（5）采用核心技术。F125 车型新系统的核心是专门设计的氢箱。氢箱产生的电能可以不间断地驱动车内四角装置的无刷电动机。

图 2-35　梅赛德斯-奔驰 F125 电动汽车

该车动力搭载氢燃料电池驱动系统，加注的氢燃料通过车内装置迅速转化为电能，加满氢燃料的过程仅需 3 分钟。我国最早自主研制的氢燃料电池电动汽车如图 2-36 所示。

图 2-36　我国最早自主研制的氢燃料电池电动汽车

2.5　风能发电汽车

随着城市化的发展，环境问题日益突出，煤炭等传统化石能源的供应渐趋紧张。风力发电作为一种无污染、低成本的电力产业，越来越受到世界各国各地区的重视。同时，由于现代新技术在风电机制造、控制和管理中的应用，风力发电已成为新能源中技术较成熟、较具规模开发条件和商业化发展前景的发电方式之一。在众多与人类日常生活密切相关的应用中,风能在汽车领域的应用格外突出。

2.5.1 国外风能发电汽车

根据科学技术部颁布的《国外新能源汽车发展概况》,"德国 2012 年发布《国家电动汽车平台计划第 3 次评估报告》,进一步要求建立以用户为中心,基础设施技术、动力系统技术、先进制造技术等关键技术全方位的研发体系,实现到 2020 年成为世界电动汽车领先国;日本 2010 年发布《下一代汽车计划》,重点支持先进锂离子动力电池研发,计划比能量提高 150%"。

美国特斯拉(Tesla)汽车公司拥有一项风能发电专利,如图 2-37 所示,这套装置可以先把行驶中迎面而来的风能转化为电能,然后回充到汽车并储存起来。

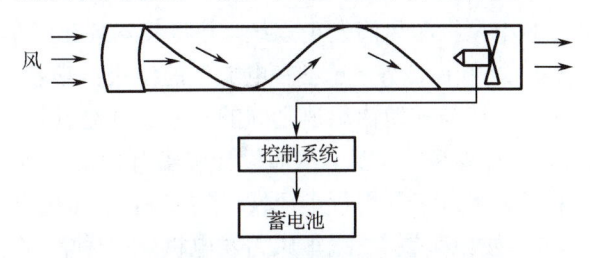

图 2-37 风能发电专利

2009 年,美国加利福尼亚州的罗里·汉德尔和马克斯·布里克利纳斯在某公司的赞助下,设计出了"方程式 AE"(Formula AE)跑车(见图 2-38)。这款双座跑车有 4 个通风口,其中两处在车身前部,另外两处分别位于车身两侧,方向朝后。"方程式 AE"跑车利用太阳能电池启动,随后,车身周围的 4 个通风口通过改变车身周围气流的方向,将气流导入一个隐藏在车身内部的、与一个交流发电机相连的涡轮机中,由此增加 20%~25% 的可用电量。这些额外能源将储存在超级电容器内,帮助汽车加速,以及防止太阳能电池过快耗尽。该跑车使用先进的交互感应电流发动机,输出功率达 212kW,可在不到 4s 的时间内从 0 加速至 100km/h。

图 2-38 "方程式 AE"跑车

2011 年,德国工程师德克·吉昂和斯特凡·塞默尔研制出了一种以风能为能源的汽车,并在澳大利亚完成了约 4828km 的测试,刷新了 3 项世界纪录,由此坚定了人们在电动汽车上开发利用风能实现发电增程技术的信心。

Venturi 汽车公司设计了一款自驱式电动车——Venturi Electric。这是一辆利用太阳能和风能为车提供动力的电动车,里面装着一台小型的电力发动机(16kW、50Nm)。在完全由 NIMH 镍氢电池提供动力的前提下,其行驶里程为 50km,时速能达到 50km/h。

2.5.2 国内风能发电汽车

我国新能源汽车产业的发展与美国、日本和欧洲国家的新能源汽车产业的发展相比，时间较短，在国际新能源汽车产业发展的行列中，我国新能源汽车产业在诸多方面还有待提高。我国启动了新能源电动汽车的 863 计划，科技部投资 9.5 亿元组织实施新能源电动汽车重大专项和国家科技攻关计划"清洁汽车关键技术研究与示范应用"专项，安排了一百多个关于研发新能源电动汽车的课题。目前，我国的汽车产业尚未广泛应用风力发电技术，在汽车风能发电领域的研究仍处于理论探索阶段，尚未实现市场化应用。

我国专家王超研究出了一种利用汽车行走风发电的装置，并通过风洞实验验证了其产能效果；专家王然设计了一种离心式的风轮，并对发电机和稳压装置进行了选择；学者崔志浩设计了一种利用空气阻力的小型汽车风阻发电系统，并将其安装在汽车上，测试其产电功率，得到"汽车高速行驶 3 小时会产生 2kW·h 左右电能"的结果；学者李敖学通过实车试验对比在有、无风道两种情况下车速与前舱内风速之间的关系，选型并设计了升力型风力机的叶片数、叶片弦长、实度比、叶片翼型等参数，从而设计出了风力发电装置。进入 21 世纪以来，我国先后有多名学者申请了关于汽车利用行走风发电的专利。"风电合一电瓶轿车""风能汽车""油电混合动力汽车风力发电装置""汽车风力发电机""一种汽车发电技术"等十几项不同的专利被国家知识产权局授权。

施裕祥在 2008 年申请了"风电合一电瓶轿车"专利（见图 2-39）。其主要布置结构：在风电合一电瓶轿车的车头前端设有进风口，在车头发动机盖下的车架上设有风力发电机。引风通道的一端与进风口连接。引风通道的出风口对着风力发电机的叶轮。风力发电机的电输出端和自动充电断路开关的输入端相连接。自动充电断路开关的输出端与轿车中充电器的输入端相连接。

图 2-39 "风电合一电瓶轿车"专利

丁国军发明的一种风电汽车如图 2-40 所示。

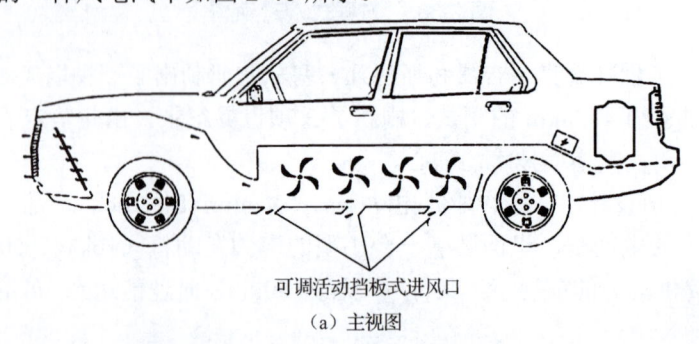

(a) 主视图

图 2-40 丁国军发明的一种风电汽车

(b) 俯视图

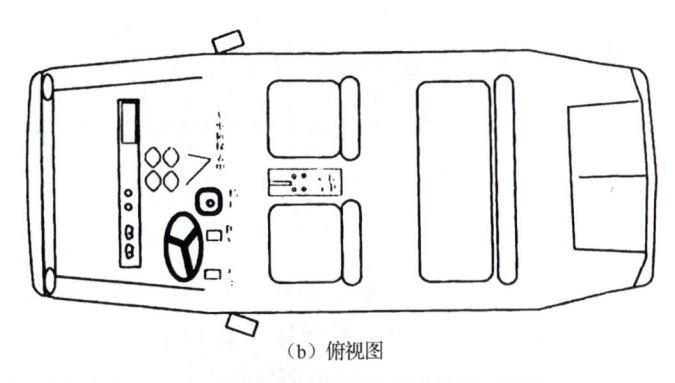

图 2-40　丁国军发明的一种风电汽车（续）

冯良常发明了第一台空气动力车（见图 2-41），其以空气为动力。

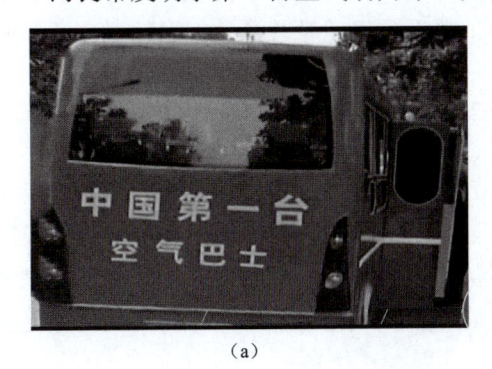

(a)　　　　　　　　　　　　　　　　　(b)

图 2-41　第一台空气动力车

2.5.3　风力机类型选择

风力机根据力作用形式分为阻力型风力机和升力型风力机两类。

阻力型风力机利用阻力驱动风机旋转，具有结构简单、自启动性能较好、产生的涡流较小的优点，适合于空间较小的场合。图 2-42 所示为阻力型风力机。

升力型风力机利用升力驱动风机旋转，其在运行过程中会在自身内部及后方产生较大涡流，适合于空间较大的场合。图 2-43 所示为升力型风力机。

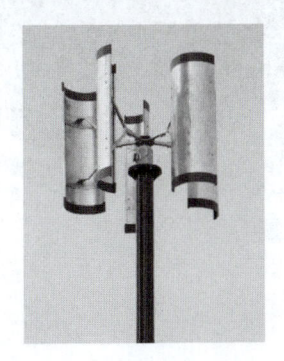

图 2-42　阻力型风力机　　　　　　图 2-43　升力型风力机

2.5.4 风力机基本性能表示方法

风力机的性能主要包括风轮的功率特性和风轮的力矩特性,这两种特性都取决于风力机的空气动力性能。

1. 风轮的功率特性

风轮的功率特性是评估风力机性能的重要指标,直接影响风力机输出功率的大小。风轮的功率特性一般用风轮功率系数随叶尖速比的变化曲线(C_P-λ 曲线)和风轮功率随叶尖速比的变化曲线(P-λ 曲线)或风轮功率系数随风速的变化曲线(C_P-v 曲线)和风轮功率随风速的变化曲线(P-v 曲线)来表示。由风速、叶尖速比和角速度之间的关系可知,自变量还可以转化为角速度。

风轮的功率特性除了取决于风轮叶片气动外形,还受到风轮叶片个数、风轮风向角和叶片安装角等因素的影响。

2. 风轮的力矩特性

风轮力矩主要为风力机传动系统和发电机提供力矩。风轮的力矩特性一般用风轮力矩系数随叶尖速比的变化曲线(C_m-λ 曲线)和风轮力矩随叶尖速比的变化曲线(M-λ 曲线)或风轮力矩系数随风速的变化曲线(C_m-v 曲线)和风轮力矩随风速的变化曲线(M-v 曲线)来表示。与风轮的功率特性相同,它也随着风轮叶片气动外形、风轮叶片个数等的变化而变化。

2.5.5 设计

1. 装置位置设计

根据汽车车体结构及不增加迎风面阻力的条件,将风轮装置放在车体内。如图 2-44 所示,由于汽车的电动机被安装在后轴上,这使得头部前盖下方留出了大约 1000mm×600mm×400mm 的存储空间,因此可将风轮装置放在汽车前盖下。

图 2-44 风轮装置安装位置

2. 导风罩的优化设计

1)外形尺寸初步设计

导风罩安装在风力发电机外部,可以将行走风导流到风轮轴一侧并提高风速,给风轮叶片前端提供较高风速。根据汽车前盖下方容量尺寸情况设计导风罩结构尺寸。优化的目的是最大化地利用汽车前端的迎风面积，在风轮叶片前端达到较高风速。基于节能经济的目的，导风罩应具有安装操作简单、质量轻、拆装维修方便等特点。

根据格栅尺寸，设计导风罩的进风口尺寸为 400mm×100mm，考虑到汽车车体结构及前盖下方容量尺寸的特征，将装置设计为侧面出风，将导风罩导风增速结构设计为六面体、正方体与四分之一圆柱体的组合，并在圆柱体内安装叶片。其中，六面体用于空气增速。

设计叶片旋转半径为 100mm 左右，因此将四分之一圆柱体的半径设计为 100mm，用正方体将六面体与四分之一圆柱体组合起来，因此确定六面体导风罩的出风口尺寸为 100mm×100mm，空气加速阶段路程（从空气入口到六面体出口的距离）为 200mm。导风罩在高度方向上应使风速值最小，以保证风速为水平方向，因此设计六面体上、下侧板之间的角度为 0°，高度为 100mm。导风罩左、右侧板的角度设计有两种，第一种为左侧板角度 $\theta_1 = 0°$，右侧板角度 $\theta_2 = \arctan(300/200) = 56.3°$；第二种为左、右侧板角度相同，即 $\theta_1 = \theta_2 = \arctan(100/200) = 26.6°$。导风罩形式如图 2-45 和图 2-46 所示（图中单位为 mm）。

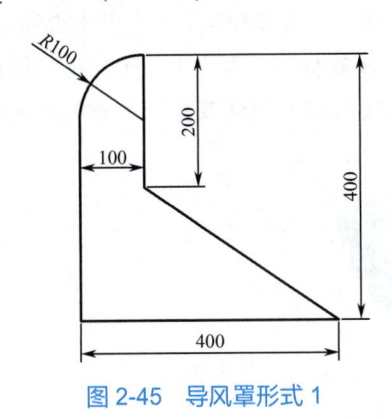

图 2-45 导风罩形式 1

图 2-46 导风罩形式 2

2）导风罩几何模型建立

选取的导风罩几何模型为不可压缩空气三维流动的旋转机械风力机的内流场模型，采用 Fluent 进行仿真。为简化数值模拟过程，需进行以下几点假设。

（1）在处于无风状态，且汽车的车速（空气相对于装置的速度）小于 50m/s 时，可视空气为不可压缩流体。

（2）假设空气为黏性牛顿流体，忽略空气重力。

（3）不考虑温度传热的影响，假设系统无传热过程，即假设系统内部是绝热的。

流体存在层流和湍流两种情况，需要用雷诺数（Re）进行判定。当雷诺数小于 2100 时，代表各质点有规则地流动，此时为层流流动状态；当雷诺数大于 4000 时，代表各质点不规则流动，此时为湍流流动状态；当雷诺数在 2100 和 4000 之间时，属于过渡状态。

导风罩内流场模型的雷诺数为

$$Re = \frac{\rho v d}{\mu}$$

式中　v——流体的流速，单位为 m/s。

　　　ρ——流体密度，单位为 kg/m³。

μ——动力黏度系数,单位为 Pa。

d——特征长度,管道中 d 为直径,单位为 m。

代入数据解得

$$Re_{max} = \frac{\rho vd}{\mu} = \frac{1.225 \times 30 \times 0.1}{1.7894 \times 10^{-5}} \approx 205376 > 4000$$

$$Re_{min} = \frac{\rho vd}{\mu} = \frac{1.225 \times 5 \times 0.1}{1.7894 \times 10^{-5}} \approx 34229 > 4000$$

因此导风罩内的空气运动情况为湍流。

根据上面三点假设,可以把导风罩内流场的空气流动的物理模型判定为不可压缩稳态非传热湍流问题。

3)导风罩物理模型

建模是对流场进行模拟分析的第一步。简单的几何模型可以直接在 ANSYS Workbench 或 Fluent 前处理软件 Gambit 中直接生成;面对较复杂的几何模型,ANSYS Workbench 和 Gambit 都提供了和常用的三维软件能无缝连接的转化格式。由于导风罩结构比较简单,可以直接建立导风罩内流场模型,图 2-47 所示为利用三维制图软件 UG 建立的三维内流场模型。在建立模型时,应先简化模型,除去一些对仿真流场无太大影响的部件或特征,避免出现锋利的棱角。

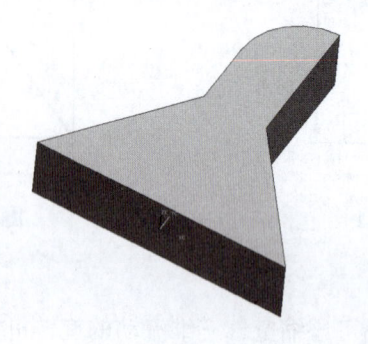

图 2-47 利用三维制图软件 UG 建立的三维内流场模型

4)导风罩数学模型

(1)连续性方程。

不可压缩流体的连续性方程为

$$v_1 A_1 = v_2 A_2 = Q$$

式中 v_1——进口平均流速,单位为 m/s。

v_2——出口平均流速,单位为 m/s。

A_1——进口过流断面面积,单位为 m²。

A_2——出口过流断面面积,单位为 m²。

Q——进、出口过流断面流量,单位为 m³/s。

公式表明,对于通过两界断面的流体,其平均速度 v 和横截面面积 A 成反比。

导风罩入口的面积为

$$A_1 = 0.1 \times 0.4 = 0.04\,(\text{m}^2)$$

六面体出口的面积为

$$A_2 = 0.1 \times 0.1 = 0.01\,(\text{m}^2)$$

当 v_1=15m/s 时，六面体的 v_2=15m/s×4=60m/s。

三维瞬态不可压缩流体的连续性方程为

$$\frac{\mathrm{d}\rho}{\mathrm{d}t} + \frac{\mathrm{d}(\rho u)}{\mathrm{d}x} + \frac{\mathrm{d}(\rho v)}{\mathrm{d}y} + \frac{\mathrm{d}(\rho w)}{\mathrm{d}z} = 0$$

即

$$\frac{\mathrm{d}\rho}{\mathrm{d}t} + \mathrm{div}(\rho \boldsymbol{U}) = 0$$

式中　　$\boldsymbol{U}$——空气速度矢量，单位为 m/s。

u——空气在 x 轴方向上的速度分量，单位为 m/s。

v——空气在 y 轴方向上的速度分量，单位为 m/s。

w——空气在 z 轴方向上的速度分量，单位为 m/s。

（2）动量守恒方程。

流体问题同时要满足动量守恒方程，不可压缩流体的动量等于流体受到的力 F 与时间 t 的乘积，即

$$mv = Ft$$

式中　　m——流体质量，单位为 kg。

v——流体速度，单位为 m/s。

F——流体受到的力，单位为 N。

t——流体流过的时间，单位为 s。

按照动量守恒方程，三维瞬态不可压缩流体可表示为

$$\frac{\mathrm{d}(\rho u)}{\mathrm{d}t} + \mathrm{div}(\rho u \boldsymbol{U}) = -\frac{\mathrm{d}P}{\mathrm{d}x} + \frac{\mathrm{d}\tau_{xx}}{\mathrm{d}x} + \frac{\mathrm{d}\tau_{yx}}{\mathrm{d}y} + \frac{\mathrm{d}\tau_{zx}}{\mathrm{d}z} + F_x$$

$$\frac{\mathrm{d}(\rho v)}{\mathrm{d}t} + \mathrm{div}(\rho v \boldsymbol{U}) = -\frac{\mathrm{d}P}{\mathrm{d}y} + \frac{\mathrm{d}\tau_{xy}}{\mathrm{d}x} + \frac{\mathrm{d}\tau_{yy}}{\mathrm{d}y} + \frac{\mathrm{d}\tau_{zy}}{\mathrm{d}z} + F_y$$

式中　　P——流体受到的压力，单位为 Pa。

τ——分子黏性作用所产生的黏性应力，单位为 N。

F——流体受到的力，单位为 N。

3. 装配设计

通过数值模拟和参数选择，可以确定车载风能发电装置的结构，如图 2-48 所示。本装置的结构包括叶片、发电机旋转轴、轮毂、安装角调整楔块。将叶片的螺纹孔和安装角调整楔块的螺纹孔对齐，并利用螺栓将它们安装在轮毂上，通过键固定轮毂与轴。图 2-49 所示为轴与轮毂结构装配图。安装角调整楔块斜度为 6°，如图 2-50 所示。

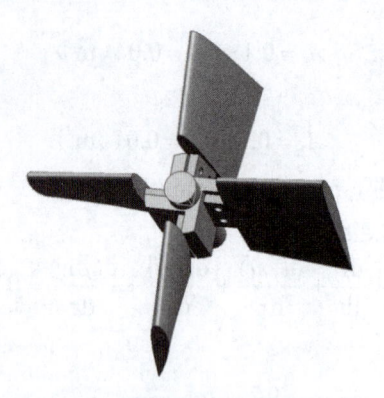

图 2-48 车载风能发电装置的结构

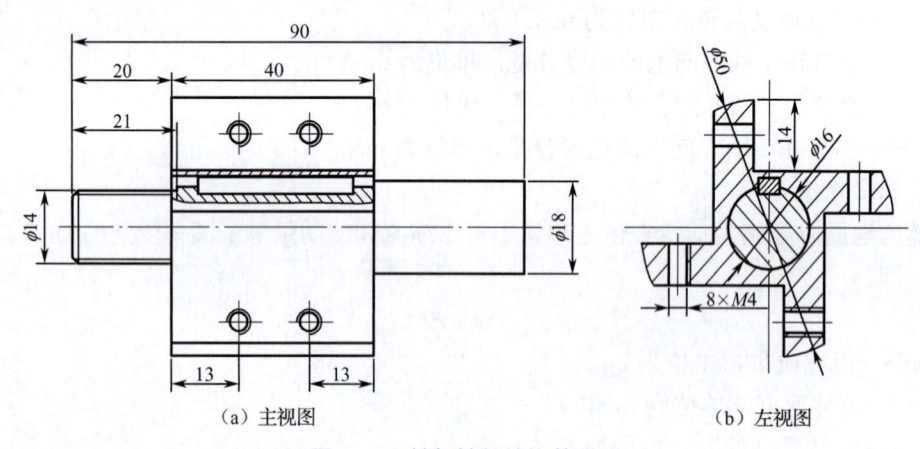

（a）主视图　　　　　　　　　　　（b）左视图

图 2-49 轴与轮毂结构装配图

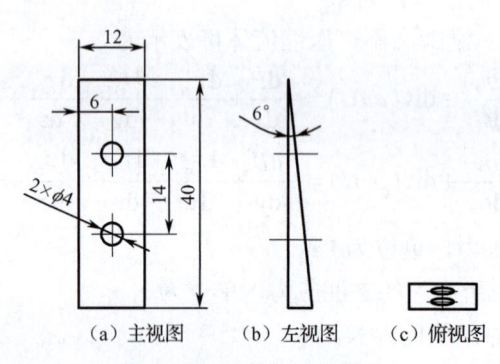

（a）主视图　（b）左视图　（c）俯视图

图 2-50 安装角调整楔块

完整的风能发电系统由导风装置、发电机、整流稳压装置、蓄电池系统、控制系统等组成。

4．发电机的选择

发电机是将风能转化为机械能进而转化为电能的装置。发电机的叶片通过风力的推动，使发电机轴与之旋转，进而带动发电机的转子旋转，由此产生电能。

根据电流属性的不同，发电机分为直流发电机和交流发电机两类。直流发电机结构复杂，不方便维护，而交流发电机则直接输出交流电，虽然需要接续整流电路，但是其整流损失能量较小，整流效率比较高。在风力发电领域，风能风速的不确定性导致输入的电流不稳定，因此风力发电机通常选择交流发电机。

三相发电机启动容易、旋转速度高、运行平稳、维修方便，较单相发电机而言，其综合性能高，因此选择三相发电机。

异步发电机需要借助外加的励磁电源来运行，而同步发电机自带励磁电流，不需要外部电源，并且其转子与定子的转速相同。当异步发电机受到其临界电压时，可能会对发电机造成损坏，而风力机输出的电压是不稳定的，因此基于方便性、经济性及安全性考虑，选择同步发电机。

结合上述观点，最终选择三相永磁同步交流发电机，其具有质量小、经济性高、后期维修方便等优点。发电机与叶片轮毂可直接装配，也可以通过联轴器与叶片旋转轴进行装配。

最大风能的计算：

$$P = \frac{1}{2}\rho A v^3 C_P = \frac{1}{2} \times 1.225 \times 0.04 \times 33.3^3 \times 0.59 \approx 533.8（W）$$

表 2-3 所示为三相永磁同步发电机的型号，经过对比分析，选择 NE-600 型发电机。已知一个蓄电池电压为 12V，从经济性和质量的角度考虑，发电机的额定电压应为 24V，可装配两个蓄电池，因此采用额定电压为 24V 的 NE-600 型三相永磁同步发电机。

表 2-3 三相永磁同步发电机的型号

型号	额定功率/W	最大功率/W	额定电压/V	最大电压/V	净重/kg	H×D×L/mm
NE-100	100	130	12/24	26/40	2.8	65×145×28
NE-200	200	230	12/24	26/40	3	65×145×28
NE-300	300	350	12/24	26/40	4	80×145×45
NE-400	400	450	12/24	26/40	4	80×145×45
NE-500	500	550	24/48	40/70	5	100×175×60
NE-600	600	650	24/48	40/70	5	100×175×60

注：H 为高度，mm；D 为外径，mm；L 为轴长，mm。

5. 整流稳压装置的选择

在风能发电系统中，整流模块是一个非常重要的环节。发电机发出的交流电必须通过整流模块整形成直流电，才能给蓄电池充电或向后接直流负载供电。三相整流器除了把输入的三相交流电整流为可对蓄电池充电的直流电，还有一个重要的功能是在外界风速过小或基本没有风时，风力发电机的输出功率也较小。由于三相整流器的二极管导通方向只能是由风力发电机的输出端到蓄电池，所以三相整流器防止了蓄电池对风力发电机的反向供电。三相整流器使用半导体开关器件，通过控制器件的导通和关断时间，再配合电感、电容或高频变压器等，最后输出直流电压。

对于风能发电系统，需要整流稳压装置对其进行以下几个方面的控制。

（1）利用整流电路将交流电转化为直流电。

（2）通过整流稳压装置将不稳定的电流转化为相对稳定的电流。

（3）将直流电按照蓄电池的充电特性进行充电。当备用蓄电池的电量不能满足消耗量时，整流稳压装置可以将正在充电的蓄电池的电能直接提供给负载使用。当蓄电池充满电后，整流稳压装置可以保护蓄电池，避免其发生过充现象。

整流电路有半波和全波两种方式。半波整流后的电流为原电流的一半，会损失一半电能，只应用于低电流、高电压的整流场合，很少用于捕捉能量的设备。全波整流输出全部的交流电。因此，全波整流比半波整流应用更加广泛。

根据整流元器件的不同，整流器有二极管整流器、晶闸管整流器等形式。二极管整流器是最基本的整流器，其在工作过程中不可控，只适用于需要简单整流电路的场合。晶闸管整流器适合在高电压、大电流、受控的场合工作，必要时可以控制晶闸管反向门极电压。晶闸管整流器还具有稳定发电电压的作用。

由于蓄电池只能承受一定限度的电流和电压，过电流充电和过电压充电都会损坏蓄电池，因此需要对蓄电池进行防过充保护。

由于晶闸管整流器具有可控性，还具有稳压的作用，能够达到所需要求，因此选择全桥整流方式的晶闸管整流器作为整流稳压装置。表 2-4 所示为整流稳压装置的型号。由于整流稳压装置的电压要与发电机的电压相匹配，因此选择采用 FW-2406 型号的整流稳压装置。

表 2-4 整流稳压装置的型号

型号	蓄电池额定电压/V	风力机额定功率/W	风力机刹车开始电压/V	风力机恢复充电电压/V
FW-1203	12	300	15	12
FW-2406	24	600	40	36
FW-4810	48	1000	70	60

2.5.6 蓄电池系统

蓄电池是用来存储电能及释放电能的设备。

蓄电池的充电电流为

$$I = \frac{P}{U} = \frac{533.7}{24} \approx 22（A）$$

式中　I——充电电流，单位为 A。

　　　U——充电电压，单位为 V。

蓄电池的充电电流应小于其额定电流，否则会明显缩短使用寿命。汽车上常用的蓄电池为免维护铅酸蓄电池，其具体型号如表 2-5 所示。经过比较分析，选择 12V24Ah 的蓄电池。两个蓄电池串联达到 24V，与发电机匹配。

表 2-5 免维护铅酸蓄电池的型号

型号	电压/V	容量/Ah	参考质量/kg	外形尺寸 $L×W×H$/mm
12V7Ah	12	7	1	115×65×94
12V17Ah	12	17	2	180×77×167

续表

型号	电压/V	容量/Ah	参考质量/kg	外形尺寸 L×W×H/mm
12V24Ah	12	24	3	165×125×175
12V38Ah	12	38	4	197×165×175
12V65Ah	12	65	5	350×166×175
12V100Ah	12	100	6	407×173×210

注：L 为长度，mm；W 为宽度，mm；H 为高度，mm。

2.5.7 控制系统

风能发电系统的 PLC 控制系统的结构如图 2-51 所示。风轮旋转带动发电机发电，发电机输出的不稳定的交流电经整流稳压装置转变为较稳定的直流电并储存在蓄电池里，蓄电池将直流电供给用电器，当蓄电池检测仪检测到蓄电池充满电后，会将控制信号传给 PLC，进而激发卸荷器工作，多余的电能会被卸荷器消耗。

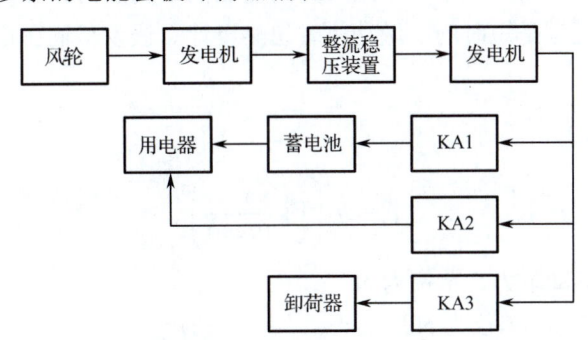

图 2-51 风能发电系统的 PLC 控制系统的结构

由于系统中配有两个蓄电池，将利用备用蓄电池供给用电器的情况视为用电器关闭，则本系统有蓄电池电量是否充满和用电器开启或关闭这两个变量，所以存在以下 4 种模式。

模式 1：蓄电池充满，用电器关闭，此时，卸荷器工作，即 KA3 开，KA1 和 KA2 断。

模式 2：蓄电池充满，用电器开启，此时，蓄电池为用电器供电，即 KA2 开，KA1 和 KA3 断。

模式 3：蓄电池不满电，用电器关闭，此时，发电机为蓄电池充电，即 KA1 开，KA2 和 KA3 断。

模式 4：蓄电池不满电，用电器开启，此时，发电机一方面为蓄电池充电，另一方面为用电器供电，即 KA1 和 KA2 开，KA3 断。

根据风洞实验，可估算得到装置的平均风能利用率与车速的增长比率 k 为 0.9875，两者的关系为

$$C_p = \frac{34.187 + 0.9875 \times (v-15)}{100} = 0.193745 + 0.009875v$$

根据上式可得到各风速下本装置的性能参数，如表 2-6 所示。

表 2-6　不同车速下的功率及产能

汽车车速 v/（km·h⁻¹）	车速 v/（m·s⁻¹）	功率 P/W	行驶百公里用时 T/s	行驶百公里产能 W/（kW·h）
54	15	28.3	6666.7	0.052
60	16.7	40.6	6000.0	0.067
70	19.4	69.5	5142.9	0.099
80	22.2	111.1	4500	0.139
90	25	168.7	4000	0.187
100	27.8	245.9	3600	0.246
110	30.6	346.3	3272.7	0.315
120	33.3	474.5	3000	0.395

2.5.8　车阻耗能研究

在安装风能发电系统后，汽车的车阻可分为轮胎的滚动阻力、迎风阻力、爬坡阻力和加速阻力。爬坡和加速过程是短时的，做功暂时忽略不计。假设车辆在路面质量良好的道路上匀速行驶。

1. 轮胎的滚动阻力

$$F_1 = Gf_0\left(1 + \frac{v^2}{19440}\right)$$

式中　F_1——轮胎的滚动阻力，单位为 N。

　　　G——汽车总重力，单位为 N。

　　　f_0——路面阻力因数。良好沥青或混凝土路面的路面阻力因数为 0.014，卵石路面的路面阻力因数为 0.025，沙石路面的路面阻力因数为 0.020。

　　　v——汽车速度，单位为 m/s。

计算在安装风能发电系统后汽车轮胎的滚动阻力，已知本车的质量为 2108kg，变流器系统总质量小于 20kg，若将变流器系统总质量按 20kg 计算，系统总质量占整车质量的 0.94%。汽车轮胎的滚动阻力增量为

$$\Delta F_1 = 0.0094 \times 0.025 \times \left(1 + \frac{15^2}{19440}\right) \approx 0.024\%$$

2. 迎风阻力

$$F_2 = \frac{C_D A_1 \rho v^2}{2}$$

式中　F_2——迎风阻力，单位为 N。

　　　C_D——空气阻力系数。

　　　A_1——汽车迎风面积，单位为 m²。

汽车的迎风阻力来自以下三方面。

（1）空气撞击车辆迎风面产生的阻力。类似于一个平面物体迎风运动，阻力基本为空气

因撞击而产生的迎面阻力。

（2）空气在车身流过时受到的摩擦力。当车辆高速行驶时，其摩擦阻力小到几乎可以忽略。

（3）车辆的外形阻力。这部分的阻力来自汽车后方的真空区，对于高速行驶的车辆而言，外形阻力是迎风阻力的主要部分，而且真空区体积越大，外形阻力越大。

由于风能发电系统安装在车身内部，没有增加汽车的迎风面积，因此没有增加气流撞击阻力和外形阻力。但是在增加了本装置后，气流与车身的摩擦面积增大了，面积与摩擦力成正比，由于装置的表面积相对车身来说很小，因此增加的摩擦力可暂时忽略不计。

表 2-7 所示为不同风速下车辆行驶百公里的装置耗能。

表 2-7　不同风速下车辆行驶百公里的装置耗能

汽车车速 $v'/(km \cdot h^{-1})$	车速 $v/(m \cdot s^{-1})$	装置车阻做功占总消耗的百分比/%	装置车阻耗能/(kW·h)
54	15	0.000238	0.003566
60	16.7	0.000238	0.003575
70	19.4	0.000240	0.003594
80	22.2	0.000241	0.003615
90	25	0.000243	0.003638
100	27.8	0.000244	0.003665
110	30.6	0.000246	0.003694
120	33.3	0.000248	0.003726

2.5.9　有风环境下的做功

当汽车车速为 54km/h（15m/s）时，假设外部环境的风速为迎风 3m/s，则导风装置入风口的相对风速为 18m/s，风能发电装置在此环境下行驶百公里的产能为

$$W = \frac{1}{2}\rho v^3 AC_p t = \frac{1}{2} \times 1.225 \times 18^3 \times 0.04 \times 0.37 \times \frac{100}{15 \times 3600} = 0.097902 (kW \cdot h)$$

假设年平均风速为 3m/s，计算本装置在逆风环境、不同车速下行驶百公里的产能，具体计算结果如表 2-8 所示。

表 2-8　在逆风环境、不同车速下行驶百公里的产能

汽车车速 $v'/$ $(km \cdot h^{-1})$	车速 $v/$ $(m \cdot s^{-1})$	相对风速 $(m \cdot s^{-1})$	有风时百公里增加产能/ (kW·h)	无风时百公里产能/ (kW·h)	外环境风能百公里产能/ (kW·h)
54	15	18	0.098	0.052	0.046
60	16.7	19.7	0.121	0.068	0.053
70	19.4	22.4	0.164	0.099	0.065
80	22.2	25.2	0.218	0.139	0.079
90	25	28	0.281	0.187	0.094
100	27.8	30	0.355	0.246	0.110
110	30.6	33	0.442	0.315	0.127
120	33.3	36	0.541	0.395	0.146

从表 2-8 中可以看出，当汽车以 100km/h 的速度在公路上行驶时，外环境的风能经过本装置的转化，可产生 0.11kW·h 的电能。对比表 2-7，可以看到本装置的阻力耗能大约为产能的三十分之一，而且产能与车速的立方成正比，阻力耗能随车速变化很小，因此车速越大，产生的能量越多。

1. 导风罩入口尺寸的影响

目前设计的导风罩入口尺寸为 400mm×100mm，由于车头允许的迎风尺寸较大，因此可以将本装置尺寸扩大一倍，即 800mm×200mm，那么，导风罩入口面积将变为之前的 4 倍。由于产能与面积成正比，因此新装置的产能也将变为之前的 4 倍。例如，当外环境风速为 3m/s，汽车速度为 100km/h 时，本装置的产能为 0.44kW·h。

2. 汽车产能和增程距离的计算

以纯电动车为例，行驶百公里的耗电量大约为 15kW·h。

在外环境风速为 3m/s 的情况下，将导风罩入口尺寸扩大一倍，当汽车以 54km/h 的速度行驶时，本装置百公里产能为

$$W' = 4W = 4 \times 0.046 = 0.184 \text{ (kW·h)}$$

式中　W'——导风罩入口尺寸扩大一倍后的百公里产能，单位为 kW·h。

　　　W——原尺寸导风罩的百公里产能，单位为 kW·h。

那么，安装了汽车风能发电装置后，纯电动车行驶距离为

$$S_{增程} = 100 \times \frac{0.184}{15} \approx 1.227 \text{ (km)}$$

表 2-9 所示为不同车速下汽车风能发电装置的产能情况。

表 2-9　不同车速下汽车风能发电装置的产能情况

车速 v'/(km·h^{-1})	原产能/(kW·h)	导风罩入口尺寸扩大后的产能/(kW·h)	增加产能/%	增程距离/km
54	0.046	0.184	1.225	1.225
60	0.053	0.211	1.407	1.407
70	0.065	0.260	1.737	1.737
80	0.079	0.315	2.099	2.099
90	0.094	0.374	2.496	2.496
100	0.110	0.439	2.925	2.925
110	0.127	0.508	3.388	3.388
120	0.146	0.583	3.884	3.884

根据表 2-9 可以得到导风罩入口尺寸扩大后的产能与车速的关系曲线（见图 2-52）、增程距离与车速的关系曲线（见图 2-53）。

根据图 2-52 可知，本装置的产能随车速呈正比例增长，在车速为 120km/h 时，可达到 0.583kW·h 的产能。根据图 2-53 可知，本装置的增程距离随着车速的增加而增加，当车速为 120km/h 时，增程距离为 3.884km。

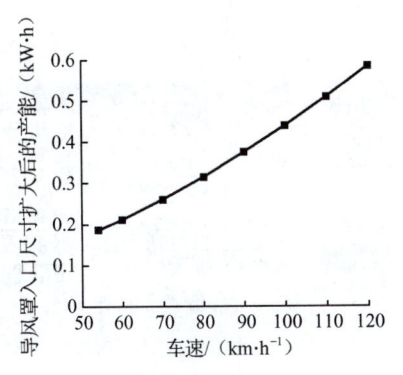

图 2-52　导风罩入口尺寸扩大后的产能与车速的关系曲线

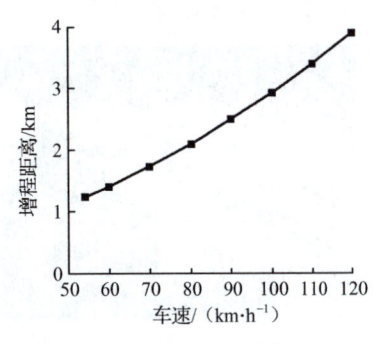

图 2-53　增程距离与车速的关系曲线

汽车利用行走风进行发电具有一定的意义及应用价值，随着对风能发电系统的进一步优化，汽车可得到更多的电能，我国应抓住这个机遇，在汽车领域取得新的突破，生产更多具有自主知识产权的基于车载风能发电装置的风能发电汽车，使我国的汽车行业有进一步的发展。

2.6　太阳能汽车

如果用太阳能汽车取代燃气车辆，则每辆汽车的二氧化碳排放量可减少 43%～54%。在正常情况下，一台汽油发动机的能源利用率约为 25%，最高利用率为 50%～60%，而太阳能汽车的能源利用率却能达到 95%。太阳能发电在使用过程中无排放、无噪声。

全太阳能动力汽车以柔性高效的薄膜太阳能电池组件为核心，在一定的光照条件下，通过光电转化和储能系统、智能控制系统、电力配送系统等精确控制系统，将太阳能作为驱动汽车的动力，是真正意义上的零污染的清洁能源汽车。

普通电动汽车的储能装置——蓄电池，是通过电网充电的方式来获得能源的，而太阳能汽车的蓄电池是通过光电转换器件将太阳能转化为电能对电池实行浮充的。图 2-54 所示为太阳能电池板。朱振霖于 2012 年自行研制出了一辆太阳能汽车，每天能行驶 40～70km，如图 2-55 所示，该太阳能汽车长 3.2m、宽 1.4m、高 1.4m。

图 2-54　太阳能电池板

图 2-55　朱振霖制造的太阳能汽车

图 2-56 所示为鱼形太阳能汽车，图 2-57 所示为太阳能动力车，是菲律宾于 2007 年 9 月

1日制造的,由德拉萨列大学学生埃里克·谭驾驶。

图 2-56　鱼形太阳能汽车

图 2-57　太阳能动力车

2022年6月,中国首款完全依靠太阳能驱动行驶的纯太阳能驱动智能汽车首次公开亮相,如图2-58所示,该汽车不使用任何化石燃料和外部电源,真正实现零排放,引领前沿技术。这款汽车的长、宽、高分别为4080mm、1770mm、1811mm,轴距为2850mm,有3个座位,整车质量为1020kg,最高车速为79.2km/h,续航里程为74.8km(测试数据),太阳能组件面积为8.1m^2,电池能量比达到330Wh/kg,自动驾驶等级在L_4级以上。

芬兰生产了太阳能汽车Lightyear One,如图2-59所示。Lightyear One共有4台电机,最大功率为101kW,最大扭矩为1200Nm,车身材料采用碳纤维加铝合金,整车质量仅1315kg。因其独特的外形设计,该车获得了0.20Cd的超低风阻系数。在太阳照射强度较弱的多云条件下,整车可以获得大约40km的"太阳补能",汽车本身还有725km的续航能力,再经过8个小时的照射,这台汽车就具备了96km的续航能力。在同等电池尺寸下,Lightyear One可以多出1.5倍的行驶里程。

图 2-58　纯太阳能驱动智能汽车

图 2-59　太阳能汽车 Lightyear One

思 考 题

1. 混合动力汽车的运行方式有哪几种?
2. 在汽车新技术应用方面,哪些技术可以改进?
3. 传动系统的新技术可以应用在哪些车辆的制造中?

第3章 车联网技术

3.1 物联网

3.1.1 物联网定义

物联网属于计算机学科范畴。物联网是互联网的延伸，互联网的终端是计算机（PC）、服务器，而物联网的终端是嵌入式计算机系统及其配套的传感器，是物与物（物上嵌有传感器或计算机系统）之间的联网（见图3-1）。从广义上来说，只要有硬件或产品（如穿戴设备、环境监控设备、虚拟现实设备等）连上网且发生数据交互就称为物联网。

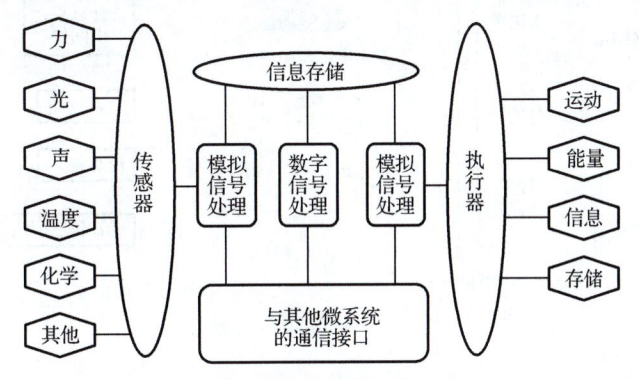

图 3-1 传感器应用信息图

物联网指的是物物相连的互联网，即在互联网的基础上，利用射频识别设备、全球定位系统、红外感应器、激光扫描器、气体感应器等各种信息传感设备，按约定的协议，把任何物品与互联网连接起来，进行信息交换和通信，以方便识别、管理和控制。

随着大数据、云计算和人工智能的发展，物联网与云计算、边缘计算、人工智能的结合，形成了智联网（AIoT）——人工智能（AI）+物联网（IoT）。

3.1.2 物联网的层次结构

物联网可分为感知层、网络层和应用层三个层面，如图3-2所示。

1. 感知层

感知层主要利用射频识别、二维码、卫星定位、摄像头、传感器等各种感知、捕获和测量手段，随时随地对物体进行信息的采集和获取。

2. 网络层

物联网设备的分散性、应用场景的复杂性决定了有时一种只具有单一能力的网络无法满足所有需求。此时，需要多种网络类型来支持物联网的不同应用场景。除有线网络和3G网络、4G网络外，用于物联网的、中长距离以内的网络，常被称为无线传感网，其可分为短距离的无线通信和中长距离的无线通信。其中，较常见的短距离的无线通信方式有ZigBee（蜂舞协议）、蓝牙、Wi-Fi，较常见的中长距离的无线通信方式有LoRa（远距离无线电）、NB-IoT（窄带物联网）等低功耗广域网。

3. 应用层

应用层通常可细分为云平台服务层和各种应用，其中云平台服务层提供基础共有的服务，主要负责维护物联网设备的接入，存储、分析海量的传感器数据，又称物联网中间件。各种应用是指各种丰富多彩的具体业务，如安全监控、智能家居、智慧农业等。

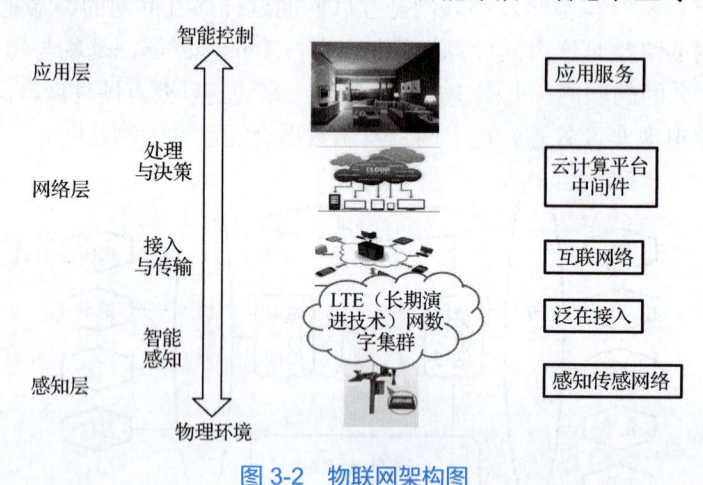

图 3-2 物联网架构图

3.2 智能网联技术

3.2.1 智能网联汽车定义

从技术应用的角度进行定义，车与车或车与路之间的通信一般称为V2X。图3-3所示为V2X应用分类。

根据中国汽车工业协会的定义，智能网联汽车即搭载先进的车载传感器、控制器、执行器等装置，并融合现代通信与网络技术，实现车与X（人、车、路、云端网络等）智能信息交换、共享，具备复杂环境感知、智能决策、协同控制等功能，可实现"安全、高效、舒适、节能"行驶，并最终实现替代人类操作的新一代汽车。

智能网联汽车是互联网与自主式自动驾驶的融合。在智能网联汽车时代，车辆本身是载体，实现智能是目的，网联是核心手段。在网联化时代，车载传感设备获得的数据与通过协同通信交换获得的数据相互补充、相互融合。车载传感设备只能感知视距范围内的车辆环境，面对非视距的路况，如交叉路口、急弯处、山顶处，需依靠通信网络交换车辆数据和交通运行环境数据来弥补。车载传感设备感知的数据、通信交换的数据与高精度地图的静态和准动态数据融合，构建成一张实时的高精度地图，以支撑自动驾驶系统进行驾驶决策、驾驶操作及精准的车辆控制。

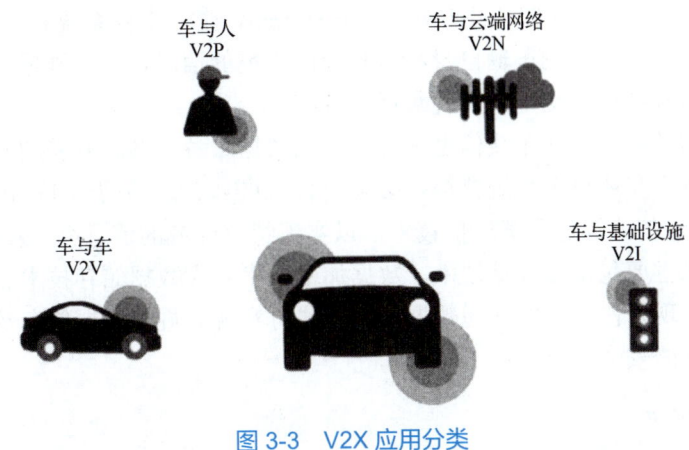

图 3-3　V2X 应用分类

智能网联汽车是车联网与智能汽车的交集，如图 3-4 所示。

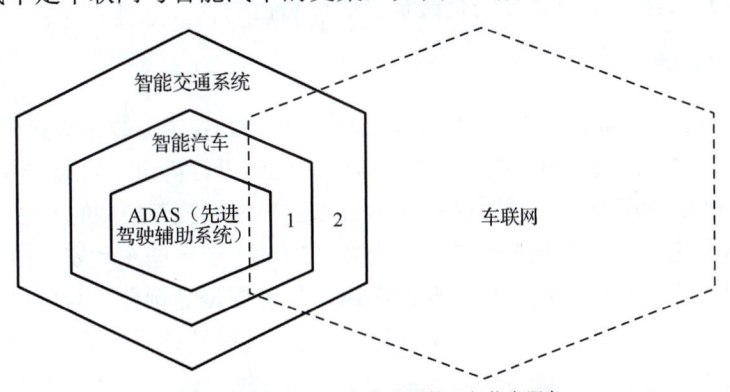

1—智能网联汽车；2—智能交通管理与信息服务。

图 3-4　车联网与智能网联的关系

3.2.2　智能网联汽车的关键技术

从结构制造角度分析，智能网联汽车的关键技术主要包括环境感知技术、无线通信及数据处理技术、智能互联技术、驾驶辅助技术和信息安全技术等。

1. 环境感知技术

车辆整体环境信息的及时性、准确性和可靠性依赖于环境感知技术。环境感知技术不仅包括收集信息，还需要在复杂动态和多样化的交通环境下，提高环境感知精确程度、对动态目标进行识别与估计，以完成交通环境信息的多视图数据融合。车辆所处的环境由车辆本身状态和外部环境决定。

应用环境感知技术的智能网联汽车能获取包括车辆位置、行车速度、移动方向，以及车内设备参数等车辆本身状态信息，并且能借助视频摄像头、雷达传感器、激光测距器等收集车辆外部的交通信号、路面状态、交通状况、行人移动情况等数据信息。

2. 无线通信及数据处理技术

借助车载传感器、GPS（Global Positioning System，全球定位系统）、雷达等，结合近距离通信技术，实时准确地探测车辆自身状态和周围环境的信息，通过数据融合技术，将各种类型数据依据通信标准进行交互，实现数据共享。

车辆与交通的数据是实现车载信息服务、车辆数据服务、网联驾驶的核心，这些数据不能由单个人、单辆汽车或单个系统获得，必须结合 LTE-V2X（基于 LTE 的车联网通信）或 DSRC（专用短程通信）等近距离通信技术，以实现特定区域的信息交互及移动目标识别。

数据处理技术主要包括云计算技术、数据加密技术、大数据储存技术和多源数据预处理技术等多种技术。现阶段云计算交通数据处理模式可实现大规模数据储存及安全维护，保障整体智能网联车辆的安全运行。

3. 智能互联技术

智能互联技术解决了车辆与人、车辆与环境等之间的协同交互问题。针对车与车、车与路及车与云 3 个环节进行了更有效的交通状态估计和控制。

4. 驾驶辅助技术

汽车智能化是智能网联的基础。驾驶辅助技术是指借助各类车载传感器和通信技术对车辆驾驶员及环境信息进行及时、准确甚至动态的收集，同时进行辨识、侦测、追踪和处理，进而发出警示，使驾驶员察觉可能发生的危险，或者在必要时进行汽车控制的一系列主动安全技术。

智能网联汽车定义中的驾驶辅助内容更为宽泛地纳入了一些主动安全技术、基于车辆和车辆之间及车辆和交通设施之间数据交换的应用，如前向碰撞预警、紧急电子刹车灯、盲区检测/预警、禁止通行警告、交叉路口驾驶辅助等。这些驾驶辅助系统旨在提高行车的安全性，以及帮助驾驶员养成良好的驾驶习惯。

5. 信息安全技术

信息安全技术是智能网联汽车的关键技术，其涉及智能网联汽车的每一层。信息安全技术包括终端 App 的加密防护技术、权限验证技术、防火墙技术、身份鉴别技术、电子身份标识技术、数字签名技术等，对于实现保障传输安全、非法入侵检测及用户隐私数据保密十分关键。实现大量信息安全准确、及时交互，是智能网联汽车关键技术发展的重大突破，也关系到智能网联汽车的推广和普及。

从数据获取、融合、存储与处理的角度分析，智能网联汽车与外界信息交互的过程由环境感知层、智能决策层和控制执行层构成。

1）环境感知层

环境感知层承担车辆本身与道路交通信息的全面感知和采集，通过传感器、RFID（Radio Frequency Identification，射频识别）、车辆定位等技术，实时感知车况、控制系统、道路环境、车辆当前位置周围车辆等信息，实现对车辆自身属性，以及车辆外在环境（如道路、人、车等）静、动态属性的提取，为智能决策层提供依据。

2）智能决策层

智能决策层根据环境感知层及云平台获取的信息来进行决策，进而向驾驶员发出辅助决策信息。

3）控制执行层

控制执行层将根据智能决策层发出的辅助决策信息，形成关于车辆转向盘、节气门和制动器等车辆工作部件的操作指令，以便进行车辆横向和纵向的加速或减速等驾驶操作。

3.3 车联网概念及技术体系

3.3.1 车联网的定义

车联网就是指将现代通信技术与网络技术结合起来，从而实现信息共享。车联网是能够实现智能化交通管理、智能动态信息服务和车辆智能化控制的一体化网络，是物联网技术在交通领域的典型应用。车联网的概念就源自物联网。传统的车联网是指装载在车辆上的电子标签通过无线射频识别等识别技术，在信息网络平台上实现对所有车辆的属性信息和静、动态信息进行提取和有效利用，并根据不同的功能需求对所有车辆的运行状态进行有效监管，以及提供综合服务的系统。世界电动车协会（WEVA）对车联网的定义：车联网（汽车移动互联网）是利用先进传感技术、网络技术、计算技术、控制技术、智能技术，对道路交通进行全面感知，对每部汽车进行交通全程控制，对每条通路进行交通全时空控制，实现道路交通"零堵塞""零伤亡""极限通行能力"的专门控制网络。

车内网是指通过应用成熟的总线技术建立的一个标准化的整体网络；车际网是指基于专用短程通信技术和 LTE-V2X 构建的，实现车与车、车与路边基础设施之间的中短程距离通信的动态网络；车云网（车载移动互联网）是指车载终端通过 4G 技术、5G 技术等通信技术及互联网进行无线连接的网络，三者之间的关系和整体框架如图 3-5 所示。

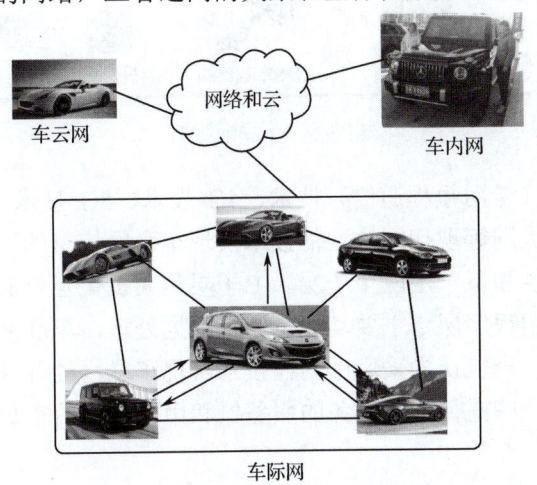

图 3-5 车内网、车际网、车云网的关系和整体框架

中国智能网联汽车产业创新联盟对车联网的定义：车联网是以车内网、车际网和车云网为基础，按照约定的通信协议和数据交互标准，在车与车、车与路、车与行人之间进行无线通信和信息交换的大系统网络。

3.3.2 车联网的技术体系

1. 车联网系统组成

车联网系统可分为感知层、网络层和应用层三个层次，如图3-6所示，感知层负责信息的采集与发布，信息的采集主要利用汽车配备的车载信息系统，通过CAN总线网络技术采集车内各电控单元与车内各传感器（见图3-7）的实时数据，这些信息能够反映车辆行驶状态、车辆位置、车辆安全与车辆识别；信息的发布是指来自路侧设备或数据中心的交通信息在车载信息系统上的发布。

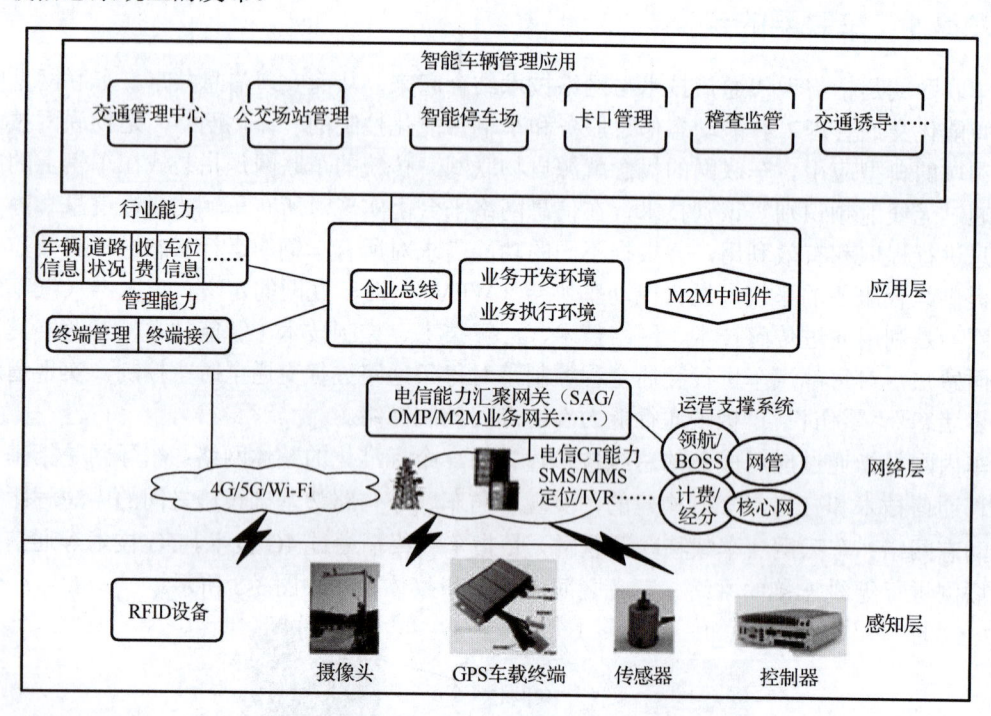

图3-6 车联网组成

网络层通过DSRC（专用短程通信）技术、4G技术、5G技术、Wi-Fi、GPS、WiMAX（无线城域网技术）、以太网等现代网络通信技术实现车联网信息的可靠传输。

应用层可分为上子层和下子层两个子层。上子层是人机交互界面，定义与用户交互的方式和内容；下子层是应用程序层，主要功能是进行数据处理，车联网各种具体的服务也在这一子层进行定义与实现，一般认为采用中间件技术实现车联网的各种服务是较好的选择。应用层使用的设备主要是一些提供网络服务的服务器和用户使用的车载信息系统等。

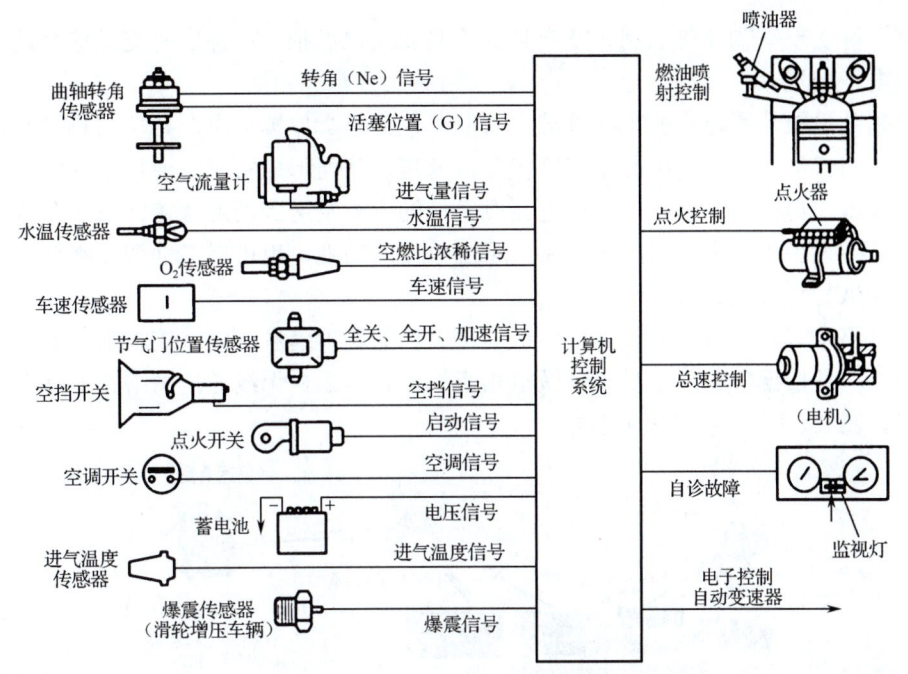

图 3-7 车内各传感器的应用

2. 车联网的端、管、云

1）端

端是记录传输和保存信息的载体。在车联网中指的是通信终端,包括具备车内通信能力、车间通信能力、车路通信能力、车网通信能力的车载终端和具备车路通信能力、路网通信能力的道路基础设施。

（1）车载终端。

车载终端是集成了多种用于采集与获取车辆信息感知行车状态及环境且能与人和车进行交互的传感器,并具有卫星定位及无线通信功能的电子设备。

移动通信模块负责车辆接入互联网及车与家之间的通信,主要应用于远程数据传输、线网、语音通话等方面。

无线通信模块负责车与车、车与路、车与行人之间的通信,主要应用于车辆驾驶识别、路网与车辆之间的信息交互等。

数据采集模块通过车辆上安装的各种传感器实时采集车辆的运行信息和状态信息。

数据存储模块主要用于车辆行驶状态的记录及地图等数据的保存。

中央处理单元把卫星定位模块、传感器及数据采集模块采集的信息经过加工处理后生成相应的信息,并通过无线通信模块发送给邻近车辆。

卫星定位模块通过卫星获取车辆当前的经度、纬度、海拔、速度及方向等位置信息。

多媒体播放模块主要用于收音机、电视机、播放器等音、视频播放设备中。

（2）道路基础设施。

道路基础设施指安装在路侧,采用无线通信技术,可连接互联网,能与车载终端和云端进行通信，可实现车辆身份识别、特定目标检测及图像抓拍、广播实时交通信息及电子扣分等功能的电子装置。

道路基础设施从所连接的车载终端上获取车辆信息、位置信息及行车信息，并将信息上传到云端，由云端交通控制中心系统进行分析处理，从而形成实时交通信息并将结果返还给道路基础设施，再由道路基础设施通过无线通信的方式发送到其所覆盖区域的车载终端。

道路基础设施可以由专门的装置完成路侧单元的功能，也可以借助智能路灯、公交电子站牌及智能信号灯等装置来实现。

终端是整个车联网系统的载体，负责发送车辆的各项信息，同时接收来自数据支持平台的数据信息，并根据各种指令对车辆做出相应的控制，配合无线通信网络完成整个车联网系统的功能。图 3-8 所示为车联网终端。

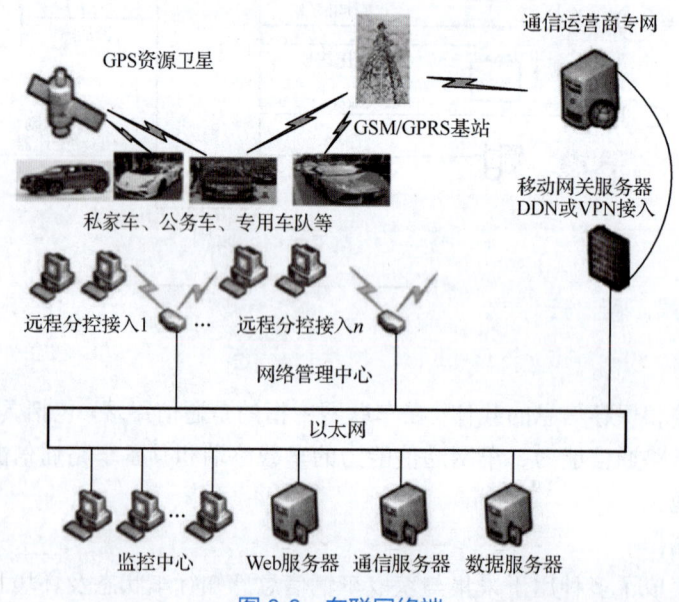

图 3-8 车联网终端

车载终端主要由无线发送与接收单元、信息融合与处理单元、加速度传感器、温度传感器、图像传感器、CAN 总线、GPS 模块、车速里程计、液晶显示屏、可扩展接口及语音呼叫设备等多种传感器和外部设备构成。图 3-9 所示为传感器的应用。

2）管

管即管道，指的是具备融合通信及接入互联网的能力。管道主要用于解决车与车、车与路、车与云、车与家及车与行人等之间的互联互通，构建车辆自组网、移动通信网、无线局域网（Wireless Local Area Network，WLAN）及多种异构网络之间的通信管道，是车联网的保障。

无线通信网络是车载终端与数据支持平台信息交互的通道，它能将车辆的位置信息、求救信号、图像信息、服务请求等准确、实时地传送到数据支持平台，将平台的应答、服务、控制等信息准确、及时地传给车载终端。

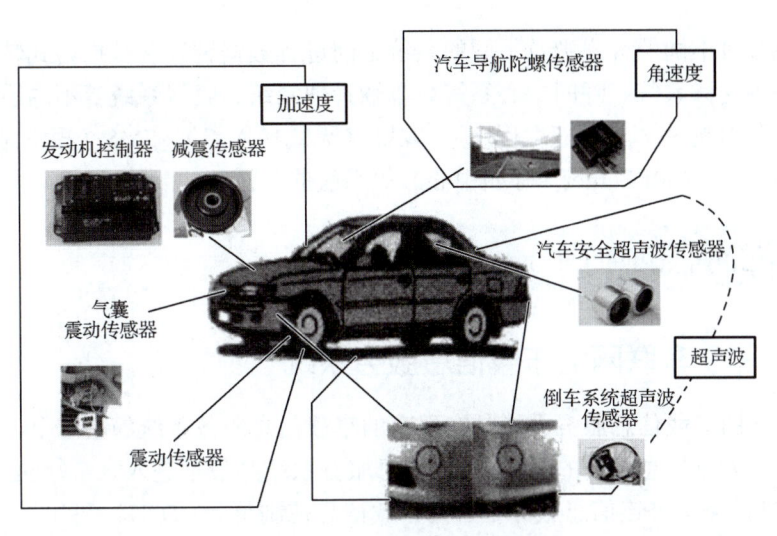

图 3-9 传感器的应用

无线通信网络采用 CDMA（Code Division Multiple Access，码分多址）、GPRS（General Packet Radio Service，通用分组无线服务）技术等多种通信方式结合的形式，可最快速、最经济、最准确地传递信息。

3）云

云指的是云平台，云平台即允许开发者将写好的应用程序放在云里运行或使用云服务的一种平台。图 3-10 所示为车联网的工作原理图。

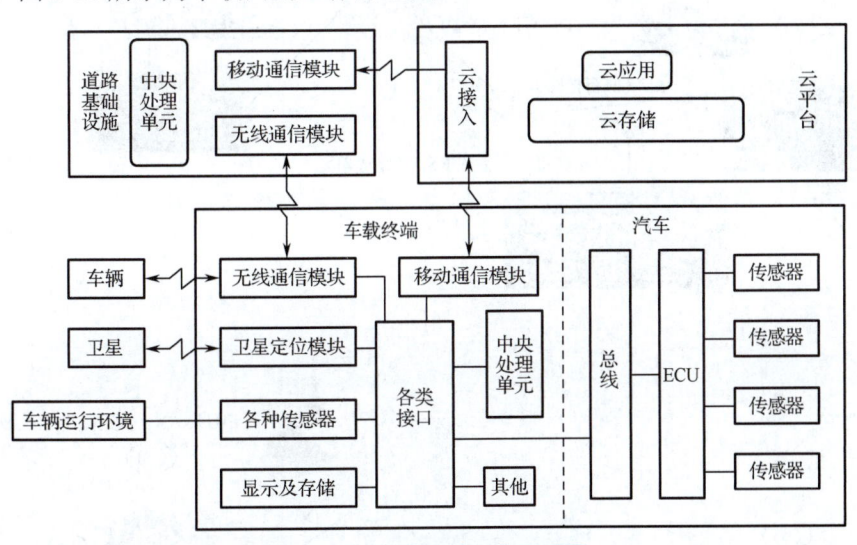

图 3-10 车联网的工作原理图

车联网的云平台主要用于终端的接入和车辆的运行状态管理、交通事件处理、车辆收费管理、交通信息管理、交通管制信息的发布、应用程序的发布等车联网的应用，以及数据存储、大数据分析与处理等，为驾驶员提供包括云导航、路况信息、停车管理等云服务。

云平台负责监听车载终端、道路基础设施等客户端发来的连接请求，并提供高效、稳定的数据处理、协议解析、消息转发等服务。

云平台通过对不同的客户端及不同的系统之间进行数据转发和数据格式转换，实现业务管理系统、服务支撑系统、呼叫中心系统、车辆管理系统、收费系统等不同系统之间的业务接入访问，以及实现对 App（应用程序）、WAP（无线接入点）、SMS（短消息业务）、MMS（多媒体消息业务）、Call Center（呼叫中心）等系统的支持。

3.4 智能网联的应用

3.4.1 基于车联网的车载信息服务系统

基于车联网的车载信息服务系统是在现有的车载信息服务系统的基础上，为乘客的安全便利出行提供全方位信息服务的系统。车载信息服务系统是最早进入汽车行业的车联网应用，其内连电子控制系统、外连信息服务平台的车载信息控制单元（TCU），可用于实现车辆控制、车辆监控、ECU 软件更新等远程控制类业务。将车载信息服务系统与 V2X 的协同通信单元集成，可实现智能网联协同驾驶和协作式智能交通。图 3-11 所示为基于 PC5 接口和 Uu 接口的 V2X 应用场景。

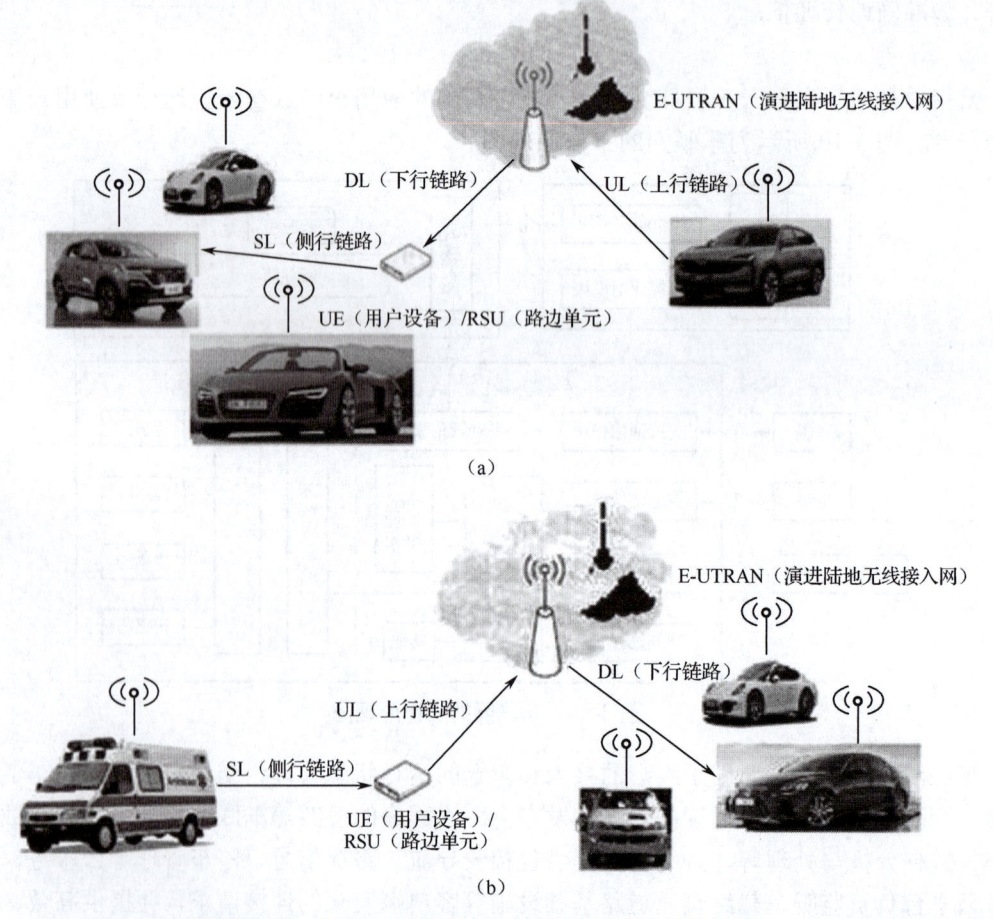

图 3-11 基于 PC5 接口和 Uu 接口的 V2X 应用场景

将 TCU 与中控台的车载信息娱乐系统集成，构成车载信息服务终端。车载信息服务终端可实现车载信息服务和商业运输服务。在车联网技术的支持下，车载信息服务系统经短距离通信系统和移动互联网连接至车联网服务平台（TSP），以实现车载信息服务。可以在车内安装 TCU，以便远程获取车辆数据，并对车辆进行控制。图 3-12 所示为语音信息听写功能流程图。

TCU 通过车内 CAN 总线获取车辆数据，如驾驶行为、汽车使用量（使用时长和行驶里程等）、车辆状态及电动汽车的电池电量数据等。TCU 内置通信单元/网关和卫星定位与惯性导航系统，经卫星定位系统获取车辆位置数据，经惯性导航系统获取车辆行驶数据，经蜂窝移动通信将车辆数据上传到车联网服务平台，经 V2X 与周边的人、车、路交换数据。车联网服务平台用于车载信息服务时，又称车载信息服务平台。

车载信息服务平台可以提供包括汽车导航信息、娱乐通信服务及道路紧急救援服务。

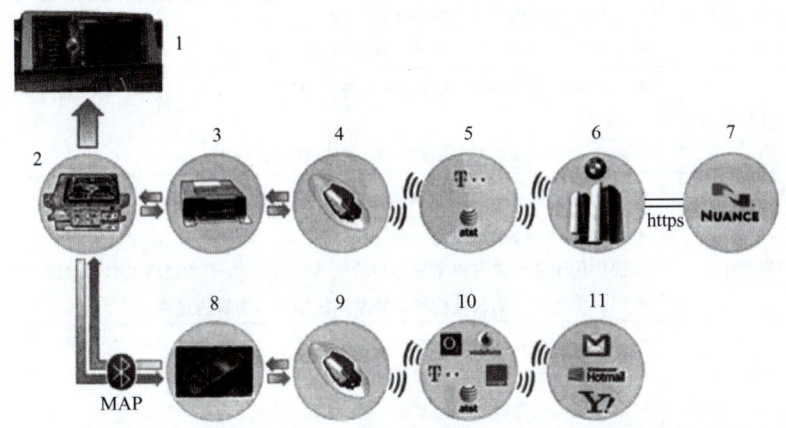

1—中央信息显示屏；2—Headunit High；3—TCB（远程通信系统模块）；4—带远程通信系统天线的车顶鳍形天线；
5—车辆数据供应商；6—后端；7—Nuance®数据供应商；8—客户移动电话；
9—车顶鳍形天线内的无线移动通信天线；10—客户移动电话供应商；11—客户电子邮件服务供应商。

图 3-12　语音信息听写功能流程图

3.4.2　公交及营运车辆的网联化信息管理系统

智能网联将交通服务与其他公共服务有机协同；将空间移动与道路沿途信息、市民活动链深度融合；将城市活动体系与居民生活模式围绕可持续发展的目标结合；将管理者、研究者与服务对象组合到高效沟通的社会网络。网联化信息管理系统通过获取车辆位置和车辆行驶等车辆数据、交通运行数据、公交运输与乘客出行等运输出行数据和乘客位置数据，对公交运输进行管理。除了基本的公交优先通行，公交及营运车辆的便民措施还包括动态公交专用道，公交车与乘客相互提醒，公交车进、出站提醒，视觉障碍人士线路识别，公交车停车请求等。

3.4.3　智能辅助驾驶系统

智能辅助驾驶系统包括车道偏离预警（LDW）系统、盲区预警系统、驾驶员疲劳预警系统、自适应巡航控制（ACC）系统及预测式紧急刹车系统，能提供至少两种可共同运行的主要控制功能,如 ACC 系统与 LDW 系统的结合,可减轻驾驶员负担,减少交通事故,减少交通死亡人数。表 3-1 所示为具有停车和起步功能的部分 ACC 输入/输出。

表 3-1 具有停车和起步功能的部分 ACC 输入/输出

索引	名称	功能
1	近程传感器	• 探测近程目标,预先处理目标数据并将目标数据列表通过局域 CAN 传送至 ICM 控制单元
2	远程传感器	• 探测远程目标,预先处理目标数据并将具有停车和起步功能的 ACC 所需目标数据列表通过局域 CAN 传送至 ICM 控制单元 • 探测远程目标,预先处理目标数据,设定自适应制动辅助系统功能的触发标准并通过局域 CAN 传送至 ICM 控制单元
3	脚部空间模块	• 将驾驶员辅助系统操作单元的按钮操作信号传输至 ICM 控制单元 • 将 ICM 控制单元的照明启用/停用请求传输至驾驶员辅助系统操作单元 • 提供车门触点信号(用于识别驾驶员离车意图)
4	驾驶员辅助系统操作单元	• 分析按钮操作信号并将其传输至脚部空间模块 • 根据脚部空间模块的照明启用/停用请求进行操作
5	转向柱开关中心	• 将 MFL 按钮组件的操作信号传输至 ICM 控制单元(用于 DCC 或具有停车和起步功能的 ACC) • 提供大量其他信号(如转向角、转向信号灯操作)
6	MFL 按钮组件	• 产生操作信号(用于 DCC 或具有停车和起步功能的 ACC)
7	车辆信息计算机	• 提供 GPS 位置 • 提供用于调整具有停车和起步功能 ACC 控制参数的道路类型和路段走向 • 提供可自定义的自适应制动辅助系统中的碰撞警告设置
8	其他输入信号	• 总线端状态、发动机运转(由 CAS 提供) • 自动变速箱行驶挡位(由 EGS 提供) • 驾驶员安全带锁扣触点状态(由 ACSM 提供) • DCC 或具有停车和起步功能的 ACC 运行所需的所有执行机构状态(如传动装置、DSC、EMF、组合仪表)
9	集成式底盘管理(ICM)系统	• 分析目标并选择相关目标(用于具有停车和起步功能的 ACC) • 解释操作信号并产生显示信号(用于 DCC 或具有停车和起步功能的 ACC) • 定速巡航控制、调节转弯速度(用于 DCC 或具有停车和起步功能的 ACC) • 调节车距(用于具有停车和起步功能的 ACC) • 经 FlexRay 发送规定值,以控制传动系统和制动器的执行机构(用于具有停车和起步功能的 ACC) • 局域 CAN 和 FlexRay 之间的网关(用于自适应制动辅助系统,以及远程传感器的诊断和编程)

汽车的电子化技术为汽车智能化提供了基本的汽车数据,汽车的智能化技术是实现这些应用的关键技术。而 V2X 和蜂窝移动通信等智能网联技术为智能辅助驾驶的环境感知、环境识别、车辆定位、地图创建和驾驶决策等功能提供了数据交换能力。智能网联技术与智能化技术的结合为智能辅助驾驶系统的实现提供了技术手段,并提供了共享的环境感知、环境识别和地图数据,也为路径规划提供了建议。

3.4.4 自动驾驶和无人驾驶

智能网联技术的应用推进了自动驾驶和无人驾驶相关的功能和关键技术的实现。智能网联技术可以用于实现车与车、车与路及车与云之间的车辆环境与交通运行环境感知、数据交换，可以利用云平台收集、存储和共享路况数据，也可以使用交通运行云平台或地图云平台共享化技术来实现交通标志和交通信号灯相位等交通运行数据的共享。智能网联技术扩大了环境感知的领域和范围，为驾驶决策提供了更为准确和及时的信息。驾驶决策的实现方法是基于规则和人工智能机器学习的方法。智能网联技术可以用于车与车之间的驾驶决策协同与驾驶操作指令数据交换，也可以用于车网协同通信，将云平台和大数据共享化技术用于实现基于云端的驾驶决策建议，实现基于云计算和大数据的网联自动驾驶和无人驾驶。

从功能角度分析，智能网联汽车关键技术主要由感知系统、决策系统、执行系统和通信系统等组成。其中 ECU（电子控制单元）与 OBD（车载自动诊断系统）主要负责监控诊断车辆的运行状态，配合车载运行系统，实现对车辆的不完全控制，如 ACC、自动泊车辅助（APA）、碰撞预警。人机交互智能语音识别系统、OBD 等关键技术与汽车传感器、高精度地图、高性能芯片、V2X、网络云平台、MEC（移动边缘计算）、信息安全等密不可分。

智能车辆的研究涉及传感器技术、机器视觉技术、信息融合技术、人工智能技术与车辆控制技术等多个关键技术领域。其中，智能车辆环境感知作为车辆和环境交互的必要手段，承担着作为车辆感官的重要角色，环境感知层是乘员人身安全的重要保障，通过传感器技术辨识车辆所处的环境和状态，为决策规划层提供可靠的融合数据，是合理运动规划和稳定控制的基础。感知层是无人驾驶车辆的首要前提，且感知的精度对于后续的决策、规划和控制具有非常大的影响。

思 考 题

1. 物联网可分为哪几个层面？它们分别有什么功用？
2. 车联网的技术体系是什么？
3. 车联网的端、管、云分别是什么含义？
4. 车内网与车际网的区别是什么？
5. 智能网联技术在自动驾驶中有哪些方面的应用？

第 4 章

自动驾驶技术

4.1 自动驾驶与无人驾驶的区别

美国汽车工程师协会将自动驾驶技术进行了分级,如图 4-1 所示,这是目前国际公认的界定。L0 属于传统驾驶,L1 和 L2 属于驾驶辅助,L3~L5 属于自动驾驶,L5 的自动驾驶技术又称无人驾驶。图 4-2 所示为自动驾驶演进时间史。

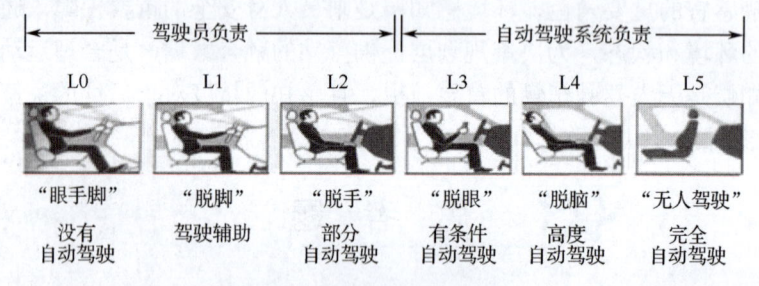

图 4-1 自动驾驶技术分级

项目	L0警告信息	L1驾驶辅助	L2部分自动驾驶	L3有条件自动驾驶	L4高度自动驾驶	L5完全自动驾驶
车辆控制	人	车+人	车	车	车	车
环境感知	人	人	人	车	车	车
判断决策	人	人	人	人	车	车
自动化程度	无	部分	部分	部分	部分	全部
代表功能	盲点探测 变道辅助	车道偏离警告 自适应巡航	拥堵辅助 紧急转向辅助	远程控制代停 施工路段辅助	某些条件下完全自动驾驶 交通拥堵时完全自动驾驶	完全自动驾驶(无转向盘)

图 4-2 自动驾驶演进时间史

无人驾驶汽车是通过车载环境感知系统感知道路环境、自动规划和识别行车路线并控制车辆达到预定目标的智能车辆。无人驾驶汽车是传感器、计算机、人工智能、无线通信、导航定位、模式识别、机器视觉、智能控制等多种先进技术融合的综合体。无人驾驶汽车是汽车智能化、网络化的终极发展目标,因此需要更加先进的环境感知能力、中央决策系统及底层控制系统。

自动驾驶系统的分类和功能如表4-1所示。

表4-1 自动驾驶系统的分类和功能

分类	系统名称	功能介绍
主动控制类	自适应巡航控制(ACC)	跟车行驶,始终与前车保持安全距离
	车道保持系统(LKS)	修正即将越过车道的车辆,使车辆保持在车道线内
	自动紧急刹车(AEB)	在与前车或障碍物的距离小于警报距离时,报警提示;在驾驶员未及时踩制动踏板时,汽车自动制动
	智能车速辅助(ISA)	识别交通标识,根据读取的最高限速信息控制加速踏板,确保驾驶员在法定限速内行驶
预警类	车道偏离预警(LDW)	当检测到汽车偏离车道时,控制器发出警报信号
	行人及自行车碰撞预警(PCW)	在车辆与前方行人或自行车发生碰撞的前2s发出声音及视觉警告
	前方碰撞预警(FCW)	当与前车存在潜在碰撞危险时,对驾驶员进行警告
其他	盲点监测系统(BSM)	向驾驶员提供视线盲区范围内的必要信息,并可自动采取措施
	驾驶员检测系统(DMS)	监测驾驶员的状态,若有危险情况且驾驶员没有看向前方,则系统会发出警示;若驾驶员没有回应,则会自动刹车
	自动泊车辅助(APA)	探测停车地点,绘制停车地图,规划泊车路径,使汽车自动驶入停车位置。部分车型可主动寻找停车位

4.1.1 自动驾驶汽车的组成

自动驾驶汽车由传感系统、智能决策系统、控制系统和执行系统组成。

(1)传感系统由摄像头、激光雷达、毫米波雷达、夜视传感器、GPS/BDS(Beidou Navigation Satellite System,北斗卫星导航系统)、4G/5G技术、V2X组成。

(2)智能决策系统由道路识别、车辆识别、行人识别、交通标志识别、交通信号识别、驾驶员疲劳识别、决策分析与判断组成。

(3)控制系统分为车辆的纵向控制和横向控制,纵向控制为控制车辆的驱动控制和制动控制,横向控制为转向盘角度的调整及轮胎力的控制。

(4)执行系统由制动与驱动控制、转向控制、挡位控制、协同控制、安全预警控制、人机交互控制组成。

自动驾驶汽车通过车载传感系统感知道路环境、自动规划行车路线并控制车辆到达预定目标。

4.1.2 自动驾驶汽车各系统的功用

自动驾驶汽车传感系统的主要功用是通过环境感知技术、卫星定位技术、4G/5G技术及V2X等,实现对车辆自身属性和车辆外在属性(如道路、车辆和行人等)静、动态信息的提取和收集，并向智能决策系统输送信息。

自动驾驶汽车智能决策系统的主要功用是接收传感系统的信息并进行融合，对道路、车辆、行人、交通标志和交通信号等进行识别，分析和判断车辆驾驶模式和将要执行的操作，并向执行系统输送指令。

从车辆的纵向控制和横向控制两个方面来介绍自动驾驶汽车控制系统的功用。车辆的纵向控制是在行车速度方向上的控制，即车速及本车与前、后车或障碍物距离的自动控制，通过对制动系统和驱动系统进行控制，使得车辆能够遵循决策系统的指令进行加、减速，从而实现对系统规划速度精确快速地跟踪。车辆的横向控制是指垂直于运动方向的控制，目的是控制汽车自动保持期望的行车路线，并在不同的车速、载荷、风阻、路况下有良好的乘坐舒适性和稳定性。

自动驾驶汽车执行系统的主要功用是按照智能决策系统的指令，对车辆进行操作和协同控制，并为互联网汽车提供道路交通信息、安全信息、救援信息、娱乐信息等，保证汽车安全行驶和驾驶员舒适驾驶。从功能角度上讲，智能网联汽车与一般汽车相比，主要增加了环境感知与定位系统、无线通信系统和先进驾驶辅助系统等。

4.1.3 自动驾驶技术特点

（1）在传感器领域中，由于激光雷达具有分辨率高的优点，因此激光雷达已经成为越来越多自动驾驶汽车的标配传感器，低成本、小型化的固态激光雷达也成了研发热点。此外，针对单一传感器感知能力有限的缺点，当前业内涌现出了将不同车载传感器融合的方案。这种方案能够获取丰富的周边环境信息，具有优良的环境适应能力。高精度地图与定位也是车辆重要的环境信息来源。目前国内几大公司都在积极推进建设面向自动驾驶的高精度地图。基于北斗地基增强系统的高精度定位系统已在全国范围内开展应用，将为自动驾驶汽车提供低成本、广覆盖的高精度定位方案。

（2）智能决策系统的任务是根据全局行车目标、行车状态及环境信息等，决定采用的驾驶行为及动作的时机。决策机制应在保证安全的前提下适应尽可能多的工况，进行舒适、节能、高效的正确决策。常用的决策方法包括状态机、决策树、深度学习、增强学习等。

（3）控制系统的任务是控制车辆的速度与行驶方向，使其跟踪规划的速度曲线与路径。现有自动驾驶汽车多数针对常规工况，因而较多采用传统的控制方法，如比例-积分-微分（Proportional-Integral-Derivative，PID）控制、滑模控制、模糊控制、模型预测控制、自适应控制、鲁棒控制等。这些控制方法性能可靠、计算效率高，已在主动安全系统中得到应用。

4.2 自动驾驶的核心技术

自动驾驶的核心技术主要包括环境感知、决策规划、控制和执行。自动驾驶汽车的软、硬件架构如图 4-3 所示。

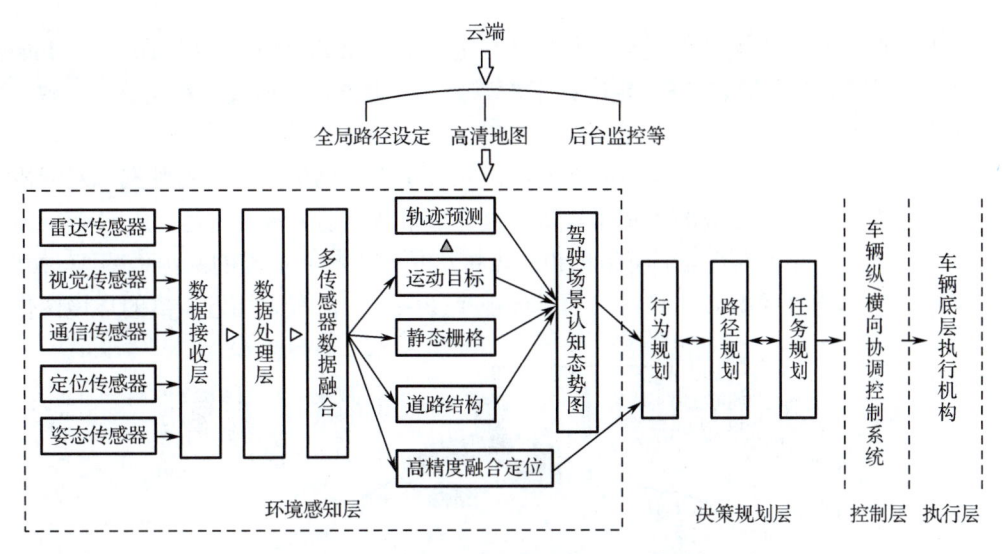

图 4-3 自动驾驶汽车的软、硬件架构

4.2.1 环境感知层

环境感知指对于环境的场景理解能力。环境感知层主要通过激光雷达、毫米波雷达、超声波雷达、红外传感器、车载摄像头、夜视系统、GPS、陀螺仪等获取车辆所处环境信息和车辆状态信息。环境感知层具体包括车道线检测、红绿灯识别、交通标识牌识别、行人检测、车辆检测、障碍物识别和车辆定位等。

自动驾驶环境感知通常采用"弱感知+超强智能"和"强感知+强智能"两大技术路线。其中,"弱感知+超强智能"技术路线主要依赖摄像头与深度学习技术来实现环境感知,而不依赖激光雷达。如果暂时难以达到超强智能,为实现无人驾驶,就需要采用"强感知+强智能"技术路线。"强感知+强智能"技术路线的最大特征是增加了激光雷达传感器,从而大幅提高感知能力。

精准定位技术的目的是获取自动驾驶汽车相对于外界环境的精确位置,是自动驾驶汽车必备的基础。当自动驾驶汽车在复杂的道路行驶时,要求定位精度的误差不超过 10cm。如果定位精度的误差较高,严重时会造成交通事故。GPS 是目前最广泛采用的定位系统,但其精度只有米级且容易受到隧道遮挡、信号延迟等因素的干扰。为了解决这个问题,Qualcomm(美国高通公司)开发了基于视觉增强的高精度定位(VEPP)技术,该技术通过融合 GNSS(全球导航卫星系统)、摄像头、IMU(Inertial Measurement Unit,惯性测量单元)和轮速传感器等多个汽车部件的信息,通过各传感器之间的相互校准和数据融合,实现精确到车道线的全球实时定位。

1. 车用传感器技术

相较于传统车辆,智能车辆能够即时接收并处理外部交通环境信息,做出合理驾驶行为决策,快速规划可行驶轨迹,并准确执行相应动作。大多数自动驾驶汽车都配备了多种传感器,以便通过处于不同位置的多个或多种传感器来采集周围信息,弥补单一传感器不够丰富、可靠的缺陷，实现预测性驾驶。多传感器信息融合（Multi-Sensor Information Fusion，MSIF）旨在将不同信源的数据在一定准则下加以分析、调整，以形成相对完整、一致、准确的描述或表征。

智能车辆在行驶时要先解决环境感知问题。相较于人体感知，自动驾驶汽车对周围环境的特征感知主要依靠不同种类的传感器，如相机、毫米波雷达、激光雷达、IMU等，无人驾驶汽车使用了形形色色的传感器，而相机和激光雷达是使用频率最高的两种传感器，如图4-4所示，视觉传感器通过模拟人的眼睛，利用环视摄像头合成汽车周围近距离的环境图像。

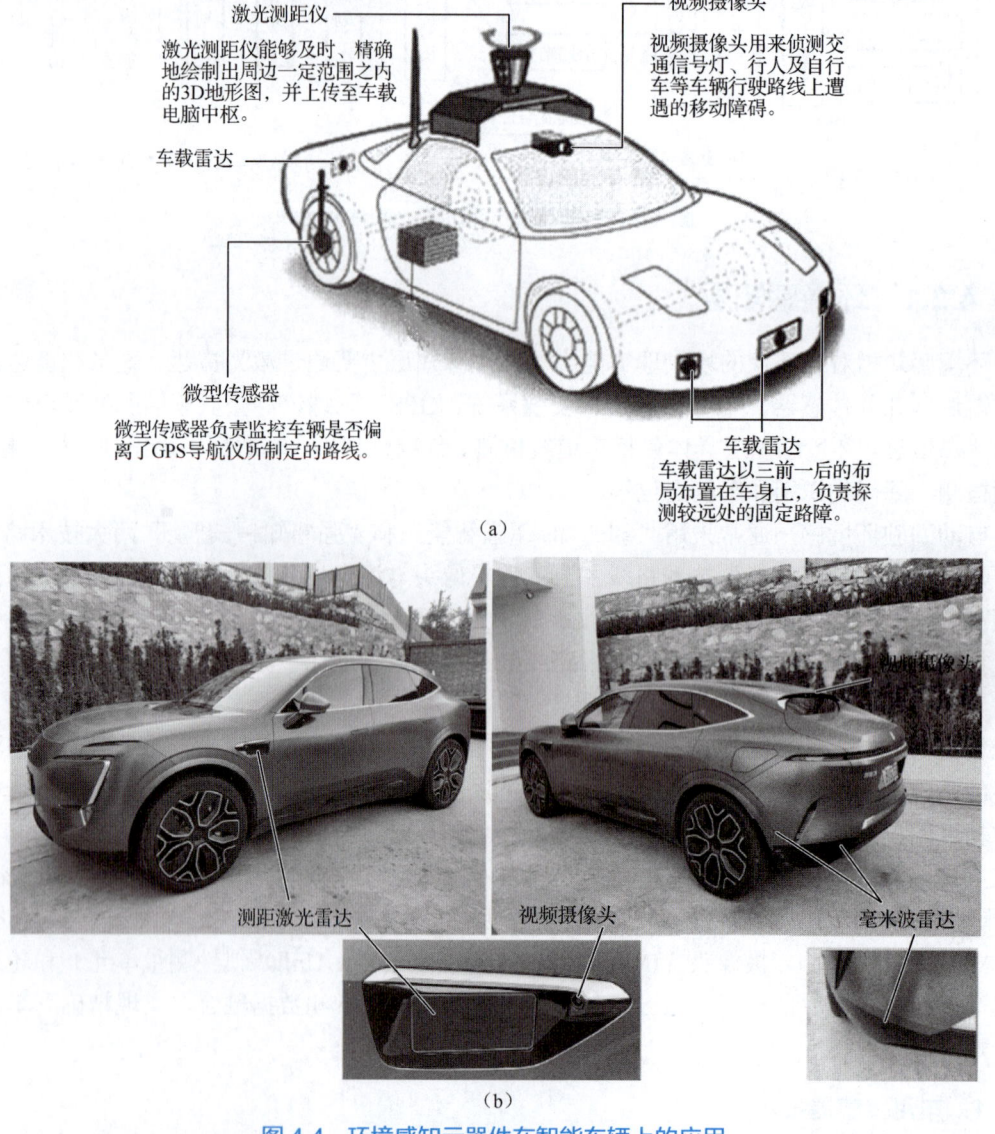

激光测距仪
激光测距仪能够及时、精确地绘制出周边一定范围之内的3D地形图，并上传至车载电脑中枢。

视频摄像头
视频摄像头用来侦测交通信号灯、行人及自行车等车辆行驶路线上遭遇的移动障碍。

车载雷达

微型传感器
微型传感器负责监控车辆是否偏离了GPS导航仪所制定的路线。

车载雷达
车载雷达以三前一后的布局布置在车身上，负责探测较远处的固定路障。

(a)

测距激光雷达　　视频摄像头　　毫米波雷达

(b)

图4-4　环境感知元器件在智能车辆上的应用

无人驾驶汽车对外部环境的感知必须通过传感器进行，且需要通过算法来对传感器获得的信息进行融合。采用基于Polygonal Planar Board（多边形规划板）的方法，成功解决了相机与激光雷达的标定问题；采用基于点云反射强度的角点提取方法，进一步提升了相机与激光雷达融合结果的精确度。Google 和 Tesla 也是采用多种传感器融合的方案完成无人驾驶汽车环境感知的,例如,Tesla 的主要技术路线采用了 12 个超声波传感器、8 个环绕摄像头和 1 个毫米波雷达,图 4-5 所示为摄像头安装位置;处于国内无人驾驶第一梯队的百度采用的 Apollo 传感器方案为"激光雷达+毫米波雷达+相机"融合方案;华为极狐阿尔法 S 则是在车身上搭载了 3 个激光雷达和 12 个摄像头。

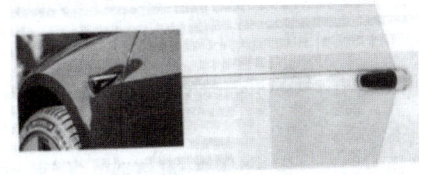

(a)侧方后视摄像头位置　　　(b)后视摄像头位置

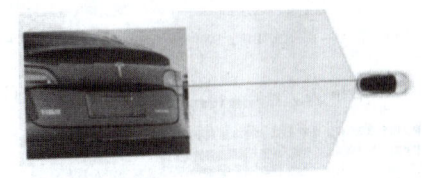

图 4-5　摄像头安装位置

2. 环境感知部件特性对比

摄像头是自动驾驶汽车最常用、最简单且最接近人眼成像原理的环境感知传感器。毫米波雷达也是自动驾驶汽车常用的一种传感器。毫米波雷达是指工作在毫米波段(波长为 1～10mm,频域为 30～300GHz)的雷达,其基于 TOF(Time of Flight,飞行时间)技术对目标物体进行检测。毫米波雷达通过向外界连续发送毫米波信号,并接收目标返回的信号,根据信号发出与接收之间的时间差确定目标与车辆之间的距离。激光雷达通过发射激光束来实现对目标的探测,其探测精度和灵敏度更高,探测范围更广,但激光雷达更容易受到空气中雨、雪、雾霾等的干扰,其高成本也是制约其应用的主要原因。车载激光雷达按发射激光束的数量可分为单线、4 线、8 线、16 线和 64 线激光雷达。各类环境感知部件特性对比如表 4-2 所示。

表 4-2　各类环境感知部件特性对比

性能	激光雷达	毫米波雷达	超声波雷达	摄像头	红外传感器
成本	目前很高	适中	很低	适中	适中
探测角度	15°～360°	10°～70°	120°	30°	30°
远距离探测	强	弱	弱	弱	一般
夜间环境	强	强	强	弱	强
全天候	弱	强	弱	弱	弱
不良天气环境	弱	强	弱	一般	弱
温度稳定性	强	强	强	强	一般
车速测量能力	强	强	一般	弱	一般
路标识别	不具备	不具备	不具备	不具备	不具备

在视觉传感器中,摄像头的优势是能识别平面事物,尤其是色彩和文字标识,如路口红绿灯、限速指示牌,摄像头也可和其他传感器互为备用,增加准确性和安全系数。单目摄像头通过调整焦距生成远距离图像。超声波传感器可以通过发射超声波辨别汽车到物体的距离。毫米波雷达和激光雷达的基本原理是通过电磁波或光波遇到障碍后的反射信号,实时计算出

智能汽车与障碍物的距离和相对速度。汽车车头与车尾安装的 77GHz 雷达能实时探测车辆的速度，并通过增加摄像头等传感器的冗余度来提升安全系数。

3. 基于相机的环境感知方法

相机体积小巧，包含丰富的信息，最能符合人眼视觉感知，且普通相机成本较低。相机的优点非常多，但其对光照特别敏感，光线强度的微小变化都可能引起某一时刻的曝光问题，而且普通相机在夜晚是无法工作的。相机具有丰富的色彩信息，且分辨率比较高，比如，用 1920×1080 像素分辨率的相机拍摄的图像在水平方向上有 1080 条线，在垂直方向上有 1920 条线，可以对视野内的景物进行比较全面的反映。

点云作为最具代表性的三维数据格式，深受三维感知、重建任务的青睐。但是由于三维激光雷达成本高，感知范围相对较短（通常在 100m 左右），信息稀疏，描述能力略逊，所以部分研究集中在使用单目相机或双目立体相机图像数据进行三维目标检测上，以便提供低成本、扩展性的感知解决方案。

1）基于单目相机

目前，常用的基于单目相机的研究方法有两种。

一种为基于单目图像的三维目标检测算法，其流程如图 4-6 所示，先提取靠近地平面的物体，然后基于能量最小化的方法，利用语义分割、实例分割、形状、上下文和位置先验在图像平面上对三维候选框进行详尽的评分，再根据得分对三维候选框排序，只有最有希望的候选项（在非极大值抑制之后）会经由 CNNs（Convolutional Neural Networks，卷积神经网络）进一步赋分，从而得出最终的高质量的检测结果。

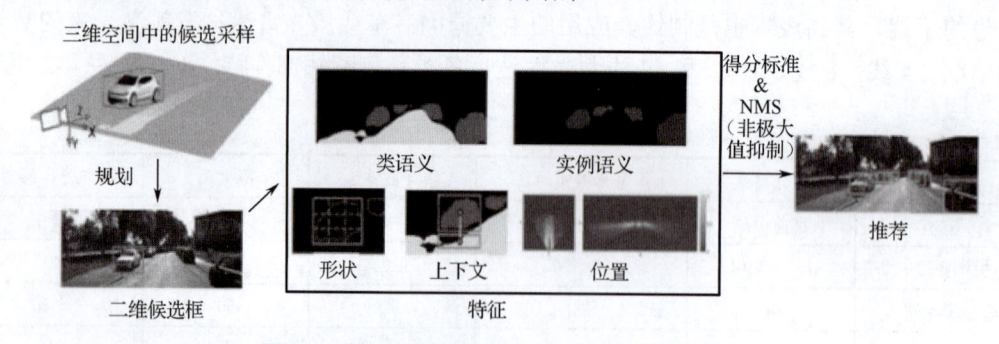

图 4-6　基于单目图像的三维目标检测算法流程

另一种为基于单目图像推断车辆三维姿态和形状的算法。该算法使用可变形的线框模型来生成车辆形状和姿态，并表示出了精细比例，整合了无监督单目深度先验、地平面约束、车辆形状先验等条件。多个公开数据集的实验表明，这种算法的性能优于当时最先进的单目三维车辆检测器。

虽然在基于单目图像的三维目标检测算法中，目标的深度可以通过场景中的语义属性、目标大致尺寸、先验知识等来预测，但是难以保证推断出的深度信息的准确性和稳定性，尤其是在未曾学习过、训练过的场景或情况下。

2）基于双目立体相机

与单目相机相比，双目立体相机可以通过左、右图像的匹配和校准来获得较为精确的深度信息，且其感知范围取决于焦距和基线，不同的组合、设置方式可灵活应对不同探测距离的需求。

基于双目相机的算法有两种，一种为3DOP算法，另一种为Stereo R-CNN算法。

3DOP算法是基于立体图像和上下文信息的三维目标检测算法，旨在基于双目立体相机的"图像对"估计出三维信息。该算法先设计了最小能量函数，对目标的尺寸、位置及几个深度相关的特征（点云密度、距离地面的高度）进行了编码，生成了一组高质量的三维候选框，然后用CNNs执行目标检测，即利用上下文和深度信息对目标的三维边界框坐标和姿态进行联合推理。3DOP算法产生的三维候选框在遮挡和截断情况下具有较高的召回率，且其最终检测精度优于同类型算法。

Stereo R-CNN算法是一种利用立体图像中的语义和几何信息进行稀疏、稠密约束的三维目标检测算法。该算法以双目图像为输入，基于Faster R-CNN算法，同时检测和关联左、右图像中的目标。首先，双目图像经由立体区域建议子网（Stereo RPN）得到感兴趣区域；其次，将左、右感兴趣区域特征输入到立体回归分支（Stereo Regression Branch）和关键点分支（Keypoint Branch）中，前者根据左、右感兴趣区域特征对目标的类别进行分类，进行二维边界框、视点和尺寸维度回归操作，后者根据左感兴趣区域特征来预测稀疏的关键点；再次，将两个分支的预测结果（关键点与二维边界框）相结合，以粗糙地预测目标的三维边界框；最后，通过密集三维边界框对齐模块（Dense 3D Box Alignment）和估计模块（Dense 3D Box Estimator）计算最佳中心深度，实现精细回归。实验表明，Stereo R-CNN的检测精度显著高于同类型算法，高出约30%。

根据二维图像来进行三维感知本身就存在先天不足（ill-posed）的问题，通过单目或双目图像估计得到的不够准确的深度信息势必会影响检测的精度和鲁棒性，而且将深度图像简单叠加在前视图后面所构成的"伪三维图"并不能准确地表征真实的空间分布属性，反而易影响网络对三维场景的理解。

4．基于激光雷达的环境感知方法

激光雷达通过对地物表面进行三维扫描采样，可快速获取大规模、无结构、无序的三维点云数据，其中每个点均包含空间坐标(x, y, z)和某些属性信息（如反射强度），是现实世界简单且真实的表征。

基于三维点云的三维环境感知技术主要分为立体栅格法、二维投影法和原始点云法。其中，立体栅格法（或称体素法）先将初始点云按照其空间几何关系体素化，进而转换成包含拓扑结构、具备相邻相关性的三维栅格形式，再进行后续处理；二维投影法（或称多视图法）先将初始三维点云数据映射到不同视角平面上，进而转换成前视图、鸟瞰图等二维图像，再输入算法中；原始点云法则直接处理初始三维点云$(x, y, z, \text{intensity})$。

1）立体栅格法

二维目标检测算法起步较早，有很多可供三维检测借鉴和迁移的方法和设计，比如单阶段框架、两阶段框架、区域建议网络（Region Proposal Network，RPN）等。由于这些典型的

CNNs 需要密集、高度规则的输入数据格式，以便执行权重共享和内核优化，因此，很多研究会先将点云进行体素化处理，以得到规则的立体栅格结构，再输入 CNNs 中进行提取和学习。

VoxelNet 算法是一种基于体素化点云的单阶段、端到端的通用三维检测网络算法。该算法将点云特征提取和边界框预测相结合，并且避免了传统的手工栅格法带来的信息损失。这种算法由特征提取网络、卷积中间层、RPN 三个功能模块组成。首先，特征提取网络采用原始点云作为输入，将其划分为等间距的三维体素，通过堆叠的体素特征编码（Voxel Feature Encoding，VFE）层对每个体素进行编码；其次，利用卷积中间层进一步聚合局部体素特征，进而转化为高维体素表示形式；最后，以体素化点云特征为输入，利用 RPN 实现三维边界框预测。其中，VFE 层通过将体素化点云特征与局部体素特征相结合，实现体素内部点间的交互。叠加多个 VFE 层可以更有效地提取表征局部三维形状信息的特征。由于 VoxelNet 算法所引入的三维卷积操作包含较多参数，导致计算复杂度高，消耗大，效率低，且其方向估计的性能较差，因此需进一步改进和研究。

SECOND 算法是一种扩展自 VoxelNet 算法的实时稀疏卷积检测网络算法，其网络结构如图 4-7 所示，由体素特征提取器、稀疏卷积中间层、RPN 三个部分组成。首先，将原始点云转换为体素特征和坐标；其次，输入两个 VFE 层和一个线性层来进行特征编码，利用稀疏卷积中间层对特征进行进一步聚合；最后，基于聚合体素特征，利用 RPN 生成检测结果。其中，引入改进的空间稀疏卷积在三维数据降采样之前从 z 轴提取了信息，从而提高了网络训练和预测速度；设计角度损失回归方法解决了真值与预测方向差为 π 时损失较大的问题。实验表明，SECOND 算法的检测精度高于同类型先进算法，同时它还保持了卓越的实时性能，单帧处理时间仅为 0.05 秒，但当其面对行人、骑行者时，性能会因目标的体素点较少而下降。

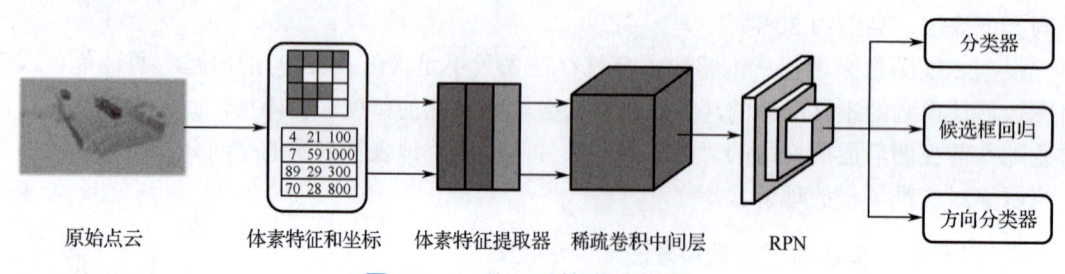

图 4-7 SECOND 算法网络结构

2）二维投影法

由于点云数据稀疏、密度不均，因此其体素化后的有序三维栅格会有大量的空格。在后续处理过程中，这种冗余易导致不必要的计算和内存消耗。目前，部分研究会先将点云投影到特定平面上，将其离散成二维图像表示形式（如鸟瞰图、前视图、全视图），再应用二维卷积进行类似特征提取、推荐候选框等操作。这些二维图像在保留度量空间、物理先验（如深度信息、几何形状）的同时会更加紧凑，且仅需使用二维 CNNs，降低了空间复杂度、运算成本。

Complex-YOLO 算法是一种扩展自 YOLOv2 算法的快速三维目标检测网络算法，其通过复杂的回归策略来估计多类目标在笛卡儿空间中的三维边界框。该算法先将点云向鸟瞰视角投影，并将其编码为多通道的类图像表示，然后利用 CNNs 进行特征提取，最后设计欧拉-

区域建议网络（Euler-Region Proposal Network，E-RPN）基于所提取的特征于每个网格单元预测 5 个边界框。其中，E-RPN 通过在回归网络中加入一个虚分数和一个实分数来估计目标的姿态，避免了在封闭复杂空间中单角度估计出现奇点的问题。实验证明，Complex-YOLO 算法比当时领先的模型快 5 倍以上，且具备较高的准确度。

PIXOR 算法是一种单阶段无候选框推荐的三维目标检测网络算法，其基于结构微调的 RetinaNet 算法，从像素级神经网络中直接预测三维边界框。PIXOR 算法流程如图 4-8 所示，该算法主要由骨干网和预测分支子网组成。先将点云数据转换成鸟瞰图形式，然后利用骨干网提取其特征并输出卷积特征图。预测子网是以单分支结构基于卷积特征图实现多任务预测的。分数图表示对象类概率，几何信息图则对定向三维目标的大小和形状进行编码。实验表明，PIXOR 算法运行速度大于 28 帧/秒，且检测精度优于同类型方法。

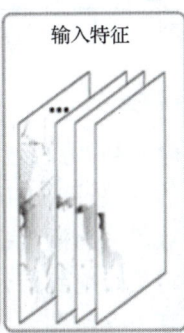

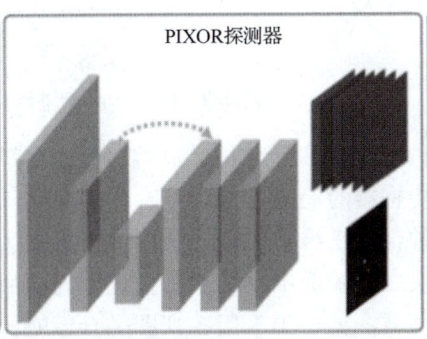

图 4-8　PIXOR 算法流程

由于在对三维点云投影和离散的过程中不可避免地会带来信息折损，例如，前视图投影会扭曲物体的大小和形状，俯视图投影会丢失高度信息等，所以采用二维投影法处理点云的检测算法虽然效率高、速度快，但是其准确性和鲁棒性略有欠缺。

3）原始点云法

代表性的 CNNs 架构均针对密集、有序排列的张量结构（如图像、视频）而设计，但由于三维点云的无序和非结构化，所以早期的研究通常会将点云转换为规则的三维体素网格或二维多视角图像，然而这些转换方式均引入了量化、离散过程，模糊了原始数据的自然不变性。基于此，越来越多的研究集中于如何直接使用原始点云数据，并从中有效地提取目标的几何结构、空间轮廓特征。

PointNet 算法开创了直接应用 CNNs 于原始点云的先河，其针对三维目标分类、部件分割、场景语义解析任务构建了统一的神经网络模型。PointNet 算法避免了组合的不规则性和网格化的复杂性，很好地考虑了输入点的对称性和刚性运动不变性，简单且高效。PointNet 算法网络架构如图 4-9 所示。

5. 基于激光雷达和视觉融合的环境感知方法

基于激光雷达的环境感知方法仅能通过点云检测到几何空间特征，在面对远目标、小目标（如行人和骑行者）或形状相似物体时，检测性能还待加强。此外，如果想要将网络模型扩展至多任务联合推理（如添加分割和再识别任务），只有点云数据显然是不够的。与之相比，基于相机的环境感知方法因缺少准确的深度信息而导致在三维任务中表现不佳，且相机的抗干扰能力差，易受环境因素影响，相应的算法鲁棒性不足。

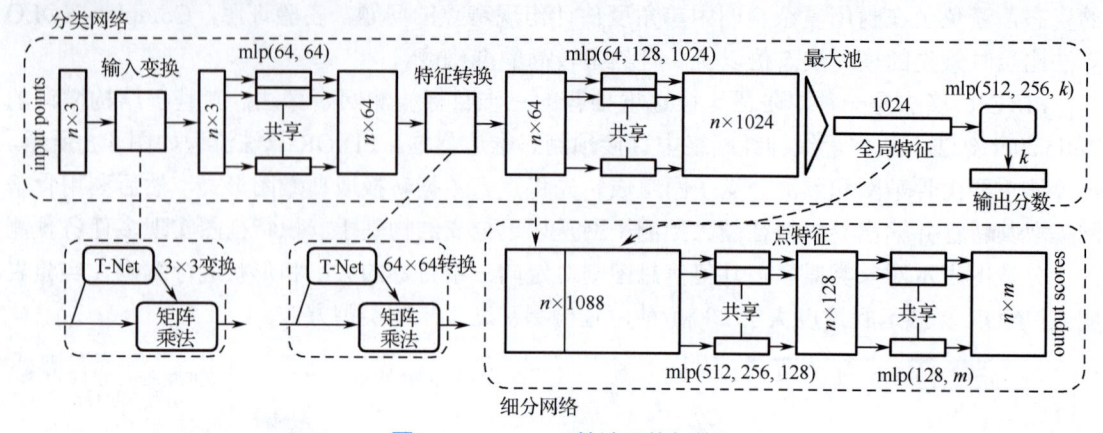

图 4-9　PointNet 算法网络架构

基于激光雷达（见图 4-10）与相机信息融合的三维环境感知方法被越来越多的学者关注。该方法能克服单一传感器的局限，优势互补，提升感知的完整性、准确性和可靠性。基于激光雷达与相机信息融合的三维感知方法按照设计思路大致可分为两类：一类是利用成熟的二维目标检测模型，从二维图像中生成二维候选框，随后将其映射到点云进行抽取、处理，从而得到三维感兴趣区域；另一类采用多视图融合策略，基于鸟瞰图、前视图、相机图像等端到端地进行候选框推荐和边界框回归。常用的算法主要有加权平均法、多贝叶斯估计法、卡尔曼滤波法、D-S 证据推理法、模糊逻辑推理法、人工神经网络法、多视图融合网络法、基于外观的实时建图法。下面仅介绍其中的两种算法。

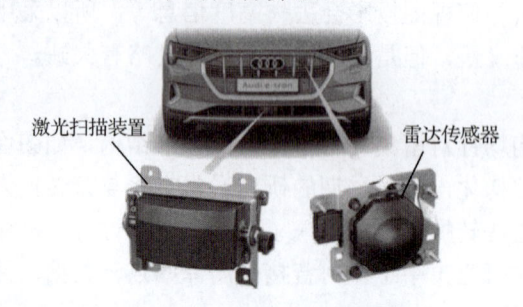

图 4-10　激光雷达安装位置

1）多视图融合网络法

MV 三维算法是一种基于多视图融合的三维目标检测算法，其网络结构如图 4-11 所示，由三维区域建议网络（M3D-RPN）和区域融合网络（Region-Based Fusion Network）组成。首先，设计多视图编码方案生成紧凑而有效的稀疏三维点云表示形式（鸟瞰图和前视图），将其与 RGB 图像一起作为输入；其次，通过 CNNs 分别对三种视图进行特征提取，以生成对应特征图；再次，基于鸟瞰-特征图生成三维候选框，并将其分别投影到三个视角的特征图上，获取对应的区域特征；最后，对来自不同视图的区域特征进行深度融合，基于融合结果执行三维候选框回归和对象分类。MV 三维算法的性能优于当时基于激光雷达或图像的三维目标检测算法，且从其三维检测中获得的二维边界框，可达到与最先进的二维检测器相当的精度。但 MV 三维算法仍面临一些问题，例如，RPN 架构是专为以高分辨率图像为输入的网络定制的，当以低分辨率的鸟瞰图和前视图为输入时，经特征提取后，较小的目标仅能占据特征图上的少量像素，并不能保证有足够的信息来生成候选框。

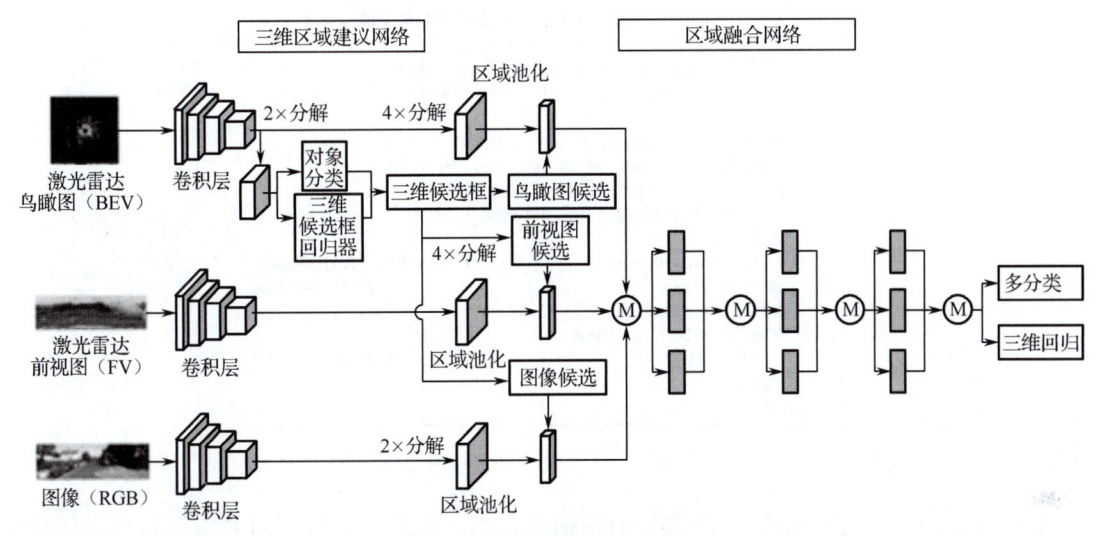

图 4-11 MV 三维算法网络结构

ContFuse 算法是一种用于三维目标检测的深度连续融合网络算法。该算法整体架构包括两个分支，一个分支用来提取图像特征，另一个分支用来提取点云鸟瞰图特征。为融合不同分辨率级别的图像和点云特征图，ContFuse 算法设计了连续融合层来连接两条网络分支的多个中间层，对两种模态位置之间的密集几何关系进行编码，采用连续卷积从鸟瞰图中每个点对应的最近的图像特征中提取信息，最终基于融合后的"图像+鸟瞰图"生成精确的检测结果。ContFuse 算法区别于 MV 三维算法和 AVOD 算法，采用全局特征融合的方式，融合更为全面，但存在冗余，效率有待提升。

2）基于外观的实时建图法

对于多传感器系统而言，不同的传感器所采集到的数据信息类型和保存的数据格式都是不同的，故使用的融合方法往往要求有一定的鲁棒性和并行处理数据的能力。

RTAB-Map 算法是基于外观的实时建图法，是一种开放式的基于视觉的即时定位与地图构建（Simultaneous Localization and Mapping，SLAM）技术，其设计目标是实现实时 SLAM，能够以低功耗和有限的计算能力（如移动设备、机器人和嵌入式系统）去构建地图和确定位置。RTAB-Map 算法基于 Optimized Graph（优化图）格式组合了激光雷达和摄像头，特别可以与 RGB-D 相机（如 Kinect）一起使用，而且其字典学习算法将提供卓越的抗干扰能力和优化路径。RTAB-Map 算法包含了一系列功能，几乎可以在所有的操作系统上使用，还可利用多节点空间可视化进行导航和三维空间重构，以及其他内置的 SLAM 功能。RTAB-Map 算法主要流程如图 4-12 所示。

```
Algorithm 1 RTAB-Map
 1: time ← TimeNow()              ▷ TimeNow() returns current time
 2: I_t ← acquired image
 3: L_t ← LocationCreation(I_t)
 4: if z_t (of L_t) is a bad signature (using T_bad) then
 5:     Delete L_t
 6: else
 7:     Insert L_t into STM, adding a neighbor link with L_{t−1}
 8:     Weight Update of L_t in STM (using T_similarity)
 9:     if STM's size reached its limit (T_STM) then
10:         Move oldest location of STM to WM
11:     end if
12:     p(S_t|L^t) ← Bayesian Filter Update in WM with L_t
13:     Loop Closure Hypothesis Selection (S_t = i)
14:     if S_t = i is accepted (using T_loop) then
15:         Add loop closure link between L_t and L_i
16:     end if
17:     Join trash's thread           ▷ Thread started in Transfer()
18:     Retrieval(L_i)                ▷ LTM → WM
19:     pTime ← TimeNow() − time
20:     if pTime > T_time then        ▷ Processing time
21:         Transfer()                ▷ WM → LTM
22:     end if
23: end if
```

图 4-12 RTAB-Map 算法主要流程

RTAB-Map 算法是一个实时定位与地图构建算法,它融合了常用的卡尔曼滤波法和多贝叶斯估计法,通过内存管理方法实现回环检测。RTAB-Map 算法通过限制地图的大小使得回环检测始终在固定的时间限制内,从而满足长期和大规模环境在线建图的要求。利用 RTAB-Map 算法融合构建地图的框架如图 4-13 所示。

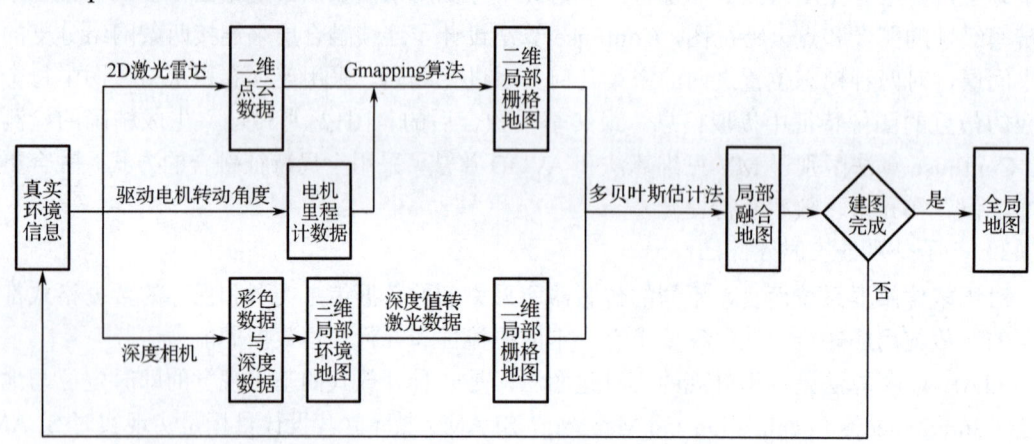

图 4-13 利用 RTAB-Map 算法融合构建地图的框架

用二维激光雷达扫描周围环境,获得周围环境二维点云数据,结合机器人发送的电机里程计数据,通过 RTAB-Map 算法封装好的 Gmapping 算法构建二维局部栅格地图。用深度相机获取周围环境的彩色数据和深度数据,构建三维局部环境地图,通过 RTAB-Map 算法自带的深度值转激光数据的功能包将深度相机获取到的深度数据转换为伪激光雷达数据,生成二维局部栅格地图。通过多贝叶斯估计法,融合激光雷达与深度数据生成的二维局部栅格地图,再将三维点云图像进行拼接,生成局部融合地图。若建图未完成,则返回采集真实环境信息的步骤，循环执行上述步骤，对尚未建图的区域继续进行建图，建图完成后生成完整的全局地图。

RTAB-Map 算法的代码由接口部分和核心库部分组成。自 2013 年起，RTAB-Map 算法就作为 rtabmap_ros 功能包集成到 ROS（机器人操作系统）中，rtabmap_ros 功能包实现了算法的 ROS 接口，使其能够与 ROS 环境中的其他节点进行通信，其中的主节点 rtabmap 负责启动算法主逻辑，而算法的底层具体实现被封装在 rtabmap 核心库之中。图 4-14 所示为 RTAB-Map 算法的 ROS 节点框图。

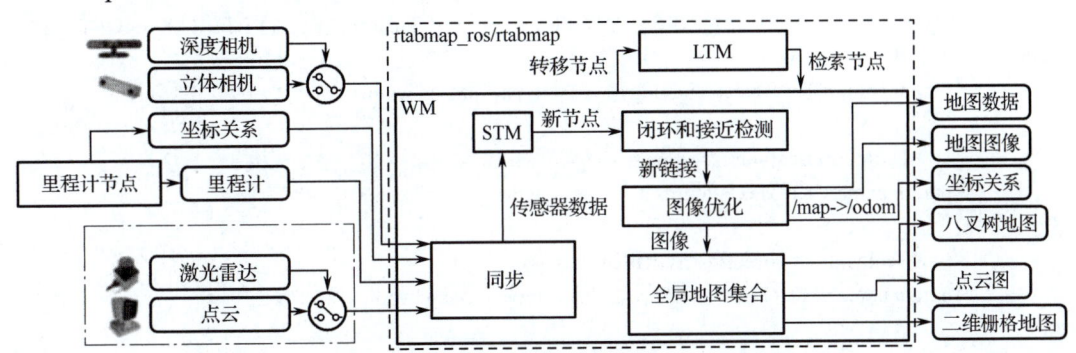

图 4-14 RTAB-Map 算法的 ROS 节点框图

RTAB-Map 算法在 ROS 中的 Launch 启动文件如下。

```
<launch>
  <group ns="rtabmap">
    #创建节点名称
    <nodename="rtabmap" pkg="rtabmap_ros" type="rtabmap" output="screen" args="--delete_db_on_start">

    #设置基本参数
    <param name="database_path"        type="string"   value="$(argdatabase_path)"/>
    <param name="frame_id"             type="string"   value="base_footprint"/>
    <param name="odom_frame_id"        type="string"   value="/odom"/>
    <param name="subscribe_depth"      type="bool"     value="true"/>
    <param name="subscribe_scan"       type="bool"     value="true"/>

    #设置所需的输入话题
    <remap from="scan"            to="/slam_bot/laser/scan"/>
    <remap from="rgb/image"       to="$(argrgb_topic)"/>
    <remap from="depth/image"     to="$(argdepth_topic)"/>
    <remap from="rgb/camera_info" to="$(argcamera_info_topic)"/>

    #确认输出话题
    <remap from="grid_map"        to="/map"/>

    #地图更新频率
    <param name="Rtabmap/DetectionRate" type="string" value="1"/>
```

```xml
                #强制 3DoF 配准二维激光雷达
                    <param name="Reg/Force3DoF"              type="string" value="true"/>

                    <!-- LoopClosureConstraint -->
                    <!-- 0=Visual,1=ICP (1 requiresscan)-->
                    <param name="Reg/Strategy"               type="string" value="0"/>

                #回环检测
                    <!-- 0=SURF 1=SIFT 2=ORB 3=FAST/FREAK 4=FAST/BRIEF 5=GFTT/FREAK 6=GFTT/BRIEF
7=BRISK 8=GFTT/ORB 9=KAZE-->
                    <param name="Kp/DetectorStrategy"        type="string" value="0"/>

                    <!-- Maximumvisualwordsperimage (bag-of-words) -->
                    <param name="Kp/MaxFeatures"             type="string" value="400"/>

                    <!-- UsedtoextractmoreorlessSURFfeatures -->
                    <param name="SURF/HessianThreshold"      type="string" value="100"/>


                    <!-- Minimumvisualinlierstoacceptloopclosure -->
                    <param name="Vis/MinInliers"             type="string" value="15"/>


                    <!-- Settofalsetoavoidsavingdatawhenrobotisnotmoving -->
                    <param name="Mem/NotLinkedNodesKept" type="string" value="false"/>

        </node>
    </group>
</launch>
```

6. 目标检测

1）目标检测与 VRU

目标检测，又称目标提取，是一种基于目标几何和统计特征的图像分割。它将目标的分割和识别合二为一，其准确性和实时性是整个系统的一项重要能力。智能辅助驾驶技术中需要大量的图像识别与处理工作。车辆采集到的信息往往以视频或者图像的形式作为输入，而车载计算机需要以这些视觉信息为基础，识别出其中有价值的目标与内容，为下一步的车辆行为决策提供保障。因此，图像中的目标能够被正确、快速地识别出来，是智能辅助驾驶技术的基础。

VRU（Vulnerable Road Users，弱势道路参与者）是指在道路交通中因缺乏安全保护而易受伤害的参与者，主要包括行人和两轮车使用者。对于道路的 VRU 目标检测，可以最大限度地减少事故与意外的发生。显而易见，当交通事故发生时，VRU 会受到最大的生命财产威胁。在机动车与人或两轮车相撞的事故中，大多会给 VRU 造成致命伤害。那么基于 VRU 的视觉检测就显得尤为重要，可以避免交通出行效率的下降，以及对人们生命财产安全带来的威胁。

感知层面为整个环节的开端与基础，主要包括对环境目标的定位及分类，即对于特定环境中的特定目标进行目标的识别与确认，并针对所确认框选的目标进行具体物体的分类。智能辅助驾驶系统目标检测是基于视觉的目标检测，其可在输入中搜寻候选区域并对出现的目标进行位置判断与分类。由于各种目标之间存在着形状、大小等各类差异，再加上不同简易或复杂场景下的各类情况因素的干扰，使得其一直都是计算机视觉领域极具挑战和变化的方向。

在实际道路中，不同的特殊且复杂的场景、天气、光照等不确定因素给目标检测的准确性带来了不确定性；道路中存在的许多非特定场景、拥堵场景等也会给目标检测增加难度。

2）目标检测算法分类

目前，基于目标识别的各类算法都在不断提高识别的准确性、精度与识别速度，以确保后续环节的规划与控制环节的成功进行。

近年来，目标检测领域具有代表性的算法主要有两个，即传统目标检测算法与深度学习目标检测算法，如图 4-15 所示。其中传统目标检测算法的关键点在于对目标物体特征的表达，包括了级联分类器、梯度直方图特征（Histogram of Oriented Gradient，HOG）及可变形部件模型（Deformable Part Model，DPM）；深度学习目标检测方法的关键在于利用卷积网络对特征进行识别提取，主要包括了单阶段（one-stage）算法和两阶段（two-stage）算法。

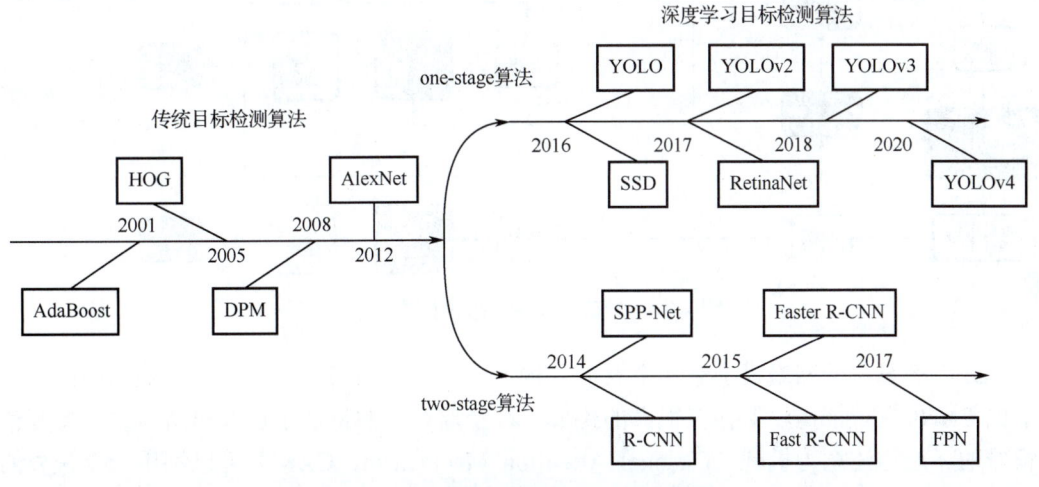

图 4-15 目标检测领域的代表性算法

在目标检测算法的研究中，基于候选区域的目标检测算法对应的检测精度普遍较高，但是较为复杂的网络结构和对候选框的提取耗费的时间太长，很难满足车载目标检测实时性的要求；基于 Anchor-Free 的目标检测算法减少了候选框的提取，计算也更加简单方便，在检测速度和精度上得到了提升，但其对于检测过程中嵌入式设备的要求比较高，性能一般的设备会导致效率下降；基于回归的目标检测算法在检测速度上得到了比较大的提升，保证了路端目标检测中实时性的要求，且在各尺度目标、泛化能力等各方面都在不断提升。

（1）YOLOv5 算法。

YOLOv5 算法在参数量和计算量上有着一定的优势，它的模型结构灵活小巧，在检测速度和精度上也比较平衡，可以满足模型的部署。在面向 VRU 的目标检测中，需要在目标检测这个环节对于这部分群体进行高效且高精度的识别，才可使后续测距、规控功能得到保障。图 4-16 所示为 YOLOv5 算法的网络模型结构。

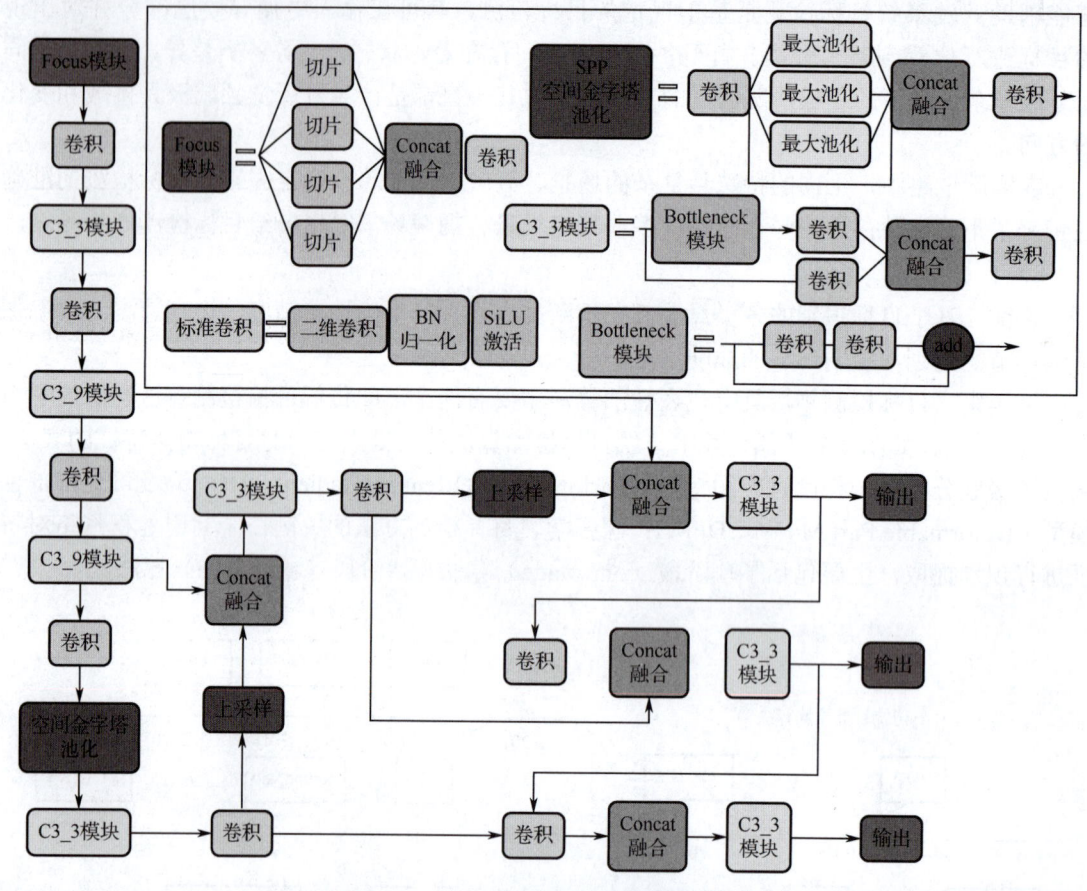

图 4-16　YOLOv5 算法的网络模型结构

YOLOv5 算法的网络模型结构主要分为输入端、主干网络、颈部网络和输出端四部分。目前的 CNNs 在特征提取上存在很大的挑战，在全局存在的特征中提取出所需要的特征信息是很难的。通道注意力机制（Channel Attention Mechanism，CAM）可以利用一个额外的权重信息来定义全局中每个特征的重要性，有利于整个 CNNs 提取需要的信息，但是 CAM 常常会忽略空间选择性注意图产生的特征位置信息。

（2）YOLOv5-FP 算法。

YOLOv5-FP 算法是樊百林对 YOLOv5 算法进行进一步改进而得到的算法。该算法在原网络模型结构的输入端中新增了三个坐标注意力机制（Coordinate Attention，CA），这样可以加强网络对于有效信息的提取能力和定位能力。这个注意力机制主要将特征位置信息嵌入到注意力通道，并且将通道注意力分成两个一维特征进行编码。这样注意力机制就会沿着这两个空间方向进行特征的聚合，由此得到两个方向上的依赖关系及一个较为准确的特征信息位置。将特征图分解为空间位置敏感的特征，并将其编码成两个空间方向上的位置图，可以大大增强对于有效信息的表征。

为了更好地利用主干网络提取出来的特征信息进行下一步融合处理，YOLOv5-FP 算法在颈部网络采用了特征金字塔网络（Feature Pyramid Network，FPN）和路径聚合网络（Path Aggregation Network，PANet）聚合的结构。这种结构可以兼顾底层的位置信息和顶层的语义信息，可以加强对多尺度目标的检测效果。由于这种结构在处理拥有不同分辨率的特征信息时，会导致特征不能充分融合，影响输出特征的融合，因此，在颈部网络中把原来的 PANet 结构修改为 BiFPN（Bidirectional Feature Pyramid Network，双向特征金字塔网络）结构，这样就可以通过双向融合多尺度特征来提高检测精度。

在检测速度方面，由于增加了上述通道和双向融合，会导致在精度得到提升的同时损失部分的检测速度。YOLOv5-FP 算法在原先主干网络上通过普通卷积的线性操作获得了很多特征图，这样可以提高主干网络对于目标特征提取的能力。但是在提高检测速度的要求下，需要减少计算的复杂程度、参数的数量及多余的特征提取来提高检测效率，因此，使用轻量化卷积 GhostConv 来代替原先网络结构中的基本卷积操作。轻量化卷积 GhostConv 可以利用更简单的线性变化的操作和更少的卷积核进行组合，通过拼接的方式生成几乎等效的特征图。

在数据集方面，采用了高清航拍目标数据集、VisDrone 数据集和 COCO 数据集，从这些目标数据集中选取了四种不同的标签，经过数据集的预处理后整理出一个综合数据集，包含有效车辆样本 3785 例，行人样本 5762 例，自行车样本 4425 例和三轮车样本 2591 例。对于整个综合数据集，根据实验需要，按照 8∶1∶1 随机分为训练集、验证集、测试集。为了提高泛化能力，使用随机平移翻转、亮度饱和度调整、颜色调整、噪声调整、噪点调整等方法对本源数据集进行数据增强，并将采集的图像进行标准化处理，以发挥训练过程中最好的效果。表 4-3 所示为 YOLOv5 算法与 YOLOv5-FP 算法检测结果对比。

表 4-3 YOLOv5 算法与 YOLOv5-FP 算法检测结果对比

算法	精度（Precision）/%	召回率/%	F1/%	mAP/%	FPS/（f·s^{-1}）
YOLOv5	84.1	72.4	217.2	79.9	212.8
YOLOv5-FP	89.0	79.2	237.6	85.7	227.3

从表 4-3 可以看到改进后的 YOLOv5-FP 算法在 Precision、Recall、F1、mAP 和 FPS 的指标优于改进前的 YOLOv5 算法，分别提升 4.9%、6.8%、20.4%、5.8%、14.5f/s，且 YOLOv5-FP 算法的网络收敛速度更快，检测精度和速度也有所提升。

3）智能汽车预测应用

（1）倒车辅助系统。

倒车辅助系统是最简单且最早得到应用的碰撞预警系统。该系统的传感器安装在汽车的后面，可探测汽车尾部与其他物体之间的距离，仅在汽车倒车时工作。一般通过声音来进行报警，而且声音的频率随着距离的靠近愈发急促。由于报警系统不具备控制车速的功能，也不会主动帮助驾驶员改正行车方向，因此，它不需要与其他系统联网交流，不依赖其他控制系统且独立存在，可以在售后服务站作为附件安装。图 4-17 所示为汽车前、后保险杠内的四个超声波传感器。图 4-18 所示为前、后超声波传感器。倒车影像系统用于在进入/离开停车位置和掉头时为驾驶员提供帮助。除提供车辆尾部区域的优质广角图像外，该系统还包括一系列附加的用户功能。倒车摄像机的探测范围如图 4-19 所示。

图 4-17　汽车前、后保险杠内的四个超声波传感器

图 4-18　前、后超声波传感器

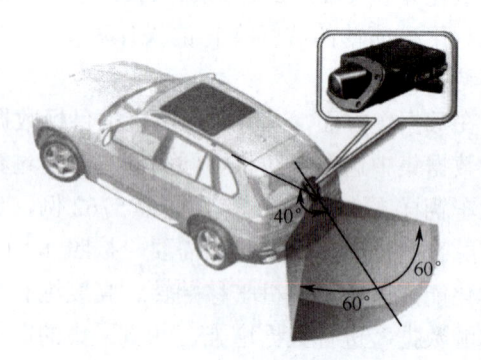

图 4-19　倒车摄像机的探测范围

（2）碰撞预警系统。

碰撞预警系统是碰撞避免系统发展的初级阶段，当该系统探测到有可能与其周围的车辆或物体发生碰撞时，它就会向驾驶员发出警报，从而使驾驶员有时间做出相应的反应，以避免车祸的发生。报警可以通过声音或图像信号来实现，信号强度随紧急程度而变。该系统只会报警，不会使汽车自动减速。

碰撞预警系统有多种形式。一种形式为汽车前方装有物体探测装置，测量本身车辆与前方车辆或物体的距离。当该汽车与前面车辆的距离处于危险范围时，表示碰撞将有可能发生，系统就会向驾驶员发出警报；另一形式为汽车两个侧面装有传感器，测量本身车辆与两边邻近行车道上车辆或物体的距离，提高驾驶员换道时的安全性，这种系统通常被称为盲区探测系统。

图 4-20 所示为车道变更警告系统雷达传感器的安装位置，车道变更警告系统应用于宝马 7 系 F02 车辆。在车道变更过程中该系统可为驾驶员提供支持。为此，车道变更警告系统通过两个雷达传感器监控后方和侧面路况，可识别出本车车道变更时可能存在危险的交通情况，分两个等级提醒和警告驾驶员。例如，远处车辆快速从后方驶近本车，随即进入车道变更区域，驾驶员很难对这些情况做出判断，特别是在光线昏暗的情况下，而雷达传感器在工作时完全不依赖光线强度。因此，车道变更警告系统可为驾驶员提供有效支持。

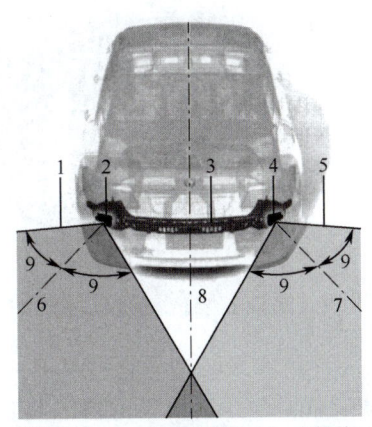

1—副控单元探测范围；2—副控单元；3—中部导向件；4—主控单元；5—主控单元探测范围；
6—副控单元对称轴；7—主控单元对称轴；8—车辆纵轴；9—水平工作角度。

图 4-20　车道变更警告系统雷达传感器的安装位置

（3）碰撞避免系统。

碰撞避免系统是目前正在开发的更先进的主动安全系统，是基于自动驾驶系统和碰撞预警系统发展起来的。在必要时，该系统能够主动地辅助驾驶员，达到避免与其他汽车碰撞或偏离行车道的目的。

当碰撞避免系统监测到有可能发生碰撞时，它不仅能够像自动驾驶系统一样辅助驾驶员控制车速，还能够帮助驾驶员修正行车方向，使之避免与前面或两边的汽车/物体发生碰撞。在驾驶员将要不小心驶离行车道时，该系统也会辅助驾驶员主动防止这种情况的发生。在这种系统中，汽车各部都有传感器。

美国天合（TRW）汽车集团研制出的最新的 ACC（自适应巡航控制）就带有碰撞预警的功能。TRW 汽车集团不断开发先进的解决方案，以预测碰撞时可能发生的各种情况并对其做出反应。技术精湛的系统利用一系列电子传感器收集和分析数据，使智能控制装置更好地判断如何保护驾乘人员的安全。

在与 VRU 发生碰撞时，由于行人没有撞击缓冲区，因此对汽车采取了几个措施，以达到保护行人的目的。行人保护措施为前保险杠区域，以及发动机罩和下方部件之间的变形空间；发动机罩后部采用柔性车身外壳结构设计；保护性发动机罩铰链区域装配精密的提升装置。

前保险杠上的感测器检测与行人或其他物体的碰撞。辅助防护系统（SRS）评估感测器信号，并决定是否触发行人保护。当行人保护功能被触发时，发动机罩通过两个提升装置在 A 柱区域升起，发动机罩和下方部件之间的空间会扩大，额外的变形空间在一定程度上吸收碰撞产生的能量，因此减少伤害程度。

在与其他物体（如电线杆、路标或粗大的树枝）相撞时，可能会误触行人保护功能，升起发动机罩不会对辅助防护系统的触发行为产生其他影响。

当行人保护功能被触发后，发动机罩将在后方升起大约 8cm。辅助防护系统控制单触发器。相关部件位置如图 4-21、图 4-22 所示。

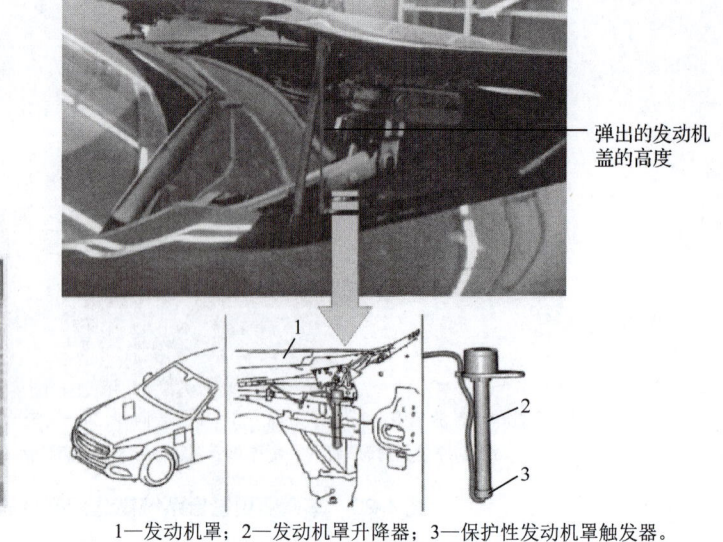

图 4-21　行人保护功能示意图

1—发动机罩；2—发动机罩升降器；3—保护性发动机罩触发器。

图 4-22　发动机罩升降示意图

（4）智能启停技术。

GSG 全称为 Geely Stop-Go，是吉利在 2010 年北京车展上发布的新车上装备的一项技术，国外称其为 Start/Stop，即启停技术。其主要作用是降低油耗，如宝马 5 系除了使用油电混合系统来提高经济性，还配置了智能启停技术及 ECO PRO 节能驾驶模式等。图 4-23 所示为启动系统示意框图，图 4-24 所示为自动启停面板。

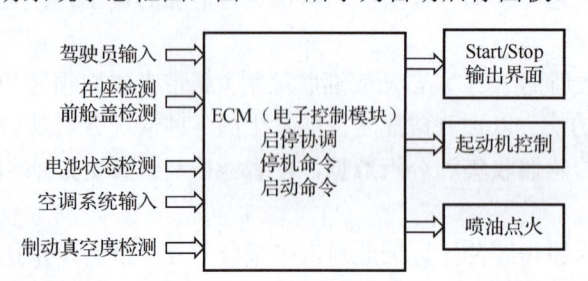

图 4-23　启动系统示意框图

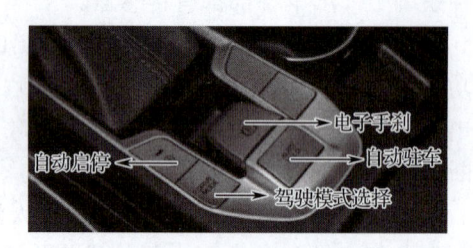

图 4-24　自动启停面板

智能启停技术可在遇到交通拥堵等路况且需要怠速等待时实现发动机自动停机，从而有效减少油料消耗，停止无谓的废气排放。当在车辆需要行驶时，踩下离合或节气门，发动机自动快速启动，无须再次使用钥匙点火。整套系统既实现了怠速停机，又无须频繁手动点火、熄火，不改变日常驾驶习惯。

（5）夜视系统。

夜视系统是一种源自军事用途的汽车驾驶辅助系统。在夜视系统的帮助下，驾驶者在夜间或弱光线的驾驶过程中将获得更高的预见能力，它能够针对潜在危险向驾驶者提供更加全面准确的信息或发出早期警告。夜视系统利用在热感成像相机上的成像来提高在黑夜中驾驶的安全性。当在黑夜中驾驶时，夜视系统提供了一种新的视觉方式。在司机借助灯光系统看不清前方路况时，热感成像相机在黑夜中可以探测到车辆前方的人、动物和一些物体。热感成像相机的另一项功能是增加图像亮度,随后将增亮的图像传送到控制中心,进而显示出来,因此,人和动物等目标会变得更清晰。

夜视系统需要的技术要求很高,其要求快速的信号传输、转换和图像处理,稳定的图像输出,还要求整个系统都要可靠,绝对不能出现延时、卡屏的现象。

(6)人机交互。

现在的智能汽车集成了很多传感器、电控单元及电脑系统,实现了人机互动。比较有代表性的人机交互系统可以实现语音控制、一键呼救、话务员服务、上网冲浪、实时路况、对讲、GPS防盗、车况检修等一系列丰富实用的功能,性能堪比小型的物联网,给外出带来极大的便利。

SYNC是由福特与微软公司共同开发的车载多媒体通讯娱乐系统,是集成于整车的多媒体网关模块。SYNC是一款高度集成且具备语音识别功能的车载信息交互系统。驾乘人员可以通过SYNC,借助蓝牙技术或USB连接技术将他们的手机或随身音乐播放器与车载终端连接,也可以通过方向盘上的多功能按键或用语音操作SYNC,播放自己喜欢的音乐。

4.2.2 决策规划层

决策规划层融合多个传感器信息,根据驾驶需求进行任务决策,在避开存在的障碍物的前提下,通过一些特定的约束条件,规划出两点之间多条可以选择的安全路径,并在这些路径中选择一条最优路径作为车辆行驶轨迹。按照划分层面的不同,路径规划可以分为全局路径规划和局部路径规划两种。

传统导航地图主要用于实现导航和地理信息查询,包含的道路信息少且精度较低,无法满足智能驾驶需求,因此,需要面向智能驾驶导航控制设计高精度地图,为智能驾驶车辆提供先验道路信息。高精度地图主要包含道路定义、交叉路口、交通灯、车道规则等元素,不仅可以减少计算需求,还可以通过提供有关驾驶环境的详细信息来确保无人驾驶车辆的安全。

智能车辆的路径规划是根据行为决策部分做出的决定来进行的。首先,智能车辆确定此次行驶的起始位置和目标位置;其次,通过实时感知环境来确定自身可以行驶的区域;最后,规划出可行的路线。根据环境信息来源的不同,路径规划又可以分为基于先验道路信息的全局路径规划和基于车载传感器信息的局部路径规划。

1. 路径规划的作用

全局路径规划是根据已获得的电子地图、起始点和终点的信息,采用适当的路径搜索算法搜索出一条最优的(用时最少、路径最短的)全局期望路径。这种规划可以是车辆在行驶之前就已经在离线的状态下规划出的行驶路径,适用于已知道路环境,且不会发生变化的情况。道路环境及道路上的障碍物随时会发生不确定的变化,利用路径规划可以在行驶的过程中随时地进行重新规划。

局部路径规划与全局路径规划不同,它以车辆所处的局部坐标系为准,这时就需要根据车辆的定位信息将全局期望的路径转化到车辆所处的局部坐标系中,并在局部坐标系中进行表示。车辆所处的局部坐标系与全局坐标系是一种动态转换的关系,随着智能车辆的移动,它们之间坐标的转换是随时发生变化的。

全局路径规划是一种静态框架结构，是在已知起点和目标点的前提下，提前做好的全局性的路径规划方案。全局路径规划对算法的实时性要求不高，但由于众多约束条件之间关系复杂，且存在耦合性和互斥性，因此需要分别分析各约束条件，从而规划出较优路径。全局路径规划所生成的路径只是粗略路径，并没有考虑路径的方向、宽度、曲率、道路交叉及路障细节信息，加之车辆在行驶过程中会受到局部环境和自身状态不确定性的影响，导致车辆在行驶过程中可能会遇到各种不可预测的情况，因此必须以局部环境信息为基础做出局部路径规划。

局部路径规划是指在由全局路径规划确定的可行的区域内，智能车辆利用自身配备的传感器实时感知车的位置及周围障碍物情况，并及时对运动状态进行更新，从而规划出一条符合智能车辆行驶要求的最优路径。

2. 路径规划算法的分类

常用路径规划算法主要有两类，分别是基于采样的路径规划算法和基于地图的路径搜索算法。每类路径规划算法都含有一系列的算法。基于采样的路径规划算法有概率图（Probabilistic Road Map，PRM）算法与快速随机搜索树（Rapidly-exploring Random Tree，RRT）算法，这两种算法早已在车辆的路径规划中得到应用。概率图算法通过局部路径规划算法建立随机状态之间的连接关系，从而抽象出概率图。

常用的全局路径规划算法包括 Dijkstra 算法、A*算法、RRT 算法、度量地图表示法、基于 ArcGIS 地图创建的全局路径规划法等。

常用的局部路径规划算法包括人工势场法、模糊逻辑算法、神经网络算法等。

3. 全局路径规划算法

全局路径规划是一种在静态结构中做出的路径规划，其在已知起点、目标点及确定道路是否通行的情况下，提前规划出了一条合理的行驶路径，使车辆沿着该路径从起始点顺利抵达最终的目标点。由于全局路径规划不需要应对道路随时发生变化的情况，因此其对算法的实时性要求不高。下面以智能消防车为例，介绍全局路径规划在其中的应用。当智能消防车行驶到道路中的某一个位置时，若因特殊突发情况导致原规划路径的前方路径出现阻断，则智能消防车需要以现在的位置为起点，保持目标位置不变，重新进行路径规划。全局路径规划要考虑的因素比较多，受很多条件约束，如要考虑道路的宽窄情况，以确保智能消防车能够通行；因约束条件之间存在耦合性和互斥性，所以需要分别分析各约束条件，从而规划出较优路径。在全局路径规划中，主要考虑规划出来的路径是否最短，规划所用时间是否最少，智能消防车的能耗是否最小，以及路径是否平滑等因素。

1）Dijkstra 算法

Dijkstra 算法是一种广度优先的搜索算法。它按路径长度递增的顺序搜索最短的路径，从起始点一步步增加路径的长度，直到抵达目标位置，是求解最短路径常用的算法之一。Dijkstra 算法是一种"贪心"的算法，它的原则是在每一步都选择局部最优解，每一个选择在当前看来都是最好的，但是它忽略了全局性，这造成的结果是得到的路径有时并不是全局最优的。

不存在回溯过程是 Dijkstra 算法存在的一个缺点。

　　Dijkstra 算法的原理：设置两个节点的集合，即集合 S 和集合 U。集合 S 为已经求出最短路径的节点的集合；集合 U 是还没有确定最短路径的节点的集合，是每一个待定节点到原点弧的权值，如果不存在弧，则设为无穷大。初始时，集合 S 中只含有原点，随后不断从集合 U 中选出与原点距离最短的节点放入集合 S，同时将该节点从集合 U 中剔除。每在集合 S 中加入一个新的节点，都要对起始节点到集合 U 中剩余节点的当前最短距离进行修改，集合 U 中的当前最短路径长度值为原来最短路径长度值与自起始点加入新节点后到达该节点的路径中的长度较小者。不断重复以上过程，直到集合 S 中包括所有节点。图 4-25 所示为 Dijkstra 算法的加权有向图。

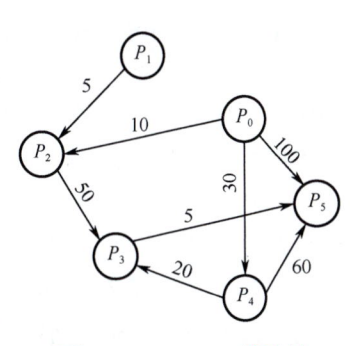

图 4-25　Dijkstra 算法的加权有向图

　　如果节点的数目非常多，那么应用 Dijkstra 算法会耗费很多时间，因此在大的城市交通网络图或复杂的环境节点中应用 Dijkstra 算法获得最短路径是非常困难的，此算法适用于地图数据量较小的情况。

2）A*算法

　　A*算法是一种启发式搜索算法，其通过不断评估路径的估价函数值来启发式搜索节点，以得到最优路径。A*算法为每个道路节点都设计了一个估价函数，即

$$f(n) = g(n) + h(n) \tag{4-1}$$

式中，$f(n)$ 表示从起始节点经过节点 n 到目标节点的估计函数结果，也表示节点 n 的综合优先级；$h(n)$ 为启发函数，表示当前节点到目标节点的启发式估价函数值；$g(n)$ 表示从起始节点到节点 n 的估计函数结果，该值是已知的，其值为

$$g(n) = \sum_{i=\text{start}}^{k-1} \text{cos}t(n_i, n_{i+1}) \ (k \leq \text{goal}) \tag{4-2}$$

A*算法可以搜索到最优路径的前提条件为

$$h(n) \leq \text{cos}t(s, s_{\text{goal}}) \tag{4-3}$$

式中，$\text{cos}t(s, s_{\text{goal}})$ 为当前节点到目标节点的最优距离，若满足 $h(n)$ 的值越大，扩展的节点越少，则计算的速度越快；如果出现 $h(n) > \text{cos}t(s, s_{\text{goal}})$，则说明预估的长度要大于实际的长度，无法搜索到最短的路径。

　　为了保证搜索的路径最佳，通常选择启发函数 $h(n)$ 为曼哈顿距离、对角线距离或欧几里得距离。在网格图形中，如果只允许向上、下、左、右四个方向移动，则 $h(n)$ 选用曼哈顿距离；如果同时还允许斜向移动，则 $h(n)$ 选用对角线距离；如果允许向任意方向移动，则 $h(n)$ 选用欧几里得距离。

　　对于给定两个位置的坐标，即 (x_i, y_i) 和 (x_j, y_j)，它们对应的曼哈顿距离 d_m、对角线距离 d_d、欧几里得距离 d_e 如下。

$$d_\text{m} = |x_i - x_j| + |y_i - y_j| \tag{4-4}$$

$$d_\text{d} = \max(|x_i - x_j|, |y_i - y_j|) \tag{4-5}$$

$$d_e = \sqrt{(x_i - x_j)^2 + (y_i - y_j)^2} \tag{4-6}$$

A*算法用 OPEN 和 CLOSE 两个集合来管理道路的节点。集合 OPEN 存放扩展过的道路节点的子节点，属于待扩展节点；集合 CLOSE 存放扩展过的节点。A*算法每次都会从集合 OPEN 中选择 $f(n)$ 值最小的节点进行扩展，将节点 n 扩展到的子节点存放在集合 OPEN 中，将扩展完成的节点 n 从集合 OPEN 中移到集合 CLOSE 中。循环上述过程，直到扩展到目标节点或集合 OPEN 为空，算法终止。如果集合 OPEN 为空，则说明没有可行路径；如果存在可行路径，则一定可以搜索到。

A*算法引入了启发函数，使路径的搜索有了方向性，避免了算法因毫无方向而进行盲目搜索，大大减少了对路网空间的搜索，从而达到节省搜索时间的目的，以快速地规划出最优路径。

3）RRT 算法

RRT 被用来在高维空间中进行搜索。RRT 是一种递增式的构造方式，在构造过程中以状态空间中的任意随机点作为根节点，在此基础上通过随机采样的形式来增加叶节点，当 RRT 中的叶节点包含目标节点时，可以在 RRT 中找到一条从根节点到叶节点的搜索路径，该路径即规划的路径。

RRT 算法的扩展过程如图 4-26 所示。

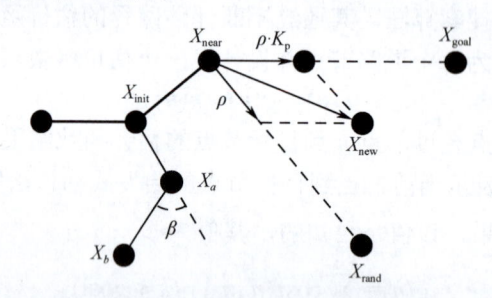

图 4-26　RRT 算法的扩展过程

图 4-26 中的 X_a 和 X_b 表示 RRT 算法扩展过程中的临时节点；K_p 表示比例系数；X_{rand} 表示随机点；X_{near} 表示离随机点最近的一个树节点。在 X_{rand} 和 X_{near} 的连线上以一定步长为单位截取一个新节点 X_{new}，如果新节点没有碰到障碍物，则将新节点加入到扩展树中。重复以上过程，直到新节点与目标节点的距离在一定范围内，此时可以在树中找到一条从起点到目标点的路径。

RRT 算法具有很强的随机性，理论上一定可以找到一条可行路径，但是它在全局范围内的随机采样会扩展出新节点，从而导致全局平均采样，没有方向性，这增加了计算过程的耗时，无法保证实时性，而且得到的规划路径不一定是最优的路径，只是一条可行的路径。

由于 RRT 算法自身搜索具有随机性，因此其计算过程耗时长，而且当有一个新的节点与目标节点相距在一定的范围内时，即视为找到了路径，不能保证路径最优，这些特点使该算法的应用场合受到了限制。

4）度量地图表示法

度量地图表示法通过坐标里的栅格是否被障碍物占据来描述周围的道路特征，有几何特征法与空间分解法两种。

几何特征法（见图 4-27）使用点、线、多边形等几何元素来表示周围的环境信息，因此可以通过数值的形式来确定物体在全局坐标系中的位置。几何特征地图表现得比较紧凑，方便位置的估计和目标的识别，但也存在一些缺陷，即当环境中障碍物为圆形或不规则图形时，提取比较困难。几何特征法适用于在已知的环境中提取一些简单的几何特征，由于其在复杂的环境下提取几何特征比较困难，易受到限制，因此这种方法一般不用于提取室外复杂道路环境中的信息。

空间分解法是把环境空间分解为和栅格一样的各个单元，根据障碍物是否占据其中各个单元来表示障碍物的位置。如果障碍物占据了栅格单元，则该栅格为障碍栅格；反之，则该栅格为自由栅格。空间分解法往往采用基于栅格大小的均匀分解法和递阶分解法。在均匀分解法中，栅格的大小均匀分布，占据的栅格用数值 1 来表示，当障碍物的边部不满一个栅格时，视为占据整个栅格，该方法可以快速直观地表示传感器获得的障碍物信息。在路径规划中描绘环境地图时用得最多的就是均匀栅格地图，如图 4-28 所示，它把环境分解成一系列离散的栅格节点，所有栅格节点的大小相同、分布均匀。但是，当环境中障碍物的大小差别比较大时，若在进行表示时使用了均匀大小的栅格，就会出现较大的障碍物在地图中占据很多栅格的情况，增加了存储量，使得路径规划的计算量增大。为了克服以上可能出现的问题，多采用递阶分解法。递阶分解法是把环境空间分为大小不同的栅格，较大的障碍物可以用一个较大的栅格来表示它的一部分，这样就有效减少了模型占据的存储空间。

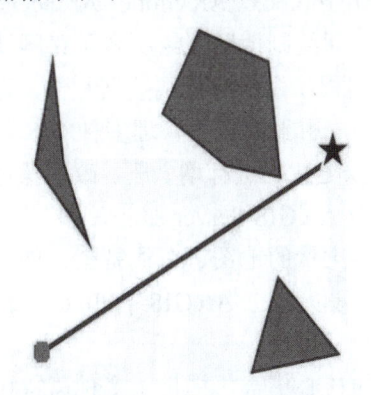

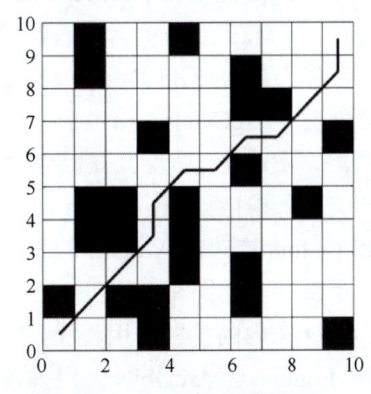

图 4-27　几何特征法　　　　图 4-28　均匀栅格地图

5）基于 ArcGIS 地图创建的全局路径规划法

地理信息系统（Geographic Information System，GIS）是一种特定的空间信息系统。它是在计算机软、硬件系统的支持下，对部分或整个地球表层（包括大气层）空间中的有关地理分布数据进行采集、储存、管理、运算、分析、显示和描述的信息系统。

GIS 数据模型分为栅格数据模型和矢量数据模型。其中栅格数据模型是典型的基于域的数据模型，矢量数据模型是典型的基于对象的空间数据模型。

GIS 中的数据源可以分为以下 5 类。

（1）图形数据：普通地图、专题地图等。

（2）遥感数据：照片、航空影像与遥感影像等。

（3）测量数据：平板测量数据、GPS 测量数据、全站仪测量数据等。
（4）数字资料：统计数据、实验数据等。
（5）文字数据：调查报告、文件等。

GIS 通过编辑梳理数据源得到空间数据模型，如图 4-29 所示。

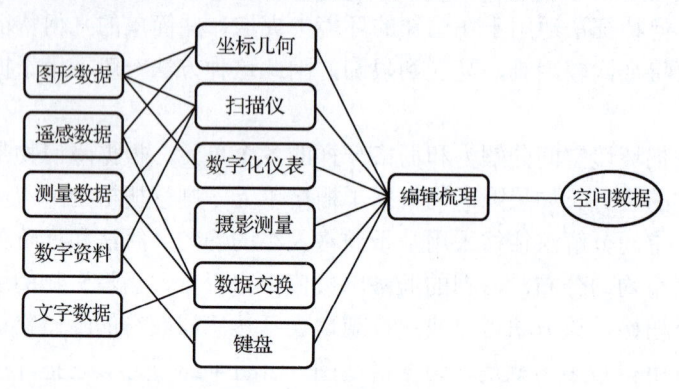

图 4-29　空间数据模型

ArcGIS 产品线主要包括 ArcGIS Desktop、ArcGIS Online 和 ArcGIS Engine 等。ArcGIS Desktop 是桌面软件，人们可以使用 ArcGIS Desktop 进行数据制作、空间数据和属性数据编辑、文件管理、矢量化、二维和三维的空间分析与建模。

ArcGIS Desktop 主要由 ArcMap、ArcCatalog、ArcToolbox、ArcGlobe、ArcScene 和 Model Builder 组成。ArcMap 用于对创建的数据进行编辑，即绘制地图、绘制各种路网及标记点、编辑要素字段等，是 ArcGIS Desktop 中最重要的应用程序，用于实现数据制作、查询与分析等地图创建任务。ArcCatalog 相当于一个资源管理器，用于创建和管理多种 GIS 数据结构，如要素数据集、要素类（图层）、网络数据集等，可以随数据进行增、删、改等操作，这些数据包括地图文件、栅格数据、Geodatabase、元数据及 ArcGIS Server 服务等。

ArcGIS Online 构建在 ArcGIS 的云架构上，提供大量的地图、在线制图、创建和管理群组和资源、上传共享地图和应用等 GIS 服务。用户可以通过 ArcGIS Online 平台获取包括 ArcGIS Explorer 在内的多种应用程序。

ArcGIS Engine 是 ArcObjects 组件跨平台应用的核心集合，提供了多种语言接口。用户可以根据自己的需要进行定制开发。

利用 ArcGIS 创建的地图由边和节点两个基本部分组成，边和节点通过在网络中彼此拓扑相连创建路段，如图 4-30 所示。在创建网络时可以使用向导来指定要素类参与到网络中，也可以先创建一个空网络，再向其中添加要素。网络一旦创建完毕，它的生命周期将贯穿整个数据库。无论何时编辑网络中的要素类，ArcGIS 都会按照连接规则和地理数据库中定义的数据关系维护网络的连接信息。

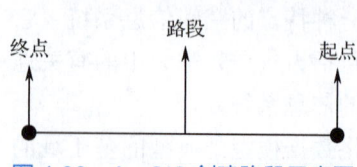

图 4-30　ArcGIS 创建路段示意图

利用 ArcGIS 创建的全局地图可以以智能驾驶车辆的当前位置为起点，以目的地为终点，通过 ArcGIS 进行网络分析，在路网中获得最优的全局路径，包括边的经纬度坐标、节点的经纬度坐标、车道编号等一系列道路属性，这些信息同样分别来自道路网络数据库和道路属性数据库。

ArcGIS 对于网络分析的支持是非常丰富的，它提供了两种网络分析，即有向网络分析和无向网络分析。有向网络分析意味着在网络中流动的物质必须按照定义好的规则前进，运行路径是事先定义好的，可以被修改，但是不能被物质本身修改，而是由网络工程师通过设置节点的开启状态来改变网络中物质的流动方向。无向网络分析意味着用户可以自由定义在网络中物质的流动方向、速度及终点（如一个司机可以决定在哪条道路上行驶，在什么地方停止，向哪个方向行驶），还可以给网络设置限定规则（如是单向行驶还是禁行）。

4. 局部路径规划算法

以智能消防车为例，在智能消防车沿全局路径行进时，局部路径规划负责根据车载传感器实时感知车辆位置及周边环境，动态调整车辆行驶轨迹，规避动态和静态障碍物，从而生成符合车辆行驶要求的实时最优路径。下面介绍几种常用的局部路径规划算法。

1）人工势场法

人工势场法是一种虚拟的力场法，智能消防车的运动可以被看作在所处的环境中受到一个虚拟的人工力场的作用而产生的运动。在这虚拟的人工力场中，目标点对智能消防车起到一个"引力"的作用，吸引智能消防车向目标点靠近；路径上的障碍物对智能消防车起到一个"斥力"的作用，使智能消防车远离障碍物，避免与障碍物进行接触。当智能消防车靠近目标点时，目标点对它的"引力"逐渐减小，反之，则增大；当智能消防车靠近障碍物时，障碍物对它的"斥力"逐渐增大，反之，则减小。智能消防车在这两种力的共同作用下运动，绕过障碍物最终抵达目标点。人工势场法具有结构简单、容易实现、计算量小、实时性好、便于数学描述与底层控制的特点，因此其在局部路径规划领域得到了广泛应用。但是，在应用人工势场法进行路径规划时，会出现目标不可达和局部极小值问题，此时智能消防车会出现停止或原地摆动的情况，这一情况是在应用人工势场法的过程中需要解决的问题。

2）模糊逻辑算法

从字面意思来看，模糊逻辑算法不需要做到相当精准。模糊逻辑算法结构框图如图 4-31 所示。模糊逻辑算法不需要对道路环境信息进行精准的计算，它把驾驶员的驾驶经验转变为模糊化的语言，通过对道路环境信息进行模糊化处理，根据专家的经验进行模糊推理与决策，得到模糊控制规则表，完成局部路径的规划。模糊逻辑算法对定位精度的要求不高，对车辆模型及周围环境的依赖性也比较弱，而且其计算量较小，能够实现实时规划，在处理近似和不确定信息方面有明显的优势。

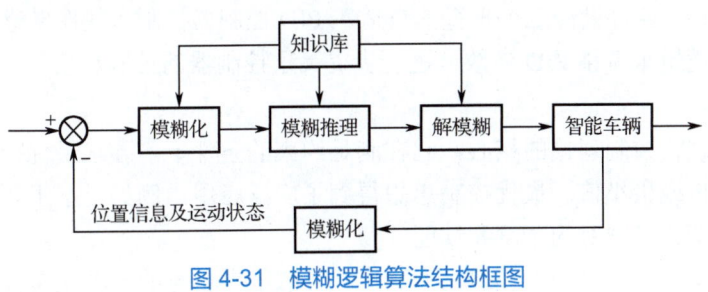

图 4-31 模糊逻辑算法结构框图

模糊逻辑算法也存在缺点，它的知识库不一定是完备的，不可能包含所有情况，这就导致在出现之前没有遇到过的情况时是无法在当下处理的；当模糊控制器的输入量是多维的时，模糊控制规则表的数量会急剧增加，导致计算量大、耗时长，影响计算结果；在线调整隶属函数是一项特别困难的工作，会花费很长时间。因此，模糊逻辑算法一般应用在对精度要求不高，且经常遇到的一些情况的路径规划中。

3）神经网络算法

神经网络算法是指将传感器获得的数据信息作为网络的输入，并依据经过了学习训练的神经网络输出的结果来确定未知环境的状态，从而控制车辆的运动，使其完成路径的规划。虽然神经网络具有很强的数据处理能力和学习能力，但是其参数的设计非常复杂，同时神经网络需要大量的样本来进行训练，有时需要成千上万甚至上百万的标记样本，这个问题解决起来并不容易。

4.2.3 控制层核心技术

自动驾驶的控制层核心技术为车辆的横向控制和纵向控制。车辆的横向控制为在给定的初始条件下，设计最佳的控制方法，使得机器人或无人驾驶汽车可以跟随空间中已给定的一条光滑的几何路径，主要为转向盘角度的调整及轮胎力的控制，指垂直于运动方向的控制。纵向控制为控制车辆的驱动控制和制动控制，即车速及本车与前、后车或障碍物距离的自动控制，常见的有巡航控制和紧急制动控制，这类控制主要归结为对电机驱动、发动机、传动系统和制动系统的控制。

1. 横向运动控制方法

现有的移动机器人和车辆运动控制技术主要采用 PID 控制、最优控制、H∞鲁棒控制、反馈线性化方法、自适应控制、滑模控制、神经滑模控制等。

1）PID 控制

PID 控制作为控制领域的经典方法，已经在众多领域得到应用，在车辆控制方面也有很多成果。例如，基于 PID 控制设计的前馈控制和反馈控制实现了车辆在变速条件下的自动光滑转向。基于反馈控制设计的车辆控制器已成功用于 DARPA（Defense Advanced Research Projects Agency，美国国防部高级研究计划局）挑战赛中。应用部分状态反馈的 PID 控制器实现了智能车辆的横向路径跟踪控制，其通过在单点预瞄 PID 控制器中增加扰动观测器，来补偿扰动对车辆控制器的影响。随着模糊逻辑控制及自适应思想的发展，出现了智能控制与传统 PID 控制结合的方法。基于模糊逻辑的自适应 PID 控制器成功应用于智能机器人，提高了控制器的鲁棒性。通过设计三个平行的自适应 PID 控制器控制车辆跟踪理想的位置和航向角，并应用模糊逻辑来调整 PID 参数，进一步提高了控制器的控制精度。

2）最优控制

最优控制是现代控制理论的核心，它在满足约束的条件下，寻求最优控制策略，使得性能指标取得极大值或极小值。最优控制思想得到了广泛应用，例如，基于预瞄的最优控制器可以用来提高车辆路径跟踪的精度和性能。

预瞄误差模型的工作机制为模拟人为操作，实时根据自身的运动状态及路径信息，通过几何关系预测位置和计算方向误差，进而调整前轮转角，以不断逼近期望路径，减少与期望路径的偏离程度。图 4-32 所示为视觉传感器的预瞄误差模型，利用它可对预瞄点处的横向误差和方向误差进行计算。

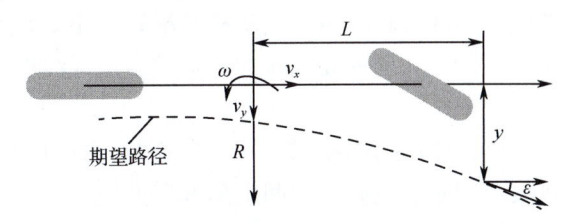

图 4-32　视觉传感器的预瞄误差模型

图 4-32 中的 v_x、v_y 分别为横向速度、纵向速度；L 为预瞄距离；ε 为车辆中心轴与期望路径中心线切线的夹角，即速度偏差；R 为预瞄点至期望路径切线的横向偏差；ω 为角速度；y 为预瞄点至期望路径中心线切线的横向偏差。

图 4-33 所示为预瞄误差推算模型，其中，y、y_f、y_m、y_r 分别为预瞄点、车辆前端、车辆质心、车辆后端至期望轮径切线的横向偏差；L 为预瞄距离；a 为车辆前轮至车辆质心的水平距离；b 为车辆后轮至车辆质心的水平距离。

图 4-34 所示为方向误差计算示意图，其中 ϕ 和 ϕ_d 分别是车辆和期望路径切线与大地坐标系 x 轴正方向的夹角；ε 为 ϕ 与 ϕ_d 的差值。

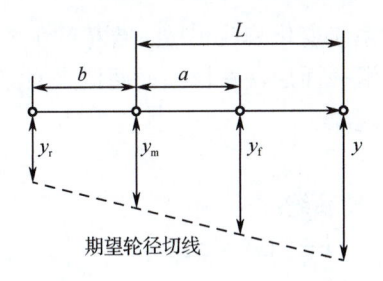

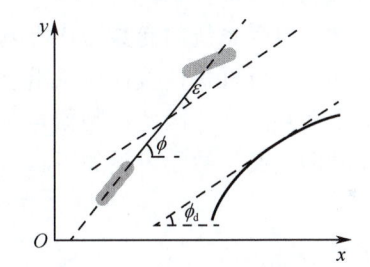

图 4-33　预瞄误差推算模型　　　图 4-34　方向误差计算示意图

基于预瞄的最优控制器可以用来提高车辆路径跟踪的精度和性能。一种方法是基于 Ackerman 原理创建视觉导航智能车辆运动学状态方程，将车辆的控制归结为最优控制问题，即可获得最优控制器；另一种方法是在车辆导航控制实时性方面的研究中，建立以当前车辆横向偏差、航向角偏差、预瞄点横向偏差及预瞄点航向角偏差为状态变量的车辆控制模型，并根据最优控制理论设计有限时间最优预瞄横向控制器。

3）H∞鲁棒控制

H∞鲁棒控制理论是 20 世纪 80 年代兴起的一门新的控制理论，它改变了近代控制理论过于数学化的倾向，使控制更能适应工程实际需求。经过多年发展，H∞鲁棒控制理论已经得到了工程应用，例如，基于 H∞回路的控制器，经过仿真实验，证明了控制理论的鲁棒性；通过控制律来解决车辆横向控制模型不确定的问题。

在研究智能除雪车控制问题时，采用 H2/H∞控制方法设计反馈鲁棒控制器，并采用 LMI（Linear Matrix Inequality，线性矩阵不等式）优化鲁棒控制器的参数，创建了在多控制约束下可完成理想控制目标的简单控制器结构，并验证了其有效性。

4）反馈线性化方法

反馈线性化方法通过应用反馈线性化理论对被控对象的非线性进行补偿，进而实现对被控对象的解耦，得到线性化的闭环方程，随后利用极点配置、小增益原理等线性控制理论对不确定因素进行一定程度的补偿，从而提高系统的稳定性。反馈线性化方法也在车辆控制中得到了应用。

有学者基于 GPS 导航的非线性运动学模型，采用状态反馈线性化方法，分别设计了无预瞄与有预瞄的车辆控制策略。同时，也有学者利用精确反馈线性化方法设计了轨迹控制器，以解决车辆系统约束不完整的问题。

5）自适应控制

自适应控制可以通过修正控制器的特性来适应被控对象及外界扰动，使其有更好的适应性及鲁棒性。与其他控制方法相比，自适应控制设计较简单，且有较强的适应性和较高的鲁棒性。实际应用于车辆的自适应控制器证明了自适应控制对道路曲率和横向风阻的变化有一定的鲁棒性。

6）滑模控制

滑模控制也叫变结构控制，由于该控制系统没有特定的结构，且能够实时根据系统的运行状态做有目的的变化，从而达到使被控对象按照期望轨迹运动的目的，因此，滑模控制被归为一类特殊的非线性控制。

滑模控制有着受系统的参数变化影响较小、对系统变化响应灵敏、鲁棒性强的优点。由于滑模控制的工作过程是使被控对象沿着轨迹到达滑模面后，在滑模面两侧来回穿越，并不是严格地沿平衡点滑动，因此控制器存在输出抖振现象。

滑模控制的定义及数学表达如下。

考虑一般情况，设系统：

$$\dot{x} = f(x) \quad x \in R^n$$

系统的状态空间中存在切换面：

$$s(x) = s(x_1, x_2, \cdots, x_n) = 0$$

它将系统的状态空间分为两部分，分别为 $s<0$ 和 $s>0$。位于切换面上的运动点有如图 4-35 所示的三种运动情况。

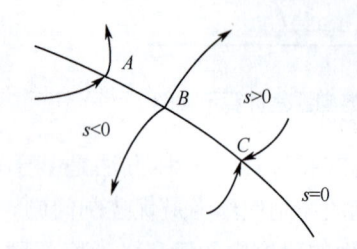

图 4-35 切换面上运动点的划分

通常点：系统运动点运动至切换面 $s(x)=0$ 附近，穿越此点（A 点）而过。

起始点：系统运动点运动至切换面 $s(x)=0$ 附近，从该点（B 点）分别向两侧离开切换面。

终止点：系统运动点运动至切换面 $s(x)=0$ 附近，分别从切换面两侧趋向于该点（C 点）。

在对滑模控制进行研究时，可以不对通常点和起始点多加研究，重点应放在终止点上面。当切换面上的某一区域内的点均为终止点时，称该区域为滑动模态区。当运动点接近该区域时，会被吸引至该区域内运动，称此运动为滑模运动。

将上述定义转化为数学语言，即要求当运动点到达切换面 $s(x)=0$ 附近时，必有

$$\lim_{s \to 0^+} \dot{s} \leq 0 \text{ 且 } \lim_{s \to 0^-} \dot{s} \geq 0 \tag{4-7}$$

或

$$\lim_{s \to 0^+} \dot{s} \leq 0 \leq \lim_{s \to 0^-} \dot{s} \tag{4-8}$$

上式也可以写成

$$\lim_{s \to 0} s\dot{s} \leq 0 \tag{4-9}$$

上式对系统提出了一个如下式所述的李雅普诺夫（Lyapunov）函数的必要条件：

$$v(x_1, x_2, \cdots, x_n) = [s(x_1, x_2, \cdots, x_n)]^2 \tag{4-10}$$

若满足条件 $\lim_{s \to 0} s\dot{s} \leq 0$，则式（4-10）是系统的一个条件李雅普诺夫函数。系统稳定于条件 $s=0$。

滑模控制的基本问题如下。

设有控制系统：

$$\dot{x} = f(x, u, t) \quad x \in \mathbf{R}^n, u \in \mathbf{R}^m, t \in \mathbf{R} \tag{4-11}$$

确定切换函数：

$$s(x) \quad s \in \mathbf{R}^m \tag{4-12}$$

求解控制函数：

$$u = \begin{cases} u^+(x) & s(x) > 0 \\ u^-(x) & s(x) < 0 \end{cases} \tag{4-13}$$

式中，$u^+(x) \neq u^-(x)$。若控制算法满足三点要求，即滑动模态存在［式（4-13）成立］；有限时间内切换面 $s(x)=0$ 外的运动点到达切换面；滑动模态运动稳定，且存在控制器能够实现这种控制算法，则称该控制器为滑模控制器。

7）神经滑模控制

将 RBF（Radial Basis Function，径向基函数）神经网络结构理论与滑模控制理论相结合，形成了一种新的神经滑模（横向）控制方法。

图 4-36 所示为横向运动控制器总体结构。其中，等效滑模控制算法能够用来抵抗外界的干扰，从而保证控制系统的稳定性；RBF 神经网络控制算法具有自主学习能力，可以克服控制系统的不确定性，通过降低切换增益达到降低控制系统抖振的目的。

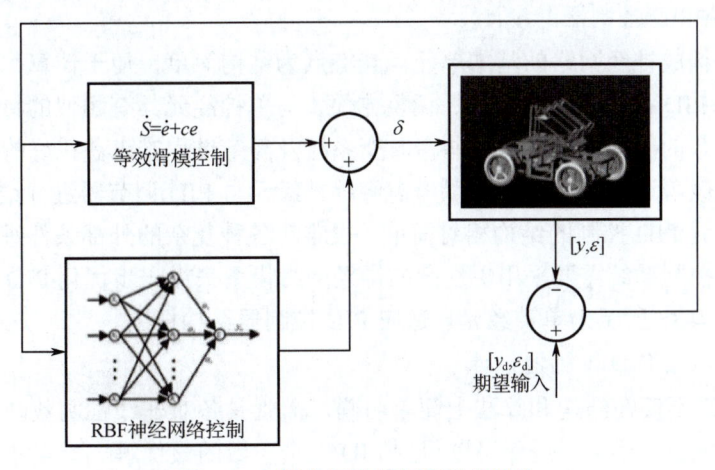

图 4-36　横向运动控制器总体结构

神经滑模控制器设计的目的是通过控制前轮转角来不断减小预瞄误差模型中存在耦合关系的预瞄点处的横向误差与方向误差,以此来不断逼近期望路径。考虑到控制器的设计难度及计算量,先将横向误差与方向误差进行无量纲化处理,然后按照一定权重组合将综合误差作为横向控制器的输入。

2. 纵向运动控制方法

纵向运动控制的研究内容主要是对制动系统及驱动系统进行控制,使得智能车辆能够遵循智能决策系统的指令进行加减速,从而实现对系统规划速度精确快速的跟踪,如牵引力控制系统(Traction Control System,TCS)及 ACC 系统等。

1)PID 控制

纵向运动控制的方法有很多,其中 PID 控制简单易用,是一个传统的具有反馈环节的控制算法。

PID 控制由比例控制、积分控制、微分控制三部分组成。自 20 世纪 30 年代末出现以来,其因算法简明易懂、控制的系统鲁棒性好等,而应用广泛,尤其在工业制造过程中,对于可以建立准确数学模型的控制系统发挥了重要作用。历经几十年的发展,PID 控制器已从最先的模拟控制器发展成如今的数字化控制器,其应用遍布各个领域,如今的 PID 控制已逐渐向着智能化、自适应化、最优化的趋势发展。

PID 控制系统基本原理框图如图 4-37 所示。控制系统一般由控制器及被控对象组成。

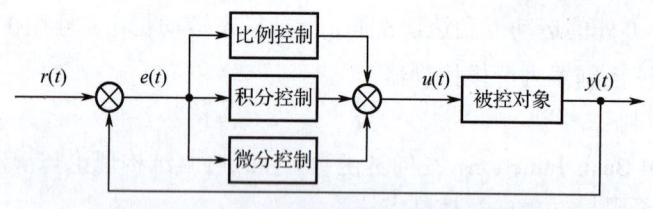

图 4-37 PID 控制系统基本原理框图

图 4-37 中的 $r(t)$ 为 PID 控制器期望信号输入值;$e(t)$ 为偏差信号;$u(t)$ 为规律函数;$y(t)$ 为实际的系统输出值。

2)神经网络 PID 控制器的设计

单神经元是构成神经网络的基本单元,其特点为结构简单,便于计算,具有自适应与自学习能力。常规 PID 调节器结构简单、调整方便,与单神经元具有相似的特点,但是不具备实时在线整定参数的能力,同时对一些慢时变系统及复杂过程难以获得好的控制效果。若需要在一定程度上改善这个问题,则可以考虑将单神经元与 PID 调节器进行结合。

由于单神经元 PID 控制的结构相对简单,很难对各种复杂的外部条件进行完全映射,因此,相对复杂的控制系统需要采用更复杂的神经网络模型来进一步优化 PID 控制器,提高参数学习效率。图 4-38 所示为单神经元自适应 PID 控制器结构框图。

3)BP 神经网络 PID 控制器设计

BP 神经网络不仅在结构和算法上简单明确,而且具备对非线性函数映射的能力,可使 PID 控制系统实现自主学习,进而可以得到 PID 三个参数的最优解。图 4-39 所示为传统 PID 控制与 BP 神经网络共同组成的控制系统,其中 PID 控制部分实现对被控对象的闭环反馈控制，K_P、K_I、K_D 三个参数由神经网络通过特殊的学习算法实现在线调整，根据被控对象状态达到性能最优化。

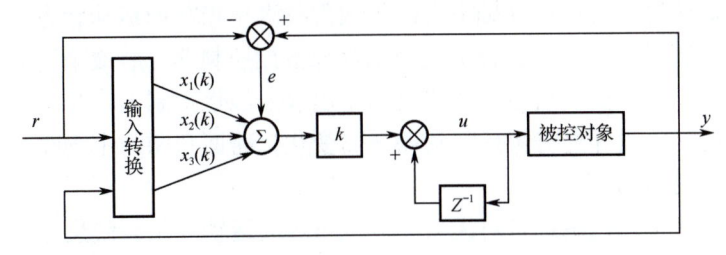

图 4-38　单神经元自适应 PID 控制器结构框图

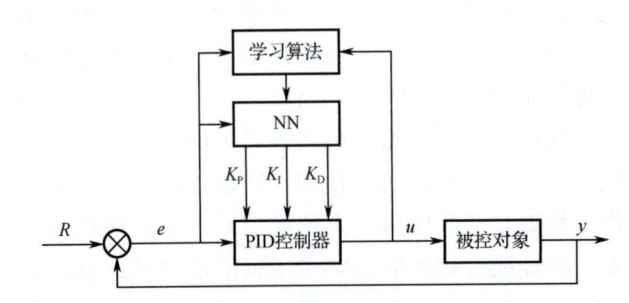

图 4-39　传统 PID 控制与 BP 神经网络共同组成的控制系统

图 4-39 中的 K_P 为比例系数；K_I 为积分系数；K_D 为微分系数；R 为输入函数；y 为输出函数；e 为系统指标；u 为规律函数；NN 为神经网络输入量。

4）模糊控制基本原理

模糊控制利用模糊数学的基本思想和理论，通过对输入量进行模糊化、模糊推理、清晰化，得到相应的输出控制量，实现对被控对象的控制。模糊控制器基本结构可以分为四部分，如图 4-40 所示，即输入量模糊化接口、模糊推理、规则库、输出量解模糊接口。输入量模糊化接口是将系统采集到的精确量通过映射的方法，将精确量的基本论域映射到模糊论域，使之成为模糊量，以便后继进行模糊推理；模糊推理是模糊控制的核心，它通过模糊规则来进行；规则库里面保存有控制器的参数和模糊推理规则；输出量解模糊是模糊化的反过程，由于最终需要得到的控制量是一个精确量，因此需要将模糊推理得到的模糊量从模糊论域重新映射到基本论域，实现模糊量的清晰化。

图 4-40　模糊控制器基本结构

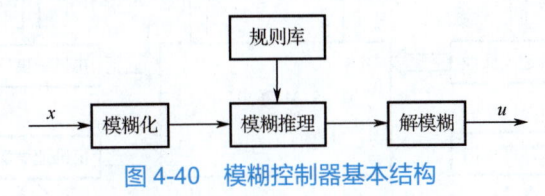

图 4-40 中的 x 为输入值，u 为输出值。

研究员们基于遗传算法设计了一种模糊神经网络控制方法。利用该方法可以对速度控制系统的挡进行分类，还可以调整系统参数的取值，以很好地避免无人驾驶汽车的非线性及系统时变带来的影响。

研究员们基于分层结构方法设计了无人驾驶汽车的纵向控制系统,其中,上位控制器利用固定车头时距策略进行控制;下位控制器是一个独立控制器,利用模糊逻辑控制策略进行加速和制动控制。研究员们在此基础上考虑无人驾驶汽车当前的运动状态,设计了加速与减速的协调切换控制逻辑,并通过结合上位控制器与下位控制器,组成了无人驾驶汽车的纵向控制系统。研究员们基于反步自适应技术设计了串级非线性控制器,从而达到对期望车速进行跟踪控制的目的,该设计充分考虑了道路坡度变化、路面状态、空气动力学及直流电机特性对行车控制带来的影响。

研究员们采用直接式控制结构对无人驾驶汽车纵向运动控制系统进行相关设计分析,并基于模糊逻辑控制策略对制动控制器及节气门控制器进行设计,采用PID控制参数调节对设计的模糊控制器进行优化,并设计加速与减速的协调切换控制逻辑。基于对真实行驶环境下驾驶员纵向运动控制行为习惯的分析,研究员提出了一种跟随校正策略,该策略可以对无人驾驶汽车的纵向加速度进行跟随控制。

研究员们能够利用模糊逻辑控制策略模拟驾驶员驾驶行为习惯,且不依赖于精确系统的特点,将其与分层控制思想进行结合,基于模糊控制理论,建立了无人驾驶汽车纵向控制策略。该控制策略的模糊参数为行车间距偏差及速度偏差,并将理想加速度作为模糊逻辑控制策略的输出量。经仿真实验证明,该控制策略可以很好地对车速及行车间距进行自动控制。

3. 智能灭火车主车架电子差速控制系统

1)电子差速转向控制系统结构

四轮独立轮毂驱动的智能汽车底盘模块由驱动电机模块、电源系统模块、辅助系统模块、制动系统模块、整体底盘设计模块等模块组成。

分析车辆在不同转向角和行驶速度下各驱动轮的目标速度。通过检测电机的霍尔信号,算得各驱动轮实际速度,采用模糊PID算法,将各驱动轮实际速度与目标速度的偏差作为系统输入;通过调节电机控制器输出的PWM(脉冲宽度调制)调速信号,完成对各驱动轮速度的闭环控制,使驱动轮实际速度跟随目标速度。电子差速转向控制系统主要硬件有轮毂电机、电机控制器、STM32F103控制器、速度传感器。电子差速转向控制系统结构框图如图4-41所示。

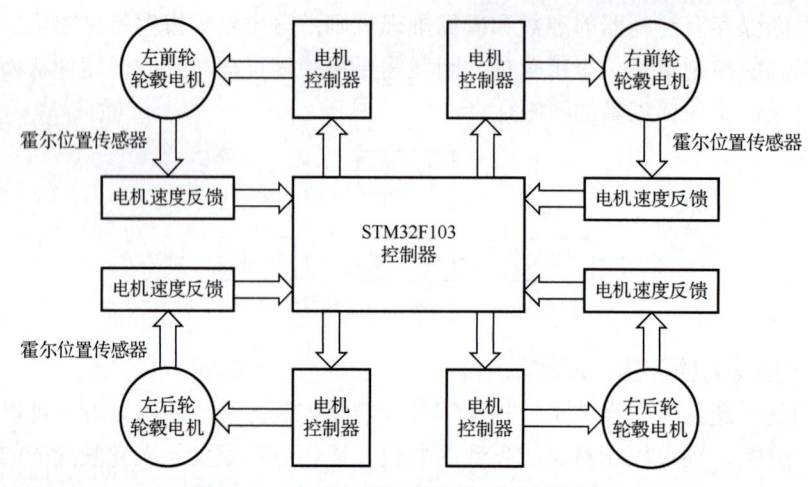

图4-41 电子差速转向控制系统结构框图

在图 4-41 中，轮毂电机的速度反馈主要来自其嵌于内部相隔 120°的 3 个霍尔位置传感器。STM32F103 控制器根据接收到的速度反馈脉冲信号计算当前转速，并通过转向模型得出调整值，用模糊控制器将值输出，从而达到稳定调速和转向的目的。

2）模糊自整定 PID 控制

由于智能汽车在运动过程中是多变的、没有规律的，智能汽车四轮毂电机在机体运动过程中的受力是多输入对应多输出的非线性系统，因此，对各轮采用闭环的调速控制方法，用模糊 PID 控制器实时调速，以增加转速的稳定适应性。图 4-42 所示为电子差速流程图。

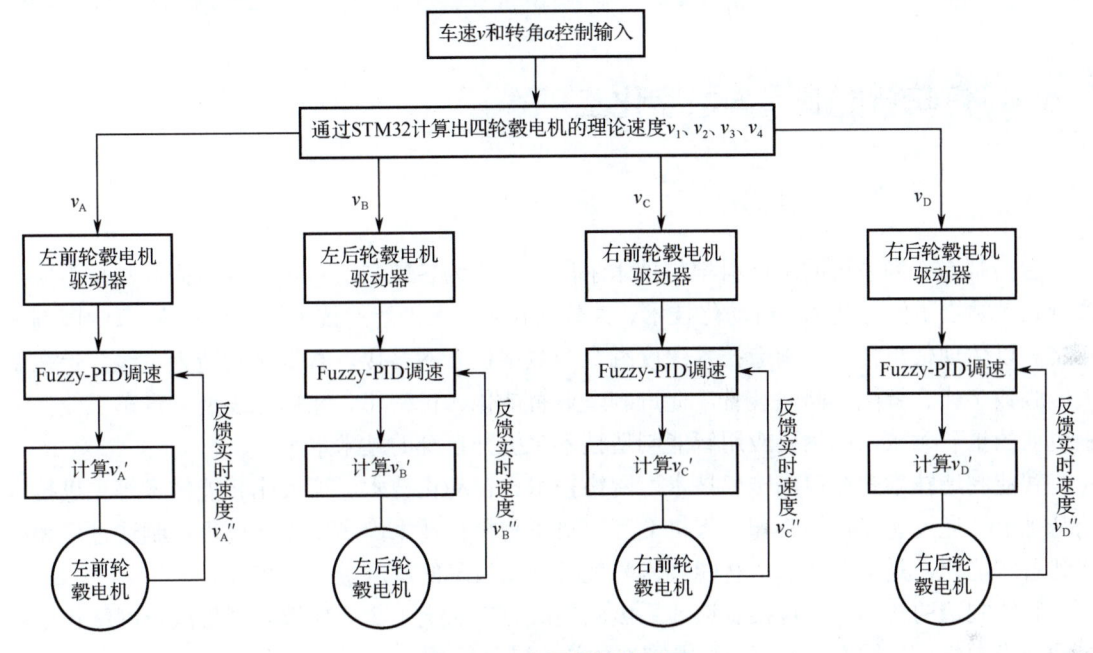

图 4-42　电子差速流程图

电机控制器根据接收到的车速和转向角信号的控制信号，通过阿克曼转向模型公式给出的各车轮转速函数式，计算该智能汽车在相应情况下各轮毂电机的转速，如内、外侧轮毂电机的理论转速。同时，STM32F103 控制器通过驱动器反馈回来的速度信号分析比较当前速度，通过 Fuzzy-PID 控制器后输出一定变化的 PWM 信号到直流电机驱动器，分别输出到四轮毂电机。

思　考　题

1. 自动驾驶汽车分为哪几个等级？
2. 智能汽车由哪几部分组成？
3. 自动驾驶的核心技术是什么？
4. 车用传感器技术可应用在哪些方面？
5. 单目摄像头和双目相机各有什么优缺点？

第 5 章

汽车制造技术

5.1 汽车智能制造与数字化工厂

5.1.1 智能制造技术

智能制造作为先进的制造科学与技术手段，已成为各国制造科技的重点研究与推广应用领域，它融合了信息技术、自动化技术、大数据技术、人工智能技术等先进技术。《中国制造2025》以体现信息技术与制造技术深度融合的数字化、网络化、智能化制造为主线，旨在做大做强数字化、智能化高端装备，促进制造业智能化、精密化、绿色化发展。汽车工业作为制造业的重要领域，必然要应用智能制造技术来提升自身的技术水平。

智能制造技术是在现代传感技术、网络技术、自动化技术、拟人化智能技术等先进技术的基础上，通过智能化的感知、人机交互、决策和执行技术，实现设计过程、制造过程和制造装备智能化，是信息技术、智能技术与装备制造技术的深度融合与集成。

智能制造的核心特征包括制造体系纵向集成、产品全生命周期端到端集成及网络化生产企业间横向集成。图 5-1 所示为智能制造的核心特征框图。

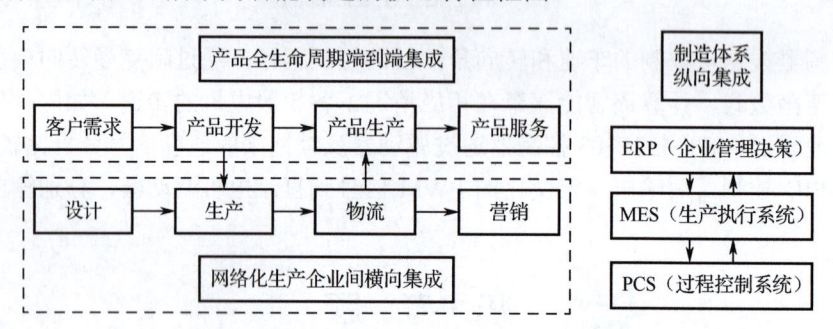

图 5-1 智能制造的核心特征框图

智能制造技术包括通过软件和网络进行产品开发，对生产和服务进行沟通；机器与产品实时进行信息和指令交互；产品的自主控制和优化。

智能制造的关键技术包括数字化制造、数字控制、生产管理、企业协作、3D 打印、工业机器人与传感器。

利用 GPS、RFID、传感器、移动图像处理等技术，可以实现汽车对自身状态信息与用户行为数据的自动采集，提供车辆跟踪等初级应用服务。图 5-2 所示为汽车大数据的一种整体解决方案。针对生产系统瓶颈、质量缺陷等问题的传统信息分析方法通常需要几个月甚至更长时间，而采用大数据分析预判技术，建立相关统计分析数学模型，可使此项工作在不到一周的时间内完成。这种时效上的大幅提升，使得生产流程与管理环节的结合更加紧密，促进了高效、低成本的生产。

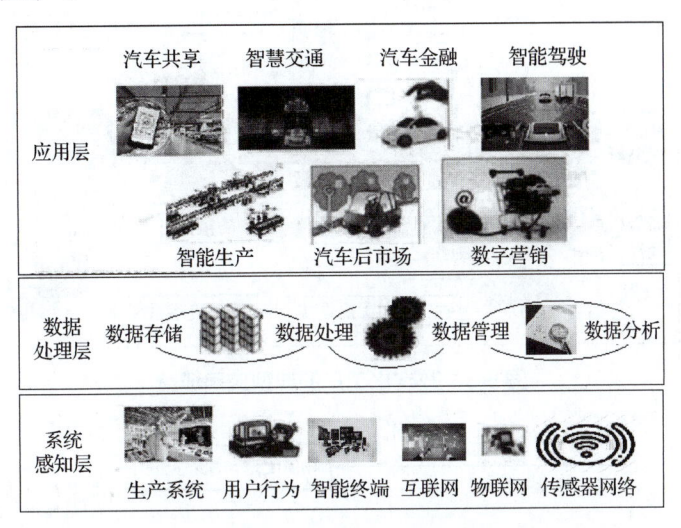

图 5-2 汽车大数据的一种整体解决方案

5.1.2 数字化工厂

数字化工厂是利用数字化技术集成产品设计、制造工艺、生产管理、销售和供应链等专业人员的智慧与经验，构建从产品设计、生产管理到售后服务的现代化生产模式，其主要依赖互联网技术、物联网技术来提取工厂内、外的相关数据和信息，有效优化生产组织的全部活动，能达到生产效率、物流运转效率及资源利用效率最高，且对环境影响最小的效果，并能充分发挥从业人员的能动性。

数字化工厂以信息、仿真等诸多数字化技术为依托，将工厂实际运行过程数字化，实现实际运行过程的仿真、优化、实时控制，是以数字化技术为支撑的实体工厂。

1. 数字化工厂的内涵

数字化工厂的内涵包括以设计为中心的数字化制造技术、以控制为中心的数字化制造技术、以管理为中心的数字化制造技术。

数字化工厂的核心内容主要包括制造资源的数字化，生产过程数字化，现场运行数字化，质量管理数字化，物料管控数字化。

2. 数字化工厂的分层管理

数字化工厂的分层管理包括数字化制造决策与管控层，数字化制造的执行层，数字化制造的装备层。

数字化工厂的典型应用场景如图 5-3 所示，数字化工厂汽车零件生产方案工艺框图如图 5-4 所示。

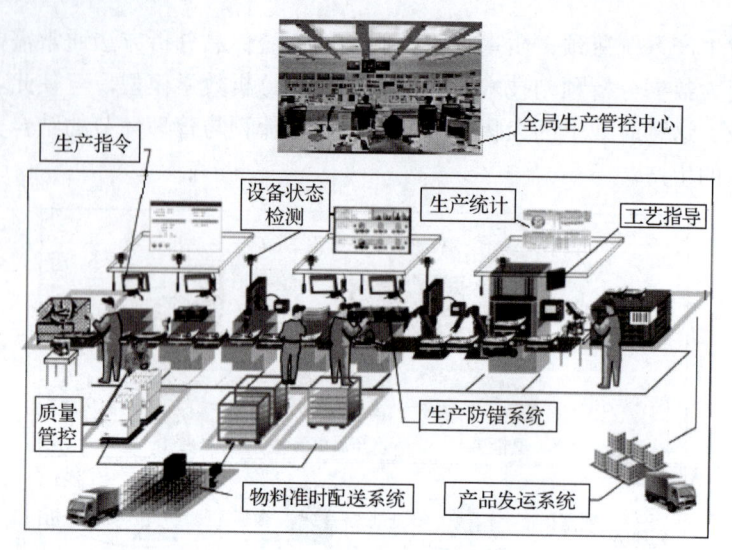

图 5-3 数字化工厂的典型应用场景

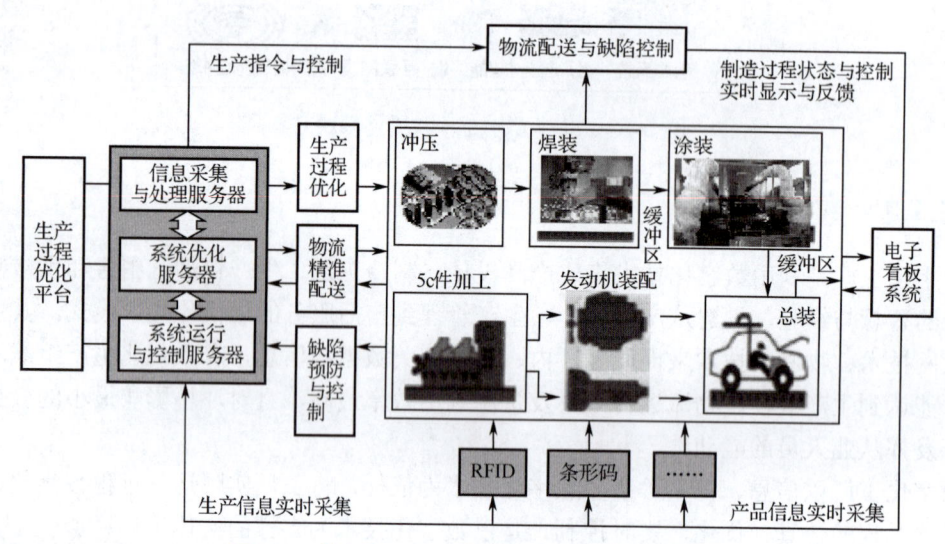

图 5-4 数字化工厂汽车零件生产方案工艺框图

5.1.3 汽车制造工艺流程

汽车工业以材料业、制造业、电子业、化工石油业、汽车零配件制造与修理业等为基础，汽车工业的发展带动了这些基础工业的迅速起飞与现代科技的蓬勃发展。汽车工业已成为我国支柱性产业之一。

汽车制造涉及的制造业有冶炼、铸造、锻压、焊接、机械加工、装配喷涂等，这些制造业涉及冶金、机械制造、化学、电子、电力、石油、轻工等工业部门。汽车涉及的材料有黑色金属、有色金属、玻璃、橡胶、塑料等。

汽车生产所采用的工艺有毛坯制造、零件的生产、部件的装配、整车的装配与汽车性能的检验等。典型的汽车制造工艺流程图如图 5-5 所示。

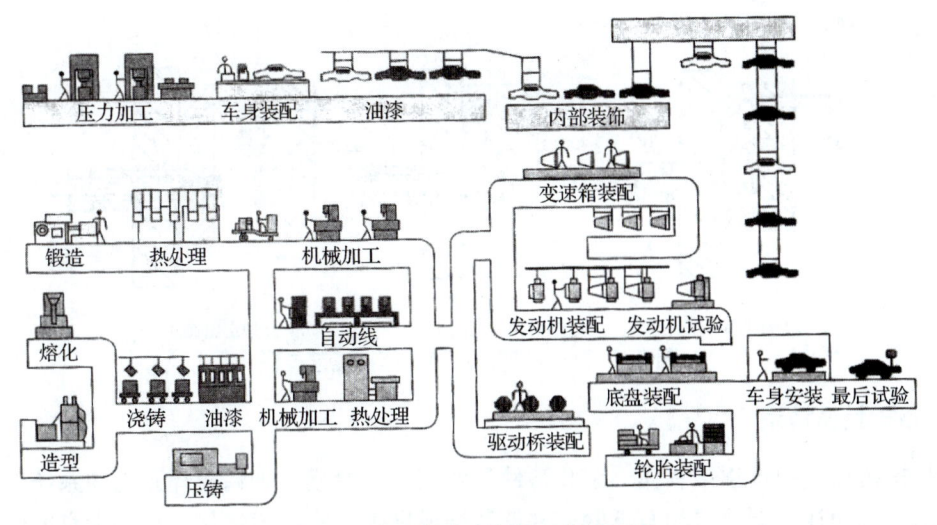

图 5-5　典型的汽车制造工艺流程图

5.2　铸造工艺

5.2.1　铸造定义

铸造是将液态合金浇注到铸型的空腔中，使其冷却凝固，以获得一定形状、尺寸、成分、组织和性能的铸件的成型方法。

我国在铸造汽车零件或毛坯技术方面，各种特种铸造或精密铸造方法得到了发展和应用，铸件质量和生产率不断提高，劳动条件不断改善。常用的铸造方法有压力铸造、低压铸造、挤压铸造、离心铸造、熔模精密铸造、石膏型精密铸造、陶瓷型精密铸造等。铸件尺寸精确，表面粗糙度值低，更接近零件最后尺寸，从而易于实现少切削或无切削加工。近年来，发展出了快速成型（Rapid Prototyping，RP）3D 打印技术，这种技术极大地缩短了产品的生产周期，提高了生产率，显著节约了生产材料，是汽车轻量化生产的一种新技术。

5.2.2　铸造工艺原理

1. 压力铸造

压力铸造是将液体金属在高压下注入铸型的空腔中，经冷却凝固后，获得铸件的方法。常用压力的范围为几十到几百个标准大气压，获得的尺寸公差等级为 IT11～IT13。铸型材料一般采用耐热合金钢。用于压力铸造的机器称为压铸机，压铸机的种类很多，目前应用较多的是卧式冷压室压铸机，其压铸工艺过程如图 5-6 所示。在汽车制造中，压力铸造件应用最广，用压铸法生产的零件有发动机汽缸体、汽缸盖、变速箱箱体、发动机罩、仪表、支架、管接头、齿轮等。

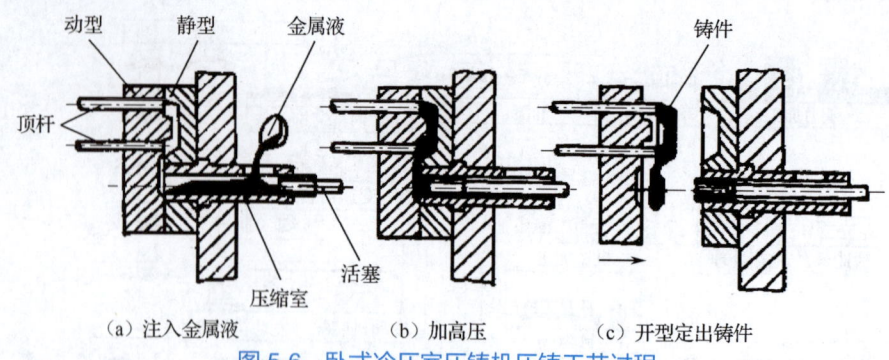

(a) 注入金属液　　　　(b) 加高压　　　　(c) 开型定出铸件

图 5-6　卧式冷压室压铸机压铸工艺过程

2. 熔模精密铸造

熔模精密铸造的过程：制作一个和铸件形状相同的蜡模；把蜡模焊到浇注系统上组成蜡树；在蜡树上涂挂几层涂料和石英砂，并使其结成硬壳；将蜡模熔化，得到中空的硬壳型；在硬壳型外进行填砂加固；把硬壳型烘干、焙烧去掉杂质，浇注液体金属，如图 5-7 所示。熔模精密铸造广泛应用于汽车、航空、兵器等制造业，如制造汽车仪表、涡轮发动机的叶片等小型零件，已成为少切削、无切削加工零件及难切削加工零件的重要的工艺方法。

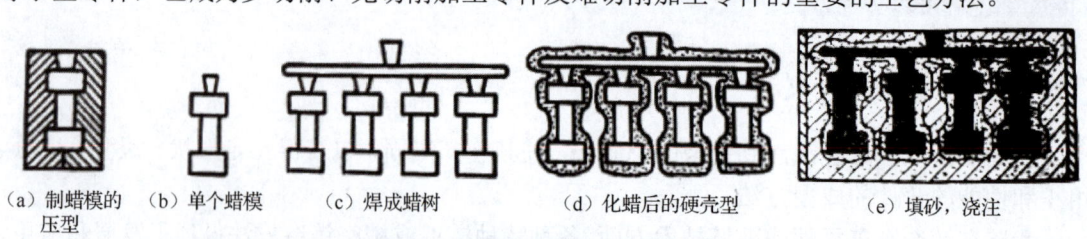

(a) 制蜡模的压型　　(b) 单个蜡模　　(c) 焊成蜡树　　(d) 化蜡后的硬壳型　　(e) 填砂，浇注

图 5-7　熔模精密铸造工艺过程

3. 挤压铸造

挤压铸造也称液态模锻，又称连铸连锻，是一种介于铸造与锻造之间的优质、高效、节能的新兴工艺方法，它既能接近甚至达到同种合金锻件的内部组织和力学性能，又能实现高效率的大批量生产。与普通铸造相比，挤压铸造能较大程度地提高铸件的力学和使用性能，与普通锻造相比，挤压铸造可节约能源，是有色金属铸件的铸造方法之一，可应用于汽车、航空航天、国防等领域，以生产高精度和高性能的大型轻合金零件。

挤压铸造是将一定量的被铸金属液直接浇注入涂有润滑剂的型腔中，并持续施加机械静压力，利用金属铸造凝固成型时易流动和锻造技术可使已凝固的硬壳产生塑性变形的特点，使金属在压力下结晶凝固并强制消除因凝固收缩形成的缩孔、缩松，以获得无铸造缺陷的液态模锻制件的工艺方法。

4. 3D 打印技术

3D 打印技术是一种基于原料喷射成型原理的快速成型技术。3D 打印以数字化模型为基础，运用粉末状或丝状金属、塑料、陶瓷等材料，通过逐层打印的方式来构造物体。作为先进的数字化增材制造技术，3D 打印具有个性定制、快速成型、可构造复杂型面、节省材料、可降低模型的造价、节省产品开发的成本和时间等特点。

常用的 3D 打印技术有熔融沉积（Fused Deposition Modeling，FDM）技术、光敏固化（Stereo Lithography Apparatus，SLA）技术、选择性激光烧结（Selective Laser Sintering，SLS）技术、分层实体制造（Laminated Object Manufacturing，LOM）技术、三维印刷（Three Dimension Printing，3DP）技术。这些 3D 打印技术的主要区别在于打印材料的种类、成型方法、速度、成本等。

熔融沉积技术的工作原理是用加热头把热熔性材料（如 ABS 树脂[①]、尼龙、蜡等）加热到临界状态，使热熔性材料呈现半流体性质，同时用喷头将处于半流动状态的材料挤压出来，凝固形成轮廓形状的薄层。当一层成型完成后，机器工作台下降一个高度（即分层厚度）再成型下一层。这样层层堆积黏结，自下而上形成一个零件的三维实体，模型制作完成后，去除支撑结构即可。该技术的优点是成本低、操作安全简便；缺点是精度差、速度慢、成型过程需要支撑结构。

分层实体制造技术的工作原理是通过对 CAD（Computer Aided Design，计算机辅助设计）数据进行离散分析，得到堆积的约束、路径及方法，将数字模型切割为薄片，随后逐层打印这些薄片，一层一层地叠加，最终形成一个完整的实体物体，如图 5-8 所示。

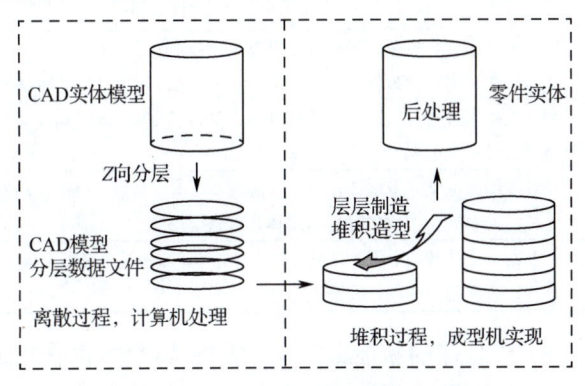

图 5-8 三维分层实体制造工艺简图

3D 打印技术不仅能极大地降低产品研发创新成本，缩短创新研发周期，提高新产品投产的一次成功率，实现同步并行工程的实施，还能加速航天航空、汽车等领域关键零部件的开发与制造，提高相关领域的创新能力与技术水平。

5. 金属注射成型工艺

金属注射成型（Metal Injection Molding，MIM）工艺是一种能够大量生产复杂形状零件的成型工艺。MIM 工艺的生产过程是以微细金属粉末（一般小于 20μm）为原料，将其按照配方与黏结剂（如各种热塑性塑料、蜡及其他材料）制成注射料，经制粒后，注射到常用的注塑成型机的模型型腔或多模型腔中。将零件生坯取出后，用萃取或加热的方法，排出其中的大部分黏结剂，在可控气氛炉中烧结零件（固态扩散）时将剩余的黏结剂除去。

MIM 工艺与塑料注射成型和高压压铸相似，可制造出具有相同形状与结构特征的零件。但是，其局限于生产形状非常复杂且较小的零件，在用其他任何金属成型工艺制造这些零件

[①] ABS 树脂中的 ABS 是丙烯腈（Acrylonitrile）、丁二烯（Butadiene）、苯乙烯（Styrene）三种单体的英文首字母缩写。

时，需要大量的精密切削加工或组装作业。MIM 工艺的优势在于其制造出的零件的力学性能接近铸件和锻件的力学性能，同时 MIM 工艺也是一种能很好控制尺寸公差、能直接形成最终形状的零件成型工艺。MIM 工艺几乎可制造出任何一种形状与几何特征的零件，同时通过采用多型腔模型可达到高生产率。

MIM 工艺已逐渐应用于汽车配件生产，是实现汽车轻量化制造的一种重要的方法。

5.2.3 汽车铸件应用

铸造是现代制造工艺的基础工艺之一。铸件通常用作汽车总成的基础件，在汽车制造中占有重要地位。在汽车制造中，铸铁毛坯件大约占汽车全车重量的 10%，如汽车发动机的汽缸体、汽缸盖和曲轴，汽车底盘的变速器壳体、后桥壳、制动鼓及各种支架等。表 5-1 所示为机动车中的铸件。

表 5-1　机动车中的铸件

部位	零件名称
汽车车体及行动部件	铝合金及镁合金轮毂、横梁（十字梁）、转向节、下支臂、制动卡钳、ABS 零件、转向阀体、制动器缸体、离合器缸体、拨叉、摇臂、履带板、铝基复合材料制动毂
汽车发动机及变速箱部件	铝及铝基复合材料活塞、发动机缸体、发动机支架、滤清器支架、变速箱箱体、进气歧管、排气歧管、燃料分配器
汽车空调及其他部件	空调压缩机的上、下缸体，上、下盖板，活塞、斜盘、滑履、涡旋压缩机缸体、涡旋盘；空压机连杆；油泵壳体；空气过滤器罐体、罐盖
摩托车零部件	铝及镁合金轮毂、上、下联板、传动箱壳体、减震筒、碟刹泵体、后衣架、车摇架、车架接头、把接头、方向轴、曲柄、发动机活塞

2014 年诞生了第一辆 3D 打印的新能源汽车，它由 40 个零部件组成，以电池为动力，最高时速为 64km/h。2015 年美国推出了第一款 3D 打印超级跑车，如图 5-9 所示。

目前，汽车生产商主要使用 3D 打印技术来制造原型、定制零件和生产工具，如仪表盘、面板和车门把手等。

汽车产业已经大量采用了 MIM 工艺来生产一些形状复杂、材料力学性能较高的零件，双金属零件及微小型零件，如在汽车发动机可变配气相位系统中使用的摇臂零件，涡轮增压器转子，涡轮增压调节环，冷却活塞用的喷油嘴和燃烧器室，同步器执行器盘，杆及销子，氧传感器（见图 5-10），传感器外壳盖等。

图 5-9　第一款 3D 打印超级跑车

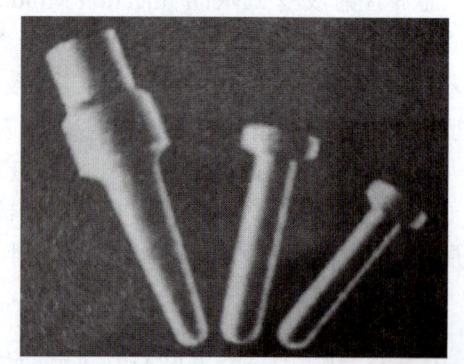

图 5-10　发动机自动控制系统的一种氧传感器

5.3 锻造工艺

5.3.1 锻造定义

锻造是金属在锻压机械作用下，使坯料或铸锭产生塑性变形，以获得一定尺寸、形状和机械性能的原材料、毛坯或零件的生产方法。

5.3.2 锻造工艺原理

在汽车制造过程中，锻造工艺应用广泛。在汽车金属材料中，锻件比铸件、型材具有更好的热处理性能，更高的强度，更好的耐冲击性和耐磨性。汽车锻件除了采用普通锻造工艺，还采用了锤上模锻、热模锻压力机模锻、辊锻、粉末锻造、轧制等新工艺。

1. 锤上模锻工艺

将坯料加热后放在上、下模的模膛内，施加冲击力或压力，使坯料在模膛所限制的空间内产生塑性变形，从而获得与模膛形状相同的锻件，这种锻造方法称为模型锻造，简称模锻，图 5-11 所示为锤上模锻工艺与模锻工艺示意图。

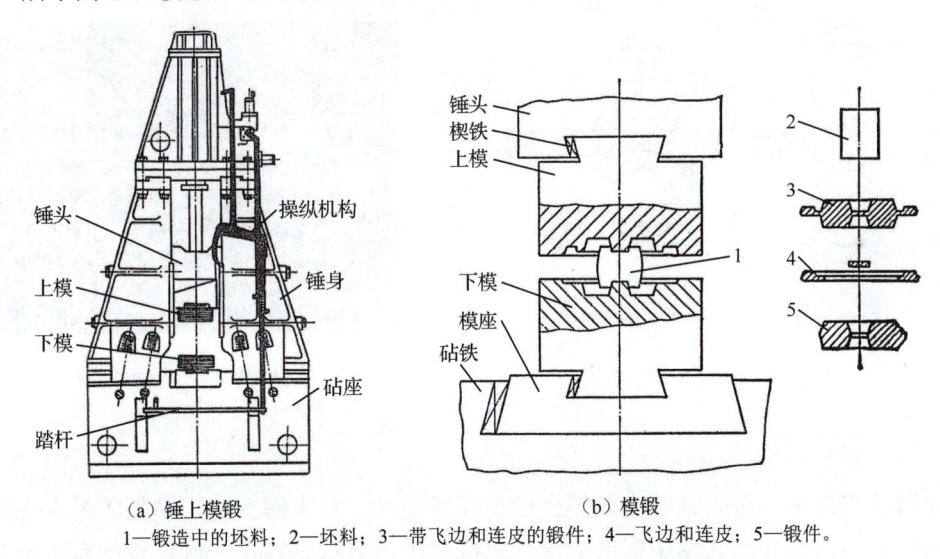

（a）锤上模锻　　（b）模锻

1—锻造中的坯料；2—坯料；3—带飞边和连皮的锻件；4—飞边和连皮；5—锻件。

图 5-11　锤上模锻工艺与模锻工艺示意图

2. 热模锻压力机模锻工艺

热模锻压力机模锻是指当金属材料被加热至适当温度后，将其放入模具中，通过液压系统或机械设备对模具施加高压，使金属材料在高温下变形，从而形成所需形状的零件或毛坯的锻造方法。图 5-12 所示为热模锻压力机与连杆锻造变形工序。热模锻压力机被广泛用于汽车工业、农业机械、轴承工业、阀门、五金工具、连杆等零件的模锻成型工艺。

（a）热模锻压力机 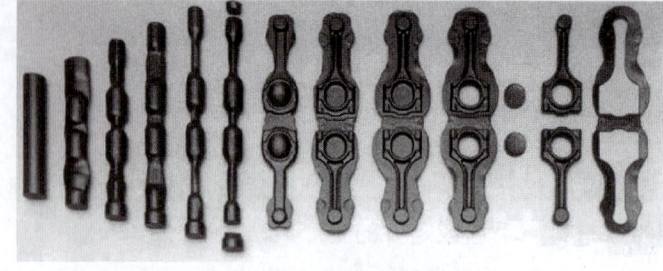　　　　　　　　　　（b）连杆锻造变形工序

图 5-12　热模锻压力机与连杆锻造变形工序

3. 辊锻工艺

辊锻是指使坯料通过装有扇形模块的一对旋转的轧辊，借助模槽对金属的压力，使其产生塑性变形，从而获得所需要的锻件或锻坯的锻造方法，如图 5-13 所示。

辊锻变形的实质是坯料的延伸变形。坯料在高度方向经辊锻模压缩后，除一小部分金属发生横向流动而使坯料宽度略有增加外，大部分被压缩的金属沿着坯料的长度方向流动。被辊锻的毛坯，横截面积减小，长度增加。图 5-14 所示为汽车前桥辊锻。

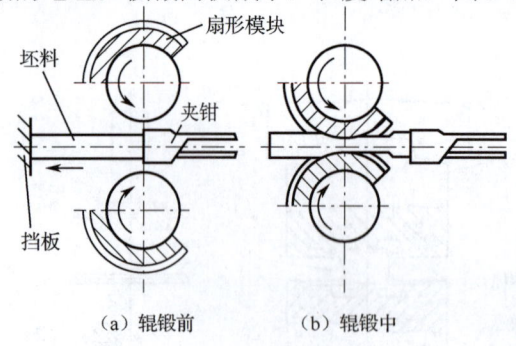

（a）辊锻前　　（b）辊锻中

图 5-13　辊锻

图 5-14　汽车前桥辊锻

4. 粉末锻造工艺

粉末锻造工艺是一种先进的金属塑性成型高新技术，粉末锻造通常是指将粉末烧结的预成型坯进行加热后，在闭式模中锻造成零件的成型工艺方法。它是一种将传统粉末冶金和精密锻造结合起来的新工艺，且兼具两者的优点。它还可以制取密度接近材料理论密度的粉末锻件，克服了普通粉末冶金零件密度低的缺点。粉末锻造不但能使粉末锻件的某些物理和力学性能达到甚至超过普通锻件的水平，而且具有高质量、高精度、高效率、低消耗、低成本及无屑等优点，符合低碳、节能、环保的生产要求，通过合理设计预成型坯和实行少、无飞边锻造，具有成型精确，材料利用率高，锻造能量消耗少等特点。粉末锻造的材料利用率从普通模锻的 40%～60% 增加到 95% 以上，满足了现代汽车制造迅速发展的需要。图 5-15 为粉末锻造连杆生产工艺流程。

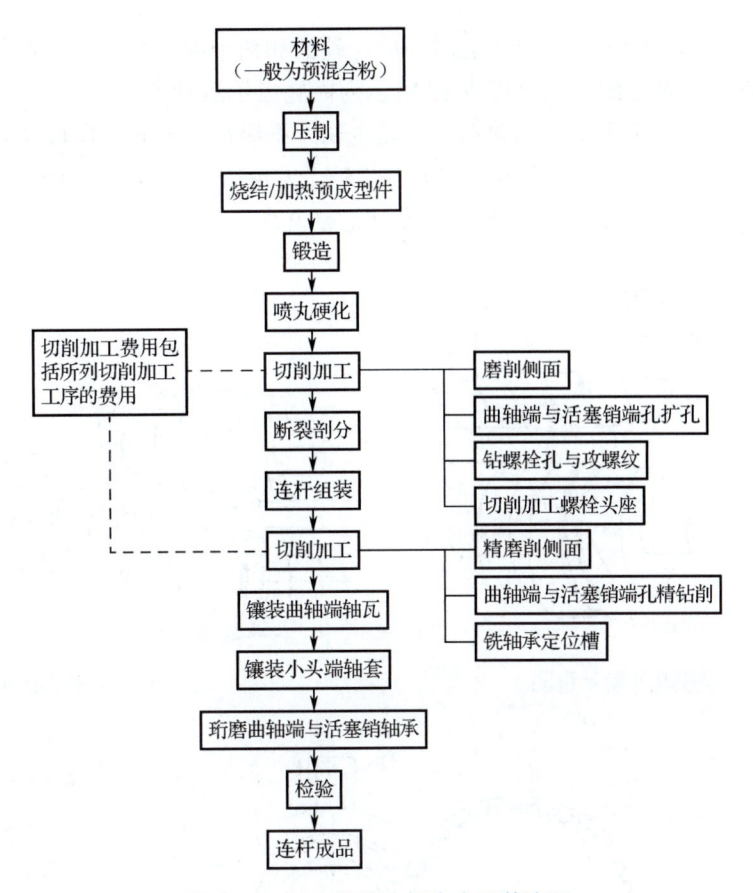

图 5-15 粉末锻造连杆生产工艺流程

5．楔横轧工艺

高效零件轧制（楔横轧与斜轧）是一种零件成型新工艺新技术，与传统的锻造切削工艺生产某些轴类零件相比较，其优点为生产效率高3～10倍；材料利用率提高20～35%；零件的综合机械性能提高30%以上；模具寿命延长约20倍；产品成本平均降低30%左右。

在进行楔横轧轧制时，两个轧辊向相同的方向旋转，楔块逐渐挤压坯料，使坯料直径变小、长度增加，金属做轴向流动而形成各种成型轴类零件，如图5-16所示。

6．斜轧工艺

斜轧是轧辊轴线与坯料轴线在空间相夹一定角度的一种轧制方式。图5-17所示为斜轧钢球示意图。两个轧辊的交叉角在4°～14°之间，轧辊上制有多头圆弧形螺旋槽，钢球每分钟产量为轧辊每分钟转数乘以其螺旋的头数。

7．横轧工艺

横轧是轧辊轴线与坯料轴线平行的一种轧制方式。在进行横轧时，齿轮主轧辊和齿轮顶面平轧辊同向转动，带动齿坯反向转动，圆柱形齿坯用感应加热器将其轮缘加热到1000～1050℃。主轧辊挤入齿坯与齿坯对辗，齿坯上一部分金属受压形成齿槽，该部分金属被轧辊挤到相邻处，上升形成轮齿。三个平轧辊使齿轮顶面和两个端面平整。齿轮主轧辊和齿轮顶面平轧辊的逐渐靠近是进给运动。图 5-18 所示为横轧齿轮示意图。

因为热轧齿轮生产率高，节约材料，齿轮金属纤维沿齿廓分布，所以齿轮强度高，使用寿命长。横轧可以制造正齿轮、斜齿轮和人字齿轮。齿轮精度可达 8～9 级，齿轮表面粗糙度 Ra 在 3.2μm 左右。汽车中使用的齿轮大多是通过横轧生产的。

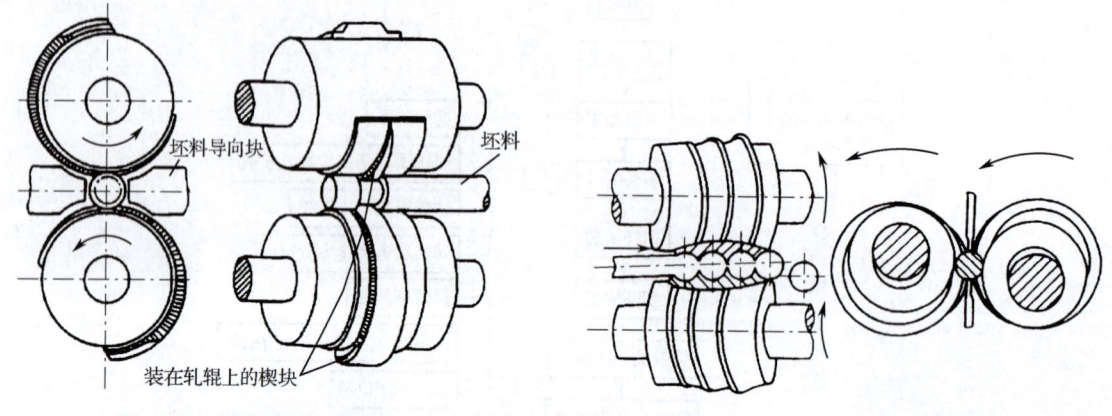

图 5-16 楔横轧轧制示意图

图 5-17 斜轧钢球示意图

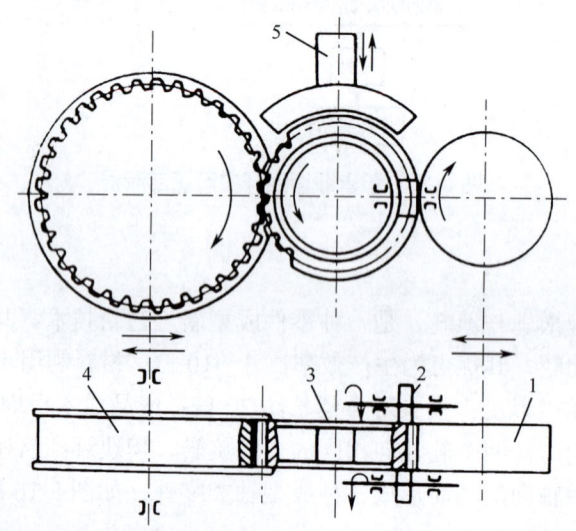

1—齿轮顶面平轧辊；2—齿轮侧面平轧辊；3—齿坯；4—齿轮主轧辊；5—感应加热器。

图 5-18 横轧齿轮示意图

5.3.3 汽车锻件应用

汽车发动机所使用的曲轴、连杆、凸轮轴，前桥所需的前梁、转向节，后桥使用的半轴、半轴套管、传动齿轮，悬挂中的支架等皆是锻件。按质量计算，汽车上的锻件质量占总车质量的 17%～19%，对一般汽车而言，锻件有 50 多种。

楔横轧典型汽车零件有汽车中的变速箱一轴、二轴、中间轴、后桥主动轴、转向球销与拉杆、四联齿轮、吊耳轴、半轴等，发动机的一缸至六缸凸轮轴、启动轴等，油泵的二缸至六缸凸轮轴、齿轮轴等。

斜轧典型汽车零件有 $\phi 25\text{mm} \sim \phi 50\text{mm}$ 轴承钢球、圆柱、圆锥、球面滚子、汽车二联与四联齿轮、球销、内燃机摇臂、电力挂环、锚钩等。

横轧齿轮被广泛应用于汽车传动系统和控制系统中。

5.4 冲压工艺

5.4.1 冲压定义

冲压加工是借助常规或专用冲压设备的动力，使板料在模具里直接受到变形力并产生变形或分离，从而获得一定形状、尺寸和性能零件或毛坯的一种加工方法。板料冲压的基本工序有冲裁、弯曲、拉深、成型等。冲压工艺（冲压设备）、冲压模具和冲压材料构成冲压加工的三要素。

板料冲压分为冷冲和热冲两类。冲压工件的制造工艺水平和质量在较大程度上对汽车制造质量和成本有直接的影响。汽车上的冲压件具有尺寸大、形状复杂、配合精度及互换性要求高、外观质量要求高等特点。

5.4.2 冲压工艺原理

传统的冲压成型技术正向精密、多功能、高效节能、安全清洁的生产方向发展。在常规冲压技术基础上发展成的新冲压技术有复合冲压、智能化冲压、高强度钢冲压、绿色冲压等。

复合冲压是指冲压工艺同其他加工工艺的复合，如冲压与电磁成型的复合，冲压与冷锻的结合，冲压与机械加工的复合等。

1. 智能化冲压

智能化冲压是控制论、信息论、数理逻辑、优化理论、计算机科学与板料成型理论有机结合而产生的综合性新技术。

板料成型的智能化是冲压成型过程自动化及柔性化加工系统等新技术发展的更高阶段。根据被加工对象的特性，利用易于监控的物理量，在线识别材料的性能参数，预测最优的工艺参数，并自动以最优的工艺参数完成板料的冲压。典型的板料成型智能化控制的四要素为实时监控、在线识别、在线预测、实时控制加工。智能化冲压是解决汽车模具开发中所面临的许多问题的有效途径，在汽车零件冲压生产中已经得到了一定程度的应用。

2. 绿色冲压

绿色冲压是人类可持续发展战略在现代冲压中的具体体现，它包括模具设计、制造、维修及生产应用等各个方面。绿色设计是指在模具设计阶段就将环境保护和减小资源消耗等措施纳入产品设计中，将可拆卸性、可回收性、可制造性等作为设计目标并行考虑，并保证产品功能、质量寿命和经济性。绿色制造是指在模具制造中采用绿色制造。

激光再制造成型技术是以适当的合金粉末为材料，在具有零件原形的 CAD 或 CAM（Computer Aided Manufacturing，计算机辅助制造）软件的支持下，采用计算机控制激光头修复模具。其具体过程是当送粉机和加工机床按指定空间轨迹运动时，光束辐射与粉末输送同步，使修复部位逐步熔敷，生成与原形零件近似的三维体，且其性能可以达到甚至超过原基材水平，这种方法在冲模修复（尤其是在覆盖件冲模修复）中用途最广。

现代汽车冲压件的技术要求朝着结构复杂、分块尺寸增大、相关边的零部件增多、承载能力变大和内应力限制严格等方向发展。这要求并促进特种冲压成型技术（如液压成型技术、精密成型技术、爆炸成型技术、旋压成型技术、激光成型技术和电磁成型技术）的发展。下面介绍几个常用的成型技术/工艺。

1）液压成型技术（液压冲压成型工艺）

液压冲压成型工艺是一种新工艺，它是一种依托液体高压作用与模具形腔相配合，最终使金属坯料成型出复杂变截面构件的先进制造技术。按使用坯料的不同，液压冲压成型工艺可以分为板材液压成型、壳体液压成型和管材液压成型三种不同的类型。

液压冲压成型工艺包括板料液压胀形、橡胶囊板料液压胀形、板料液压拉延、双板成对液压成型、管类工件液压成型等，可以成型结构与形状十分复杂的各类工件，在汽车车身冲压工艺中得到了广泛的应用。

（1）板料液压胀形的工艺原理。

板料液压胀形的工艺原理为用流体介质充当凸模，在液体压力的作用下，板料贴靠模腔而成型，如图5-19所示。其特点是在液体压力作用下板料在模具约束下成型，可以生产复杂的中空类冲压件。

（2）橡胶囊板料液压胀形的工艺原理。

橡胶囊板料液压胀形的工艺原理为利用橡胶囊作为弹性凹模或凸模，用液压油作为压力传导介质，实现板材零件的成型，即在成型过程中有一个橡胶隔膜将液体介质与板料隔开，凹模被省略，如图5-20所示。由于橡胶在成型过程中始终紧贴零件，因此零件表面无擦伤痕迹，并且在高压和摩擦力作用下，材料的塑性可以得到充分发挥，零件的回弹小，贴膜效果好，厚度变化比较均匀，材料内部损伤率降低，可以明显地提高工件成型质量和结构的可靠性，适合复杂汽车覆盖件的冲压成型。

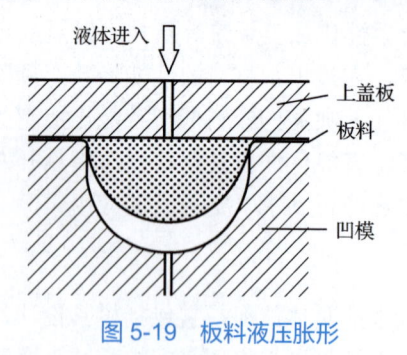

图5-19 板料液压胀形

图5-20 橡胶囊板料液压胀形

2）汽车车架冲压成型工艺

汽车车架主要由纵梁、横梁和连接部件组成，其中，纵梁是汽车中单体质量最大的冲压件，乘用车和小型车辆大多采用箱形结构，商用车及其他车辆大多采用U形结构，少数重型车辆采用Z形结构；横梁的结构更加多样化，主要有箱形、U形、Z形、工字形等；纵、横梁的连接有直接焊接、铆接和螺纹连接，为了提高车架的强度和扭转刚度，避免纵、横梁连接处的应力集中，常在纵、横梁连接处增加专门设计的形状各异的连接板。

汽车车架冲压成型工艺的内容主要包括冲孔、弯曲、修边与整形。由于车型的不同，车架结构存在一定的差异，尽管工艺内容没有太大的差异，但工艺方法、工艺过程却有所不同。

（1）承载式车身乘用车前、后纵梁冲压成型工艺。

为了提高强度和刚度，承载式车身乘用车前、后纵梁大多采用由冲压成型的纵梁与车身其他冲压构件一起用焊接的方式构成的箱形结构。纵梁冲压成型工艺的内容包括冲孔、拉弯、侧冲孔、翻边、整形、切边等，如图5-21所示。

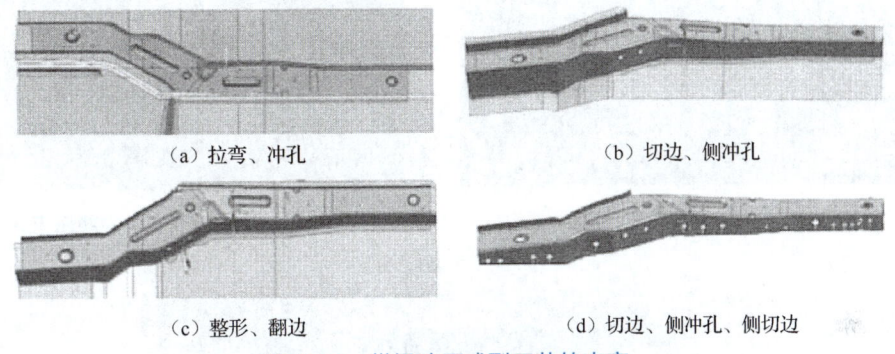

(a) 拉弯、冲孔　　(b) 切边、侧冲孔
(c) 整形、翻边　　(d) 切边、侧冲孔、侧切边

图 5-21　纵梁冲压成型工艺的内容

由于纵梁的形状比较复杂，在成型过程中不同部位材料所受应力的大小和应力状态各不相同，拉应力特别大的部位容易开裂，压应力特别大的部位容易起皱，因此在纵梁结构设计及冲压模具设计时应特别注意。

（2）非承载式车身商用车纵梁成型工艺。

非承载式车身商用车纵梁成型工艺有很多种，其中使用较多的成型工艺主要有整体冲压成型和"辊压+折弯+整形"成型两种。

3）激光快速成型技术

利用激光束扫描金属板材诱发的内部非均匀分布的热应力，使板材发生局部塑性屈服，从而使板材产生一定角度的弯曲变形。激光加热弯曲成型是基于材料的热胀冷缩特性，利用高能激光束扫描金属薄板表面，进而在热作用区产生强烈的温度梯度，导致产生非均匀分布的热应力，从而使金属板材发生塑性变形的工艺方法。

激光快速成型（Laser Rapid Prototyping，LRP）技术是将CAD、CAM、CNC（Computer Numerical Control，计算机数字化控制）、激光、精密伺服驱动和新材料等先进技术集成的一种全新制造技术。与传统制造方法相比，其具有原型的复制性、互换性高；制造工艺与制造原型的几何形状无关；加工周期短、成本低，一般制造费用降低50%，加工周期缩短70%以上；高度技术集成，可实现设计制造一体化的特点。激光快速成型技术多用于冲压模具和汽车零件的制造。

5.4.3　汽车冲压件应用

在汽车制造中，有60%～70%的金属零部件属于冲压生产件，汽车车身上的各种覆盖件、车内支撑件、结构加强件,还有大量的汽车零部件,如发动机的排气弯管及消声器,空心凸轮轴,油底壳,发动机支架,框架结构件,横纵梁,小轿车的车身,车架及车圈等都是冲压件。图 5-22 所示为冲压生产现场。图 5-23 所示为汽车生产中的冲压工艺。图 5-24 所示为液压成型的汽车悬架扭力梁与摆臂。

图 5-22　冲压生产现场

图 5-23　汽车生产中的冲压工艺

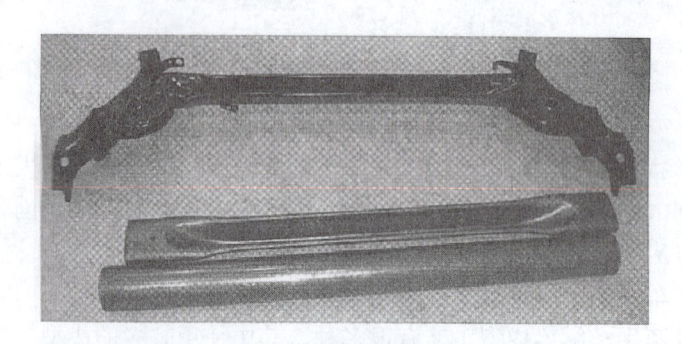

图 5-24　液压成型的汽车悬架扭力梁与摆臂

将激光快速成型技术与传统的模具制造技术相结合,可以大大缩短模具制造的开发周期,提高生产率,是解决模具设计与制造薄弱环节的有效途径。激光快速成型技术在模具制造方面的应用可分为直接制模和间接制模两种。直接制模是指采用激光快速成型技术直接堆积制造出模具;间接制模是先制出快速成型零件,再由零件复制得到所需要的模具,多用于制造单件和小批量金属零件。

随着新一代信息通信、新能源、新材料等技术与汽车产业的融合,汽车产品正进一步向电动化、智能化、网联化、轻量化方向发展。

5.5　焊接工艺

5.5.1　焊接定义

焊接是利用加热或加压使分离的两部分金属实现原子间的互相扩散,从而形成原子间结合的过程。

连接件不仅具有性能好、质量轻、省时省料、成本低的优点，而且可以同时联结两种不同的金属，实现以小拼大，简化铸造、锻压和切削工艺。焊接是永久性连接的一种方式，根据焊接过程的特点，焊接可分为熔化焊、压力焊和钎焊三大类。根据材料、板厚、位置不同，采用不同的焊接方法。

5.5.2 焊接工艺原理

1. 电阻焊

电阻焊是属于压力焊的一种焊接工艺。电阻焊是将被焊工件置于两电极之间进行加压，并在焊接处通以电流，利用电流流经被焊工件接触面及其邻近区域产生的电阻热将被焊工件加热到熔化或塑性状态，使之达到金属结合而形成牢固接头的工艺过程。由于焊接所需要的热来自电流通过被焊工件焊接处的电阻时产生的热量，因此将其称为电阻焊。电阻焊有点焊、凸焊、缝焊、对焊等多种不同的焊接方式，如图 5-25 所示。

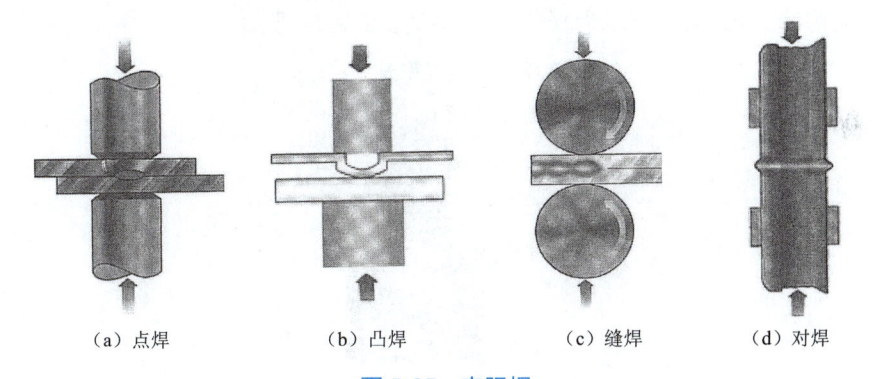

(a) 点焊　　(b) 凸焊　　(c) 缝焊　　(d) 对焊

图 5-25　电阻焊

2. 激光焊接

激光焊接是一种利用高能密度的激光束将两个或多个金属或非金属材料局部加热至熔化或部分熔化状态，随后快速冷却固化，从而实现连接的一种先进的熔化焊工艺。

激光焊接的工作原理：激光是一种受激辐射光，是强度非常高、方向非常好的单色光，可以通过光学系统使它聚焦成一个极小的光斑，从而获得极高的能量密度和 10000℃ 以上的温度。经过光学系统将激光束聚焦在待焊接的材料表面，使材料表面产生强烈的热效应，材料迅速升温至熔点或沸点，形成一个熔池。激光束沿着预定的轨迹移动，使熔池沿着焊缝方向延伸，同时由于表面张力和毛细作用，相邻的材料会向熔池内流动。将激光束移开后，熔池迅速冷却固化，形成一个均匀、致密、强度高的焊缝。图 5-26 所示为激光焊接场景。

激光焊接的特点：激光焊接的能量密度可达 $10^4 \sim 10^{12} \text{W/cm}^2$，可以实现高速、高质量、深熔透的焊接；由于激光束的聚焦直径小、移动速度快、加热时间短，因此激光焊接对材料的热影响区很小，可以减少材料的变形、裂纹、氧化等；激光焊接适用于各种金属和非金属材料，包括不同种类和不同厚度的材料，也可以实现异种材料之间的焊接。

图 5-26 激光焊接场景

3. 真空电子束焊接

真空电子束焊接也属于熔化焊焊接新工艺。真空电子束焊接是一种利用电子束作为热源的焊接工艺，它利用定向高速运动的电子束流撞击工件，使动能转化为热能，进而使工件熔化，最终形成焊缝。图 5-27 所示为真空电子束焊接工艺原理图。

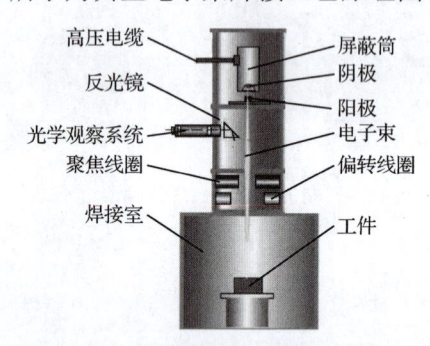

图 5-27 真空电子束焊接工艺原理图

当电子束发生器中的阴极加热到一定的温度时会逸出电子，电子在高压电场中被加速，随后通过电磁透镜（即聚焦线圈产生的磁场）聚焦形成能量密集度极高的电子束，当电子束轰击焊接表面时，电子的动能大部分转变为热能，进而使焊接件结合处的金属熔融，当被焊工件移动时，会在焊接件结合处形成一条连续的焊缝。对于真空电子束焊机，要焊接的工件一般装夹在可直线移动或旋转的工作台上，工作台置于真空室中。

5.5.3 汽车焊接件应用

汽车车身焊接通常称为焊装，是将车身冲压零件组装并焊接成符合产品设计要求的白车身的工艺过程。汽车车身的焊接方法以电阻焊居多，使用电阻焊进行焊接的焊接件一般占焊接件总量的 90% 以上，焊接方式主要是点焊和凸焊。凸焊是一种能够同时进行多点焊接的高效率焊接法，可代替电弧焊、钎焊等工艺，这种工艺的加工速度快，且除电力外无其他消耗。除电阻焊外，汽车还采用熔化焊、钎焊和特种焊。

汽车零部件中有很多焊接件。汽车整装需要机器人焊接。汽车底盘件是汽车的重要结构安全件，其焊接质量对汽车的安全性起决定作用，因此大多采用机器人来焊接。图 5-28 所示为汽车车身焊装作业区与焊接工艺流程。图 5-29 所示为汽车车身焊接现场。

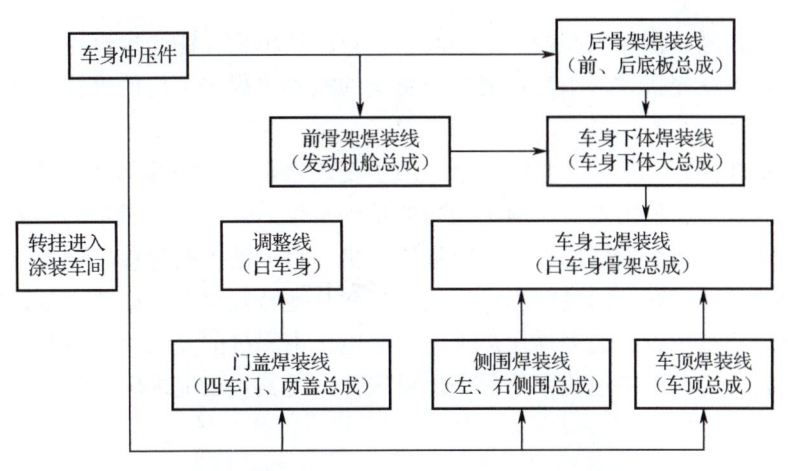

图 5-28　汽车车身焊装作业区与焊接工艺流程

图 5-29　汽车车身焊接现场

焊接机器人是从事焊接的工业机器人。工业机器人是一种可编程和自动化的多功能操作机，它能通过编程和自动化控制来执行作业或移动任务。为了适应不同的用途，机器人最后一个轴的机械接口通常是一个连接法兰，可接装不同工具。图 5-30 所示为汽车座椅、座盆焊接机器人系统。图 5-31 所示为汽车后桥的焊接。

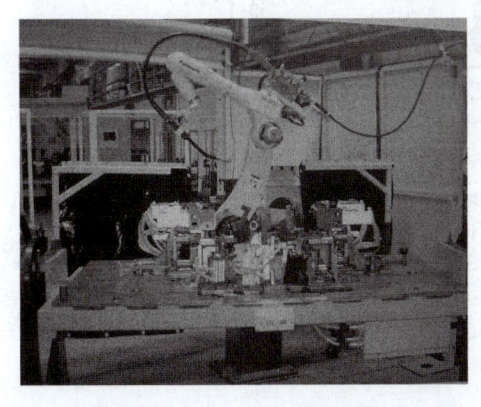

图 5-30　汽车座椅、座盆焊接机器人系统　　　　图 5-31　汽车后桥的焊接

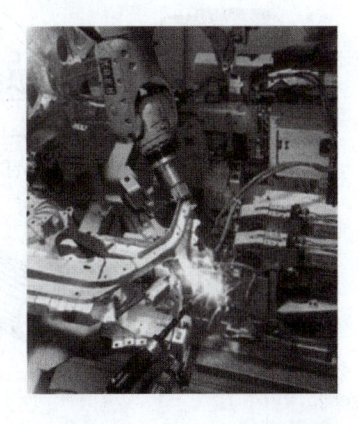

激光焊接在航空航天、汽车制造、电子通信、医疗器械等领域有着广泛的应用，全球范

围内的剪裁坯板料激光拼焊生产线超过 100 条，年产轿车构件激光拼焊坯板材料 7000 万件，其中有不等厚板的激光拼焊，车身总成与分总成的激光阻焊，车门的焊接，以及汽车零部件的激光焊接等。

真空电子束焊接在汽车领域中的应用：用于变速器、驱动轴等部件的焊接；为了提高车辆变速时的性能及延长使用寿命，用于齿轮的精确定位的焊接；为了帮助车辆有效管理和分配热量，常用于制造热交换器的部件、空调压缩机、蓄电池等的焊接。总之，电子束焊接不仅适用于传统的金属材料，而且能用于焊接铝材和其他特殊材料，如钛合金、铝合金和不锈钢等，以适应现代汽车设计的多样化需求。真空电子束焊接的高精度、高能量密度和热影响区小的特点使其成为汽车制造业中的一个重要选择，尤其是在追求轻量化和高性能的车辆设计中。

5.6 机械加工工艺

5.6.1 金属切削加工定义

金属切削加工是指利用刀具将金属毛坯逐渐切削，以得到所需要的形状、尺寸和表面粗糙度的零件的加工方法。钳工是指工人用手工工具进行切削的加工过程。机械加工是指用机械手段制造产品的过程。

5.6.2 切削加工工艺原理

1. 金属切削加工

金属切削加工包括机械加工和钳工两种，是汽车零件生产过程中必不可少的加工工艺。机械加工利用机床、刀具完成对工件的切削，常用的机床有车床、铣床、钻床、磨床等。图 5-32 所示为机械加工示意图。

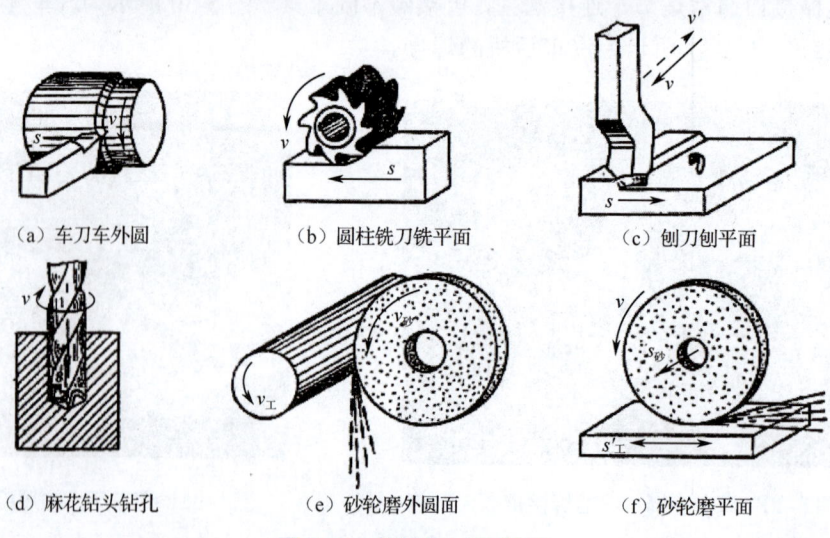

(a) 车刀车外圆　(b) 圆柱铣刀铣平面　(c) 刨刀刨平面

(d) 麻花钻头钻孔　(e) 砂轮磨外圆面　(f) 砂轮磨平面

图 5-32　机械加工示意图

2. 滚齿加工

齿轮是汽车变速器的主要零件。齿轮的加工方法有很多，常用的有滚齿加工、插齿加工、剃齿加工、磨齿加工、珩齿加工等。随着技术的发展，数控滚齿机、数控插齿机、数控珩齿机等齿轮加工技术的应用越来越广泛。齿轮加工的新工艺还有粉末冶金成型、激光切割成型等。

滚齿加工是在滚齿机上进行的，滚刀的法向为齿条齿形，其工作原理如图 5-33（a）所示，在相互啮合时齿条牙齿与被切齿轮渐开线齿形的相对位置不断发生变化，齿条牙齿侧面的运动轨迹正好形成齿轮的渐开线齿形。滚齿机使用的刀具如图 5-33（b）所示。图 5-34 所示为齿轮加工场景。

数控滚齿机（见图 5-35）适用于成批、小批及单件生产加工圆柱齿轮和蜗轮，也适合一定参数的鼓形齿轮加工。在加工圆柱齿轮时可采用逆铣滚切和顺铣滚切，采用轴向进给或垂直进给的方法加工出全齿宽。数控滚齿机滚切普通蜗轮是采用径向进给的方法进行加工的。

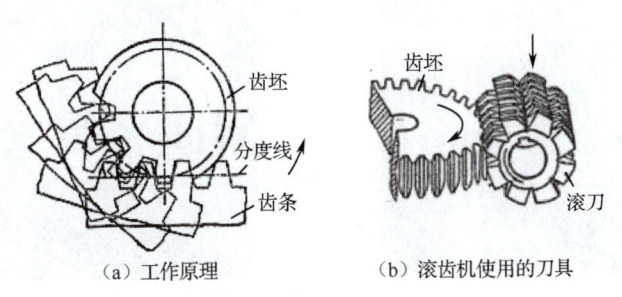

（a）工作原理　　（b）滚齿机使用的刀具

图 5-33　滚齿加工

图 5-34　齿轮加工场景　　图 5-35　数控滚齿机

3. 加工中心

加工中心是一种从数控铣床发展而来的高度集成的数控机床，它可以在一个工作台上完成多种加工操作，如铣削、钻孔、镗削和攻丝等。加工中心与数控铣床的最大区别在于加工中心具有自动交换加工刀具的能力，可在一次装夹中通过自动换刀装置改变主轴上的加工刀具，实现多种加工功能。加工中心主要加工的汽车发动机零件有缸体、缸头、曲轴、连杆等。

加工中心按主轴在空间的位置可分为立式加工中心与卧式加工中心。主轴可做垂直和水平转换的加工中心称为立卧式加工中心或五面加工中心。加工中心具有的复杂的功能决定了加工中心程序编制的复杂性。加工中心能实现三轴或三轴以上的联动控制,以保证刀具进行复杂表面的加工。加工过程具有图形显示、人机对话、故障自动诊断、离线编程等功能。

5.6.3 汽车机床加工件应用

在发动机气缸体、气缸盖及变速器壳体等零件的加工过程中,使用了高速加工中心和专用机床,如珩磨机、精镗机床、精铣机床等。图 5-36 所示为镗床加工缸体。

曲轴加工生产主要设备有数控车床、内铣床、高速外铣床、车-车拉数控机床、高效柔性两端孔钻床、磨床、抛光机床、圆角滚压机床、动平衡机等。图 5-37 所示为车曲轴生产过程。

图 5-36 镗床加工缸体

图 5-37 车曲轴生产过程

齿轮加工机床有数控滚齿机、数控插齿机、数控珩齿机、数控磨齿机、立式拉床、内圆端面磨床、综合检查机等。为实现高精度、高生产率、高质量的生产,齿轮加工技术正在向数控化、高速高效化、功能复合、绿色环保、智能化的方向发展。

以大批量生产为特征的汽车零件的机械加工,经过了从普通机床到专用机床、组合机床,再到数控机床、加工自动生产线、加工中心的发展。现在汽车零件的机械加工自动化水平很高,一般都采用计算机控制的全自动生产线和数控机床,只有个别辅助工序由工人操作。

1. 案例 1:连杆加工工艺路线

在连杆的大批量生产中,为实现工序自动化,需要尽量使工序集中以提高生产率,并要合理地保证零件的几何形状、尺寸精度及位置精度等技术要求,同时考虑生产的经济性,降低生产成本。

根据机加工"先粗后精、先主后次、先面后孔、基面先行"的顺序原则,对连杆加工进行合理的工艺路线的设计,主要是确定加工工序及其内容,同时根据机床设备及相关工艺装备的选择方法选择合适的加工设备与相应的工艺装备。连杆如图 5-38 所示,连杆加工工艺流程如图 5-39 所示。

(a) 主视图

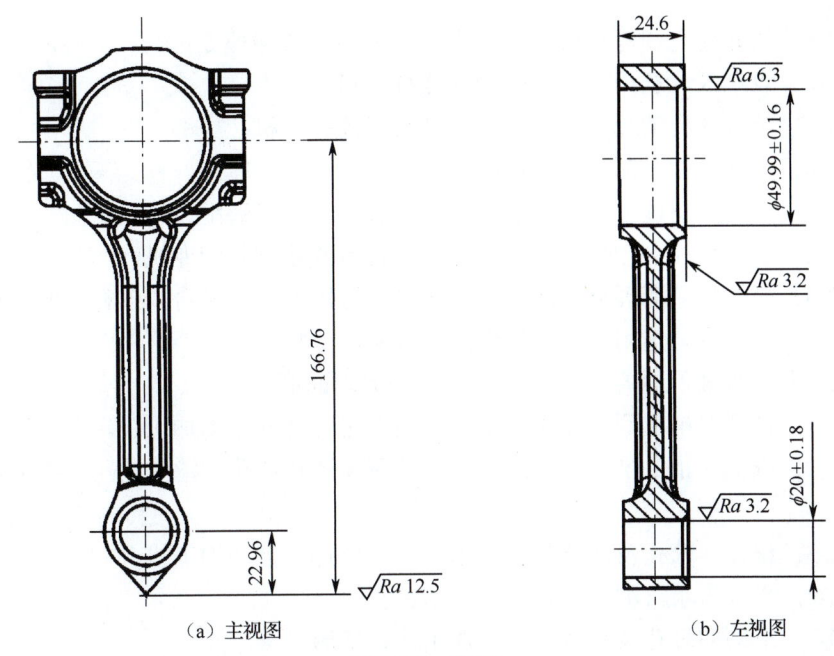

(b) 左视图

图 5-38　连杆

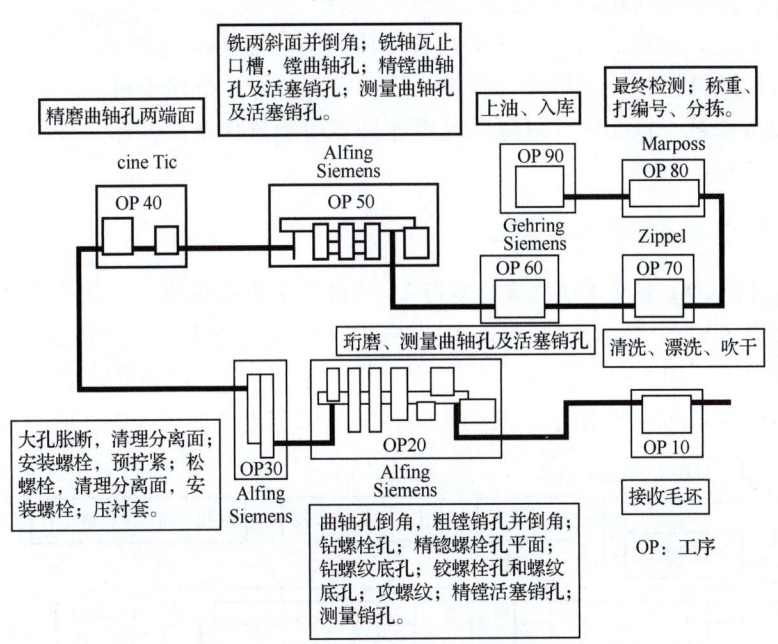

图 5-39　连杆加工工艺流程

连杆加工工艺路线（含工序内容及选择的加工设备）如下。

工序 10：接收毛坯。

工序 20-1：曲轴孔倒角，粗镗活塞销孔并倒角。选用 8 工位转台式连杆专机。

工序 20-2：钻螺栓半孔。选用 8 工位转台式连杆专机。

工序 20-3：精铣螺栓孔平面。选用 8 工位转台式连杆专机。

工序 20-4：钻螺纹底孔通孔。选用 8 工位转台式连杆专机。

工序 20-5：铰螺栓孔和螺纹底孔。选用 8 工位转台式连杆专机。

工序 20-6：攻螺纹。选用 8 工位转台式连杆专机。

工序 20-7：精镗活塞销孔。选用 8 工位转台式连杆专机。

工序 20-8：尺寸检验，测量活塞销孔。

工序 30-1：胀断，清理分离面。选用 4 工位转台式连杆装配专机。

工序 30-2：安装螺栓，预拧紧。选用 4 工位转台式连杆装配专机。

工序 30-3：松螺栓，清理分离面，安装螺栓。选用 4 工位转台式连杆装配专机。

工序 30-4：压衬套。选用 4 工位转台式连杆装配专机。

工序 40：精磨曲轴孔两端面。选用卧式数控双端面磨床。

工序 50-1：铣活塞销孔两斜面并倒角。选用 4 工位连杆自动加工线。

工序 50-2：铣轴瓦止口槽，精磨曲轴孔两端面及活塞销孔，镗曲轴孔。选用 4 工位连杆自动加工线。

工序 50-3：精镗曲轴孔及活塞销孔。选用 4 工位连杆自动加工线。

工序 50-4：尺寸检验，测量曲轴孔及活塞销孔。

工序 60-1：珩磨曲轴孔及活塞销孔。选用连杆珩磨专机。

工序 60-2：测量曲轴孔和活塞销孔。

工序 70：清洗、漂洗、吹干。选用连杆专用高清洁度清洗机。

工序 80-1：最终检测。选用连杆专用测量称重、打标、分组专机。

工序 80-2：称重、打编号、分拣。选用连杆专用测量称重、打标、分组专机。

工序 90：上油、入库。

2. 案例 2：发动机缸体加工工艺

发动机缸体的加工通常采用方案，即将 2～4 台加工中心组成一个加工模块，而一条发动机缸体生产线由 3～5 个加工模块组成，由交换工作台将工件送入加工中心。如某轿车发动机缸体的生产线由三个加工中心模块、上、下缸体合装，清洗，检测等辅助工位组成。发动机缸体加工工艺过程如图 5-40 所示。发动机缸体加工工艺内容如表 5-2 所示。

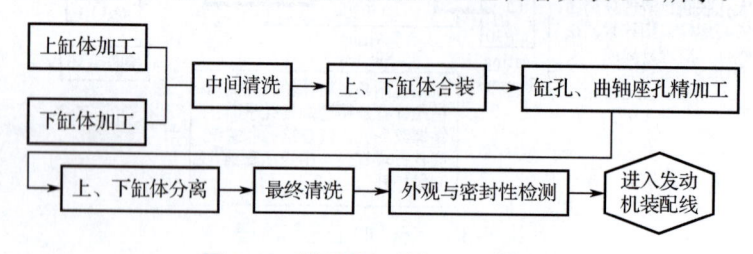

图 5-40 发动机缸体加工工艺过程

表 5-2 发动机缸体加工工艺内容

工艺名称	工艺内容
上、下缸体加工	气缸孔、曲轴座孔的粗加工，其他所有的平面、凸台、光孔、螺纹孔、油孔的终加工均在此加工中心模块完成
中间清洗	使用高压水喷淋清洗

续表

工艺名称	工艺内容
上、下缸体合装	将上、下缸体合装，装气缸套和曲轴轴瓦盖
缸孔、曲轴座孔精加工	缸孔的精加工采用平顶珩磨工艺，平顶珩磨分为三个阶段（或三个工序），分别为粗珩、精珩和平顶珩；曲轴座孔的精加工可以有多种不同的加工方法，如精镗、精拉、铰珩等
上、下缸体分离	将上、下缸体分开，以便能彻底清洗干净
最终清洗	采用喷淋和浪涌相结合的清洗方式，保证良好的清洗效果
外观与密封性检测	检测缸体的油道、水道的密封性，确保不漏气、漏水

在发动机缸体加工过程中，采用了两种先进的工艺，即铰珩工艺和平顶珩磨工艺。

1）铰珩工艺

铰珩工艺是先进的孔加工工艺，主要特点在于铰珩珩磨头和实际铰珩过程。与传统珩磨工艺相比，铰珩珩磨头已事先设定到工件所要求的最终加工尺寸，因此铰珩的切削过程只需要经过 1~3 个往复行程即可完成。珩磨头每经过一个往复行程可去除厚度为 2~20μm 的金属层。经过铰珩后可提高孔的形状精度和公差等级一级，表面粗糙度值可达到 0.32μm，公差等级可达到 IT1。铰珩工艺最显著的特点是可以在一定程度上提高孔的位置精度。经过铰珩后的曲轴座孔可以显著地改善曲轴座孔与轴瓦钢背的贴合性。

铰珩工艺主要应用于内孔加工。按照珩磨轴的布置方式，铰珩可分为立式和卧式两种。珩磨条的胀开方式一般不采用液压方式，而采用机械方式，由于珩磨条需要充分冷却，因此一般采用内冷方式。

2）平顶珩磨工艺

平顶珩磨又称平台珩磨，是在对已磨合完的发动机缸孔表面进行微观分析和研究的基础上发展起来的新工艺。由于其磨出的气缸孔表面的网纹呈光滑的平台状（微观形貌），而不是尖峰，气缸孔的表面就像是经过了磨合行驶一样，因此可以减少或省掉磨合时间。

平顶珩磨一般分为三个阶段/工序，即粗珩、精珩和平顶珩。粗珩可修正和稳定精镗后的形状精度，此外还形成了一个基本的表面结构；精珩可使缸壁的宏观几何形状得到改善，并且表面的基本结构也被加工出来；平顶珩可使表面基本结构的表面尖峰在几秒钟内被珩磨掉，从而形成一个小平台，该平台就是所谓的平台支承表面，此表面非常光洁。因此，平顶珩磨不仅可以控制缸孔表面支撑度，还可以控制网纹的储油性能，即在提高缸孔抗磨能力的同时，充分保证对缸孔表面的润滑作用，从而改善发动机磨合性能，延长发动机使用寿命。

实现平顶珩磨的珩磨头的结构特点：在平顶珩磨刀具上安装两套不同的磨条，各自配有一套独立的涨刀装置。一套磨条是砂条，用于平台基本结构珩磨（即精珩）；另外一套磨条是磨石，用于将缸孔表面网纹磨成平台状。这种双进给的刀具也可以用于粗珩和精珩。

5.7 涂装工艺

5.7.1 汽车涂装

汽车的喷涂又称涂装。涂装质量（即漆面的外观、光泽和颜色）的优劣是人们直观评价汽车质量的重要依据。不管是新车制造还是旧车翻新、坏车修复，汽车的涂装都是一项很关键的工作。汽车涂装工艺一般分为涂装前金属的表面处理和涂装施工工艺两大部分。

5.7.2 涂装前金属的表面处理

表面处理是防锈涂装的重要工序之一。表面处理主要包括清除工件表面的油污、尘土、锈蚀，以及在进行修补作业时对旧涂料层的清除等，以改善工件的表面状态，还包括根据各种具体情况对工件表面进行的机械加工和化学处理，如磷化、氧化和钝化处理。

工艺流程：预脱脂→脱脂→热水洗→冷水洗→酸洗→冷水洗→中和→冷水洗→表面调整→磷化→冷水洗→热水洗→纯水洗→干燥。

可根据薄板冲压件的油、锈情况对上述工艺过程进行适当调整，如不用酸洗工序或不用预脱脂工序。脱脂和磷化是化学处理工艺中的关键工序，这两道工序直接影响工件化学处理的质量和防锈涂层的质量。工艺参数和相关辅助设备也是影响表面处理质量不可忽视的因素。

5.7.3 涂装施工工艺

涂装施工工艺根据汽车类型的不同而各有特点和侧重点。

载重汽车的主要涂装件是前部驾驶室，涂装要求最高，其他部件（如车厢、车架等）的涂装要求比前部驾驶室的低。

轿车和小型旅行车在表面装饰性或底层保护性方面的要求高于载重汽车和客车。轿车和小型旅行车的表面涂层属于一级装饰精度，具有美丽的外观，光亮如镜或光滑的表面，无细微的杂质、擦伤、裂纹、起皱、起泡及肉眼可见的缺陷，并具有足够的机械强度。底面涂层属于优良保护层，具有优良的防锈性和防腐蚀性及很强的附着力，在局部或全部刮涂附着力好、机械强度高的腻子后，使用数年也不会出现锈蚀或脱落等现象。图 5-41 所示为喷涂机器人喷涂生产场景。

图 5-41 喷涂机器人喷涂生产场景

5.7.4 汽车涂装工艺应用

汽车制造从制造各个零部件开始，之后把各个零部件装配、焊接成整体。汽车的涂装要根据制造的环节与零部件制造平行涂装，使它们装配成整车后不会出现不能涂装或很难涂装的部位，避免造成遗漏或不符合要求的涂装而影响汽车产品的质量。

汽车涂装工序分为底漆、中涂和面漆三部分。汽车涂装工艺是汽车涂装五要素（即涂装材料、涂装工艺、涂装设备、涂装环境和涂装管理)之一,是充分发挥涂装材料的性能、获得优质涂层、降低涂装生产成本、提高经济效益的必要条件。汽车涂装工艺包括所用涂装技术的先进性与合理性、涂装工具与设备的先进性和可靠性、涂装施工人员的技能与素质及涂装环境条件等。图 5-42 所示为涂装自动生产线。

图 5-42 涂装自动生产线

5.8 总装工艺

装配线是人和机器的有效组合,最能充分体现设备的灵活性,它将输送系统、随行夹具与在线专机、检测设备有机组合,以满足多品种产品的装配要求。

5.8.1 总装线

汽车总装是汽车全部制造过程的最终环节,是把经检验合格的数以万计的零部件,按照一定的装配工艺、技术要求和装配精度组合成机器总成,并进行最终的检测程序,确保合格的工艺过程。图 5-43(a)所示为汽车总装工艺流程图,图 5-43(b)所示为汽车底盘装配工艺流程图。

(a)汽车总装工艺流程图

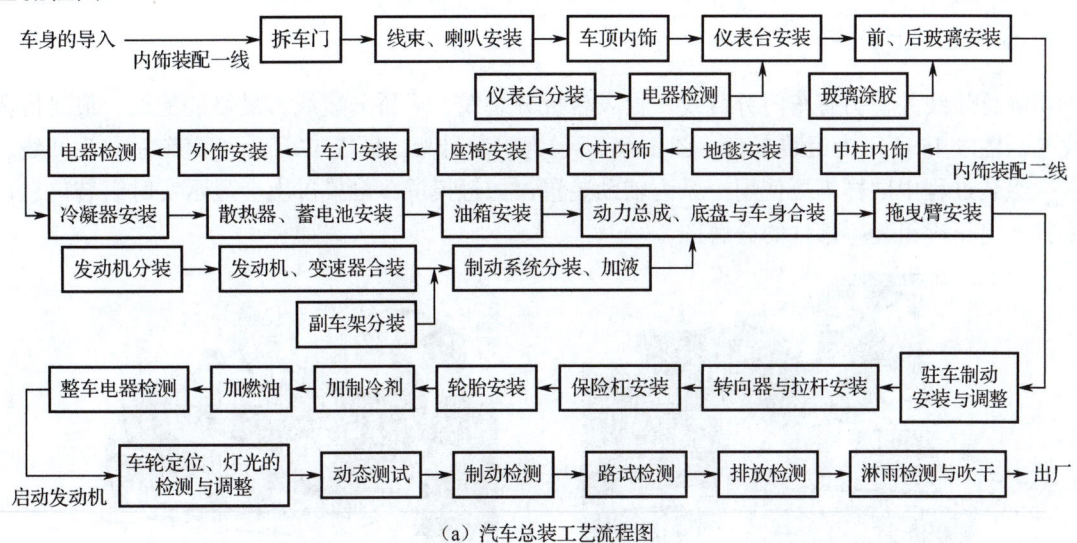

图 5-43 汽车总装工艺流程图和底盘装配工艺流程图

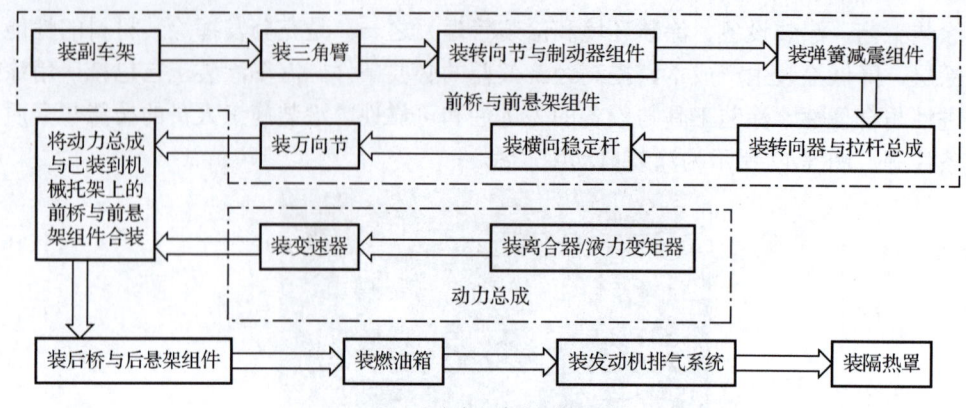

(b) 汽车底盘装配工艺流程图

图 5-43　汽车总装工艺流程图和底盘装配工艺流程图（续）

总装发动机装配线如图 5-44（a）所示。底盘装配线如图 5-44（b）所示，将底盘放置在旋转台上，用以减轻或消除物理性应力对装配线工人的伤害。

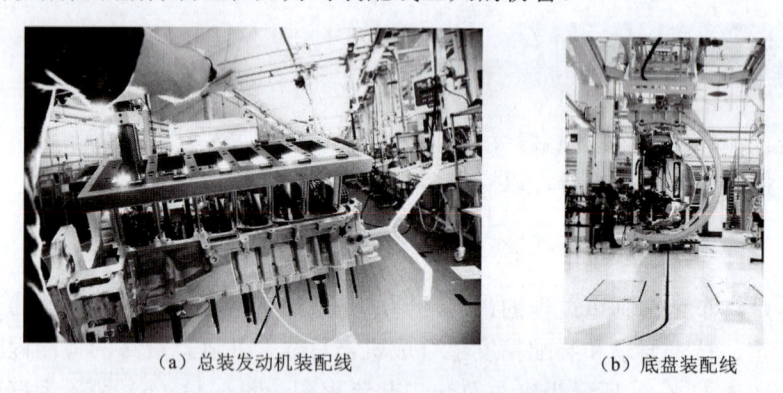

(a) 总装发动机装配线　　　(b) 底盘装配线

图 5-44　总装发动机装配线和底盘装配线

5.8.2　分装线

除总装线外，另有车门分装线、仪表台板分装线、后桥分装线、最终装配线、最终检测线等。图 5-45 所示为组装车身。图 5-46 所示为组装悬架。图 5-47 所示为汽车总装生产线。

组装过程中同样需要使用一系列辅助装置，如触摸屏。触摸屏上会显示实时组装信息，提供如何正确组装零部件的分解图。

图 5-45　组装车身 　　　图 5-46　组装悬架

图 5-47 汽车总装生产线

5.8.3 装饰线

汽车装配的特点是零件种类多、数量大、作业内容复杂，除装配发动机、传动系、车身、悬架、车轮、转向系、制动系、空调装置外，还需要组装大量的内外饰件、电器、线束、软管、硬管、玻璃等，同时需要加注各类油液。

将车门从车身上拆下后，就可以非常方便地进行车内线束和内饰的安装了。为了提高效率、尽可能减小人为因素对汽车装配质量的影响，在汽车总装过程中，需人工调整的内容越来越少，除门锁、铰链、车轮定位参数、车灯等极少数内容需要人工调整外，其他绝大多数装配项目的装配质量由设备和工装来保证。

技术娴熟的工人们将线束放入指定位置，巨大的皮革和成卷的复合材料被裁剪成指定形状，最终变身为座椅面、传动轴盖板和车顶衬。图 5-48 所示为汽车装配场景。

(a) 装配内饰

(b) 检查轮窝

(c) 为车身覆盖一层保护性塑料壳

(d) 高压灭菌器

图 5-48 汽车装配场景

汽车总装的工作量占全部工作量的 20%～25%。良好的装配工艺对保证汽车产品质量水平、降低生产成本和提高劳动生产率起到重要作用。

5.9 汽车检测

为了确保汽车产品质量，汽车厂家在汽车制造过程中对每道工序的作业内容、操作方法和工艺要求均做出了详细与严格的规定，并且采用了现代化高精度的生产设备，还进行了严格的检测。以白车身为例，其通常由 300 多个钣金零件焊接而成，而钣金零件的焊接强度直接影响着车身的整体强度，因此，针对汽车焊缝质量的检测是整车生产加工中的重要步骤。

焊接及检测工序通常在专业的焊装车间内完成。针对焊缝质量的检测通常分为破坏性检测和无损检测两种，由于破坏性检测成本较高且仅能代表小样本，因此无损检测更具有优势。根据缺陷在焊缝中的位置，可分为外部缺陷和内部缺陷两种。内部缺陷通常通过射线、超声波探伤等方式检测；外部缺陷主要通过人工、机器视觉等方式检测，可检测尺寸不符合要求、咬边、虚焊、裂纹、飞溅等缺陷。除生产过程中工序的在线检测外，汽车在出厂前还要进行全面的检测和调试，以避免存在质量问题的汽车产品流入市场。

汽车出厂前的性能检测与调整包括室内台架检测和室外道路检测两部分。其中，室内台架检测常将具有各种不同检测功能的汽车检测设备组合在一起，用于汽车整车的性能检测，统称为汽车整车出厂检测系统。由于该检测系统采用的是流水式的检测方式，所以又被称为整车检测线。室外道路检测需在专门建设的试车场地上进行，因此将其称为场地测试或道路测试。

5.9.1 整车检测线

汽车出厂前需检测与调整的内容主要包括四轮定位参数的检测与调整、室内测功器检测、汽车前照灯的检测与调整、汽车制动性能检测、汽车行驶性能检测、汽车防雨密封性检测、汽车外观检测和汽车排放检测等。这些测试与调整的目的是保证成品车具有良好的安全性、可靠性、动力性、经济性、排气净化性和降噪污染性。图 5-49 所示为汽车测功器正在进行测试，图 5-50 所示为测试刹车和稳定性控制系统。

图 5-49 汽车测功器正在进行测试　　图 5-50 测试刹车和稳定性控制系统

5.9.2 外观检查

汽车是机电一体化产品，用户对其外观（如内饰、外饰、发动机舱的规整性等）的质量要求非常高。为了满足人们对汽车外观质量日益苛刻的要求，汽车在出厂前需要被放置在专门的外观检测间，以对汽车的内饰、外饰、发动机舱进行全面的检查。外观检测间对洁净程度及光照强度有专门的要求。

5.9.3 道路测试

道路测试内容广泛，主要包括汽车各总成部件的运行状况，是否有异响，发动机的工作温度，机油压力，发电机的发电量与充电特性，汽车启动、加速、制动、操纵性能，汽车维持直行的能力与转向回正特性，悬架的缓冲与减震特性，车轮是否摆正等。此外，还需要对汽车进行实际道路测试。在实际道路测试时，会在每辆车上覆盖一层保护性塑料，以保护车身免受碎石和公路上的碎片侵袭。驾驶舱几乎完全被棉纸覆盖，以确保完好无损。

汽车下线的道路测试与其他目的的道路测试的根本区别是其必须在极短的时间（5~10min）内完成测试。汽车下线的道路测试除少数项目（如汽车行驶跑偏采用固定式设备）固定安装在试车道上进行测试外，绝大多数项目仍采用最原始的人工主观评价方法进行测试。

5.10 智能制造汽车生产线

5.10.1 汽车工厂生产运作流程

互联网、移动互联网、物联网等新一代信息技术与制造业深度融合，推动着低成本感知、高速移动连接、分布式计算和大数据分析等技术在制造业的深入应用，促进制造业与生产模式的不断变革，使个性化定制生产与制造服务成为可能。

在智能工厂中，信息技术被用于对研发过程进行管理；对生产和制造工艺流程进行分析、验证和优化；对产品的功能、性能、智能进行模拟，以及全生命周期的服务支持；协调生产控制系统、生产管理软件和业务决策系统中的业务流程。此外，这些内部集成系统可以与基于互联网协议的其他系统相互作用，将智能化的范围由单个企业扩大到整个价值链。图 5-51 所示为基于物联网和服务互联网的智能工厂架构。

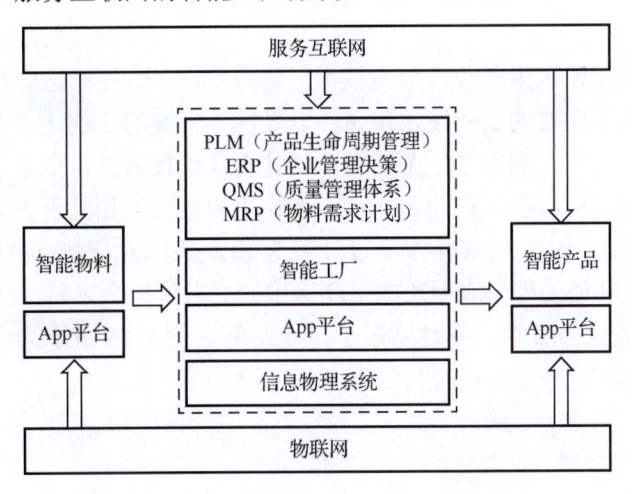

图 5-51 基于物联网和服务互联网的智能工厂架构

智能工厂由数字化智能制造车间组成。数字化智能制造车间由智能工艺装备系统、智能车间物流系统和智能车间生产信息系统三大系统组成。图 5-52 所示为汽车厂同步物流系统原理框图。

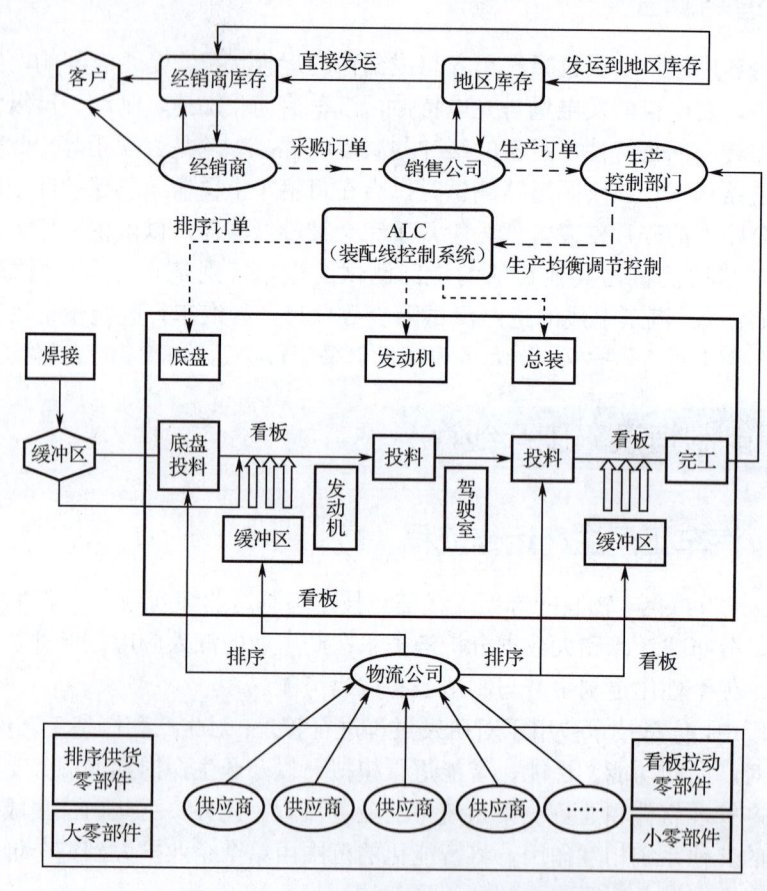

图 5-52 汽车厂同步物流系统原理框图

工业工程、自动化流水生产线、数控技术、精益生产、敏捷制造、高速加工制造、柔性生产技术及智能制造等主要的工业技术革命，以及汽车消费的个性化、多样化和品质化，是加快车型更新换代的前提。利用 5G 工业互联网计算广连接特性、数字孪生技术，企业缩短了生产周期，实现了面向订单生产的智能生产运作主要模式，如基于大量精密的模型算法，研发部门能够在 CAD 软件中完成方案设计及建模，并以对应的 CAE（Computer Aided Engineering，计算机辅助工程）应用在虚拟环境中完成对碰撞、风阻、NVH[①]等指标的测试，大幅节省了试制车测试的成本，同时缩短了研发时间。图 5-53 所示为汽车生产运作流程，图 5-54 所示为某一整车厂的业务流程。

---

① NVH 是噪声（Noise）、振动（Vibration）、声振粗糙度（Harshness）三者英文首字母缩写。

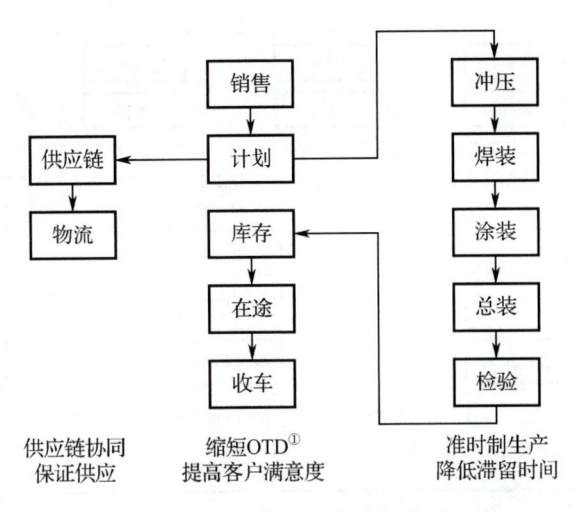

图 5-53 汽车生产运作流程

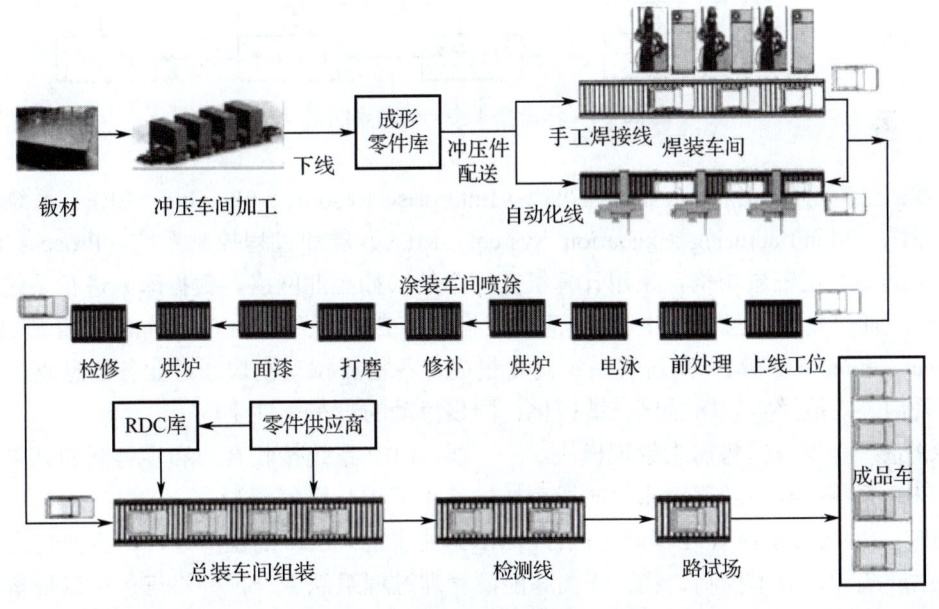

图 5-54 某一整车厂的业务流程

5.10.2 汽车生产信息系统整体框架

智能制造是从制造技术的角度，运用现代化的信息技术、新材料技术、柔性制造技术、物流技术、自动化技术与先进管理技术等，对产品结构和制造流程进行重构，把产品生产全部或部分转化为批量生产，以大批量生产的成本和速度为单个客户或小批量、多品种市场定制任意数量的产品。根据订单排产、单台混流的精益生产方式是目前汽车整车生产追求的一种较为理想的生产组织模式，其生产信息系统框架如图 5-55 所示。

---

① OTD 的英文全称为 Order To Delivery，即从订单签署到产品交付的实践周期。

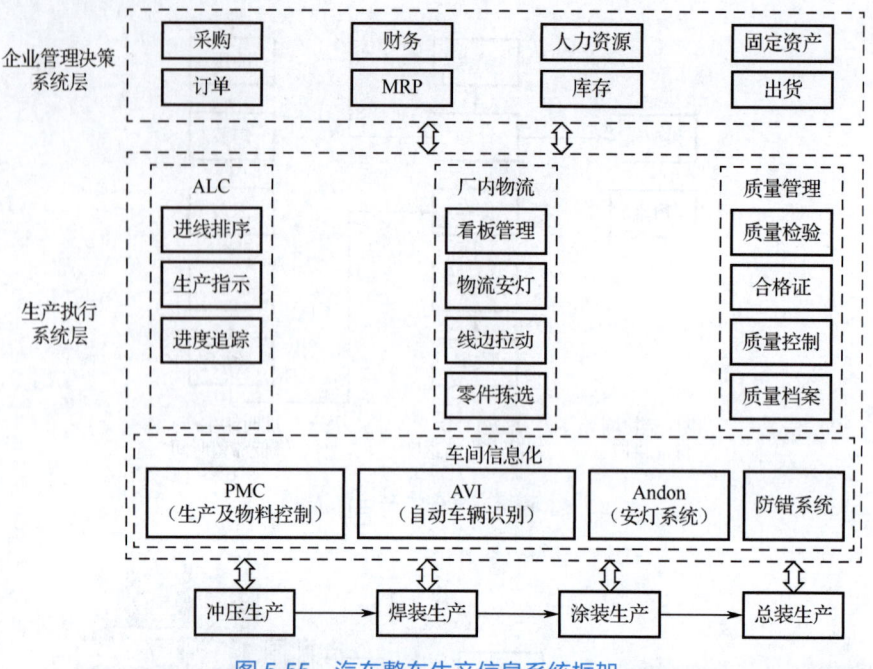

图 5-55　汽车整车生产信息系统框架

通常把生产过程归纳为企业管理决策（Enterprise Resource Planning，ERP）系统层、生产执行系统（Manufacturing Execution System，MES）层和过程控制系统（Process Control Systems，PCS）层三层结构，采用计算机支撑系统（如企业网络、数据库）进行系统集成。

整车厂通过物流信息拉动生产，信息集成模型由 ERP 系统、MES、产品数据管理（Product Data Management，PDM）系统等系统高度集成，各物流拉动模块通过业务信息驱动生产、物料、采购等功能，实现精益化、敏捷化、同步拉动的汽车柔性生产。

ERP 系统是整车销售需求管理模块。一方面，ERP 系统接收客户和零售商的订单；另一方面，ERP 系统接收市场部对未来时段市场的整车需求与销售预测。

MES 主要负责生产管理和调度执行。MES 关注整个工厂的生产过程，主要是通过生产调度、生产统计、成本控制、物料平衡和能源管理过程组织生产，并将信息加以采集、传递和加工处理，及时呈报企业管理信息系统，从而实现企业管理信息系统与过程控制系统之间数据的无缝连接与共享，实现产品与质量设计、统一计划与物流调度在生产全过程中的一体化。MES 的意义在于订单化柔性生产以满足市场需求，信息化生产控制以提高产品质量，减少库存以降低成本，其核心功能示意图如图 5-56 所示。生产现场信息控制点是整车制造 MES 控制流程的基础，MES 通过 AVI（Automatic Vehicle Identification，自动车辆识别）系统记录关键节点的车辆过点记录，跟踪车辆位置，了解车辆的实时生产进度。MES 记录的在途车辆信息主要包括车辆位置、车辆状态（Hold、SET-IN、SET-OUT、下线等）、调整返修、前/后车车号、生产序列、AVI 过点时间、工艺路径等。PDM 系统负责物料清单维护、车型配置和设计版次控制。

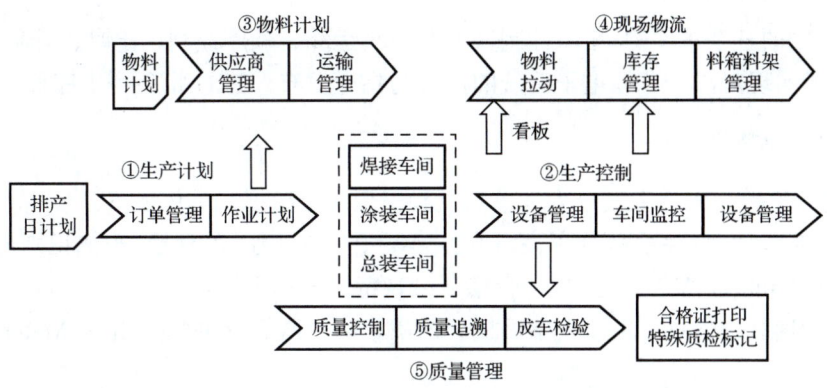

图 5-56　MES 核心功能示意图

5.10.3　MES 的功能

汽车整车的设计、生产制造、销售等相关环节比较复杂，对制造信息系统的要求及依赖度极高。整车 MES 是整车制造环节的核心应用系统。整车 MES 是基于汽车生产的业务流程与需求，采用按需供给、库存最低的管理模式，形成与生产线密切相关的生产执行系统。其主要功能贯穿整车厂供应和生产业务价值链，支持生产计划、物料管理、质量管理、交车管理等不同职能部门的业务流程。

整车 MES 的功能主要包括业务功能架构、基础数据管理、生产计划管理、作业指示、数据采集、车辆跟踪、设备连接、质量管理、物料管理、生产监控和系统集成。

整车 MES 的业务需求主要包括生产控制管理、物料管理、质量管理和设备管理，整车 MES 以生产制造为功能主线，以物流配套和质量管理为业务支撑，主要划分为生产计划、生产控制、物料计划、现场物流、质量管理五大业务模块，设备管理功能包含在生产控制模块中。某一工厂的 MES 框架包括冲压、焊装、涂装、总装，其示意图如图 5-57 所示。

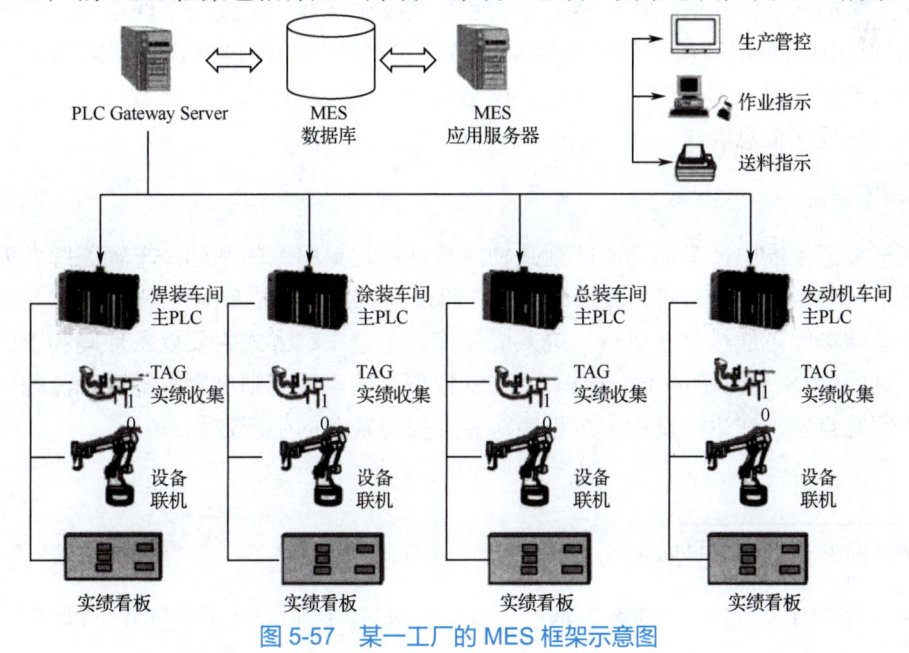

图 5-57　某一工厂的 MES 框架示意图

图 5-57 中的各个车间的 PLC 控制器通过逻辑运算、顺序控制、定时、计数和算术运算等操作指令，实现对汽车各项电子系统的控制与指令发布。TAG 指各个工序标签。

1. 基础数据管理

MES 的外部数据来源主要分为订单数据和车型基础数据，具体如下。

（1）订单基本信息：主要包括车型、颜色、年份、发动机号、车身号、车辆识别号码（Vehicle Identification Number，VIN）、企标、合格证号、特殊车标识等。

（2）车辆选装件信息：主要包括门板、前围、离合器等 BOM（Bill of Material，物料清单）数据。

（3）车辆条码信息：主要包括各选装件条码记录、车辆钥匙密码记录等。

（4）车辆过点信息：记录通过生产工艺流程上的每个现场点的时间。

2. 生产计划管理

MES 的计划管理模块主要负责接收 ERP 系统生成的生产投入计划，由计划部门根据顺序计划和生产实际完成情况对接收的顺序计划重新赋予生产时间，形成车间生产计划。车间生产计划分为年度产量计划和周次产量计划。以整车订单为最小单位，实现年度内各车间、各车型每周次的生产计划管理，以及按各车间、各班次、各现场点进行每日生产计划管理。

作业指示主要是指获取与生产相关的顺序和信息，如生产参数代码（如配置参数、时间、顺序号等）、生产订单号码、VIN、销售发运参数等，还包括接收生产顺序计划、发布生产指标。生产指示发布途径包括工位电子看板、车身上线指示、发布生产控制卡、发布厂内作业指示单与发布厂外作业指示单等。

3. 数据采集

数据采集的信息包括车辆在焊装、涂装和总装等生产线的上线与下线信息；车辆在各车间可能出现的因质量问题或其他原因要求被拉出生产队列和经过处理后重新加入队列的信息；车辆组装的关键零部件信息；车辆在检测线和工艺停车场的各种状态信息；生产线上自动设备的过程反馈信息等。

4. 车辆跟踪

在汽车混流生产中，车辆动态队列是物料拉动和订单跟踪的基础，车辆跟踪尤为重要。一般情况下，车辆在焊装车间就开始被跟踪，通过 WBS[①]和涂装车间，经过 PBS[②]后，重新排序，直至总装车间下线检验结束后，进入成品库。车辆跟踪方式主要以条形码和 RFID 标签为主。车辆的 VIN 是车辆的唯一标识。MES 根据具体业务规则设定车辆跟踪流程，规划车间现场的跟踪点位，在生产过程中全程跟踪并监控每辆车的生产过程。

---

① WBS 的英文全称为 Welded Body Store，即已焊车身存储区，是汽车厂内焊装车间与涂装车间之间的缓冲、存储区域。

② PBS 的英文全称为 Painted Body Store，即已涂车身存储区，是汽车厂内涂装车间与总装车间之间的缓冲、存储区域。

5. 设备连接

MES 通过分布在工厂各生产线上的局域网和以太网转换器与焊装、涂装、总装生产线及检测线上各类型的自动设备进行物理连接，如焊接机器人、涂装机器人、PBS 车辆顺序调度控制器、T/C/F 总装设备、总装扭矩设备、车辆铭牌制作设备、VIN 条码打刻机、零件电子灯选设备及检测设备等。联机的设备与系统之间基于指定的协议和流程进行通信。MES 会根据当前的生产顺序发出作业指示和传输相应的数据到底层自动化设备，并从自动化设备接收反馈数据等。

6. 质量管理

质量管理是企业为了保证和提高产品和服务质量而开展的各项管理活动。整车质量管理是指在生产过程中按照工艺流程进行质量检测和控制管理，采集并分析质量缺陷数据。

7. 物料管理

在整车制造过程中，从钢板到成品车的最终下线涉及的物料种类、数量繁多，生产各阶段的在制品也较为复杂。整车制造的物料管理一般包括厂外与厂内物料供应方式、库存管理、料箱/料架管理、运输管理、供应商管理，以确保生产物料满足整车制造的要求。

8. 生产管理与监控

车间生产管理与监控为各级管理人员提供准确、实时的车间生产信息，支持管理人员对车间生产过程进行监控，对生产异常/报警及时进行处理，以及对生产数据进行管理和订单查询追溯。在面向订单的生产模式中，车间生产管理与监控基于对订单数据的管理和对订单过点状态的跟踪，以反映各车间的生产情况。

9. 系统集成

一方面，MES 与企业上层的 ERP 系统、供应链系统、质量检测系统、汽车合格证打印系统、整车发运系统和生产报告系统等进行应用系统集成；另一方面，MES 向下实现生产线设备自动化连接与系统集成，与焊接、涂装生产线的工业机器人、PBS 控制设备、激光打刻机、加注机、传送带控制器和物料操控区的控制服务器等各种设备实现连接通信与控制。

思 考 题

1. 发动机的哪些零件是通过铸造生产的？
2. 在汽车生产中，哪些工艺需要用到机器人？
3. 在汽车制造中，有多少金属零部件属于冲压生产件？

参考文献

[1] 张爱民. 汽车性能检测与评价[M]. 北京：人民邮电出版社，2009.

[2] 余伶俐，周开军，陈白帆. 智能驾驶技术：路径规划与导航控制[M]. 北京：机械工业出版社，2020.

[3] 崔胜民. 新能源汽车技术解析[M]. 北京：化学工业出版社，2016.

[4] 凌永成，李雪飞. 现代汽车与汽车文化[M]. 北京：清华大学出版社，2010.

[5] 樊百林. 发动机原理与拆装实践教程：现代工程实践教学[M]. 2版. 北京：人民邮电出版社，2016.

[6] 倪骁骅. 汽车制造技术[M]. 北京：北京理工大学出版社，2020.

[7] 端佩尔. 智能汽车无人驾驶与自动驾驶辅助技术[M]. 北京：化学工业出版社，2021.

[8] 张靖，亓相涛，韩光辉，等. 车联网技术与应用项目实践[M]. 武汉：华中科技大学出版社，2020.

[9] 江支柱，董宝力. 汽车智能生产执行系统实务[M]. 北京：机械工业出版社，2018.

[10] 于海东. 电动汽车维修快速入门与提高[M]. 北京：化学工业出版社，2019年.

[11] 陈新亚. 汽车为什么会跑：图解汽车构造与原理[M]. 3版. 北京：机械工业出版社，2017年.

[12] 王超. 基于汽车风速的风能发电系统研究[D]. 北京：北京交通大学，2014.

[13] 王然. 电动汽车风力发电装置的设计[J]. 汽车维修，2013（11）：6-7.

[14] 崔志浩，赵文栋. 汽车风阻发电系统[J]. 物联网技术，2015，5（5）：8.

[15] 施裕祥. 风电合一电瓶轿车：200810234145.2[P]. 2008-11-04.

[16] 陈凤东，洪炳镕. 基于动态阈值背景差分算法的目标检测方法[J]. 哈尔滨工业大学学报，2005（7）：883-884，955.

[17] 蔡英凤，刘泽，孙晓强，等. 基于双车辆可变形部件模型的车辆检测方法[J]. 汽车工程. 2017，39（6）：710-715，721.

[18] 曹诗雨，刘跃虎，李辛昭. 基于Fast R-CNN的车辆目标检测[J]. 中国图象图形学报，2017，22（5）：671-677.

[19] 何耀华. 汽车制造工艺[M]. 北京：机械工业出版社，2022.

[20] 徐义鎏，贺鹏. 改进损失函数的Yolov3车型检测算法[J]. 信息通信，2019（12）：4-7.

[21] 贾志杰. 智能汽车复杂场景多目标检测与跟踪算法研究[D]. 重庆：重庆交通大学，2018.

[22] 李明熹，林正奎，曲毅. 计算机视觉下的车辆目标检测算法综述[J]. 计算机工程与应用，2019，55（24）：20-28.

[23] 陈也. 智能消防机器人运动控制研究[D]. 北京：北京科技大学，2020.

[24] 任海啸. 智能消防机器人运动控制研究[D]. 北京：北京科技大学，2020.

[25] 姚嘉，马丽丽. 汽车制造工艺学[M]. 北京：北京大学出版社，2022.

[26] 欧玉春，童忠良. 汽车涂料涂装技术[M]. 北京：机械工业出版社，2009.

[27] 王俊朋. 小型垂直轴风力发电机的结构设计和气动性能分析[D]. 北京：北京科技大学，2021.

[28] 辛文萍. 汽车车载风能发电装置本体的优化设计[D]. 北京：北京科技大学，2016.

[29] 李飐，陈永艳，蔚蕾，等. 基于滑移网格的H型风力机叶片设计与气动性能研究[J]. 能源与环境，2015（5）：88-90.

[30] 杨燕玲，周海军. 车联网技术与应用[M]. 北京：北京邮电大学出版社，2019.

反侵权盗版声明

电子工业出版社依法对本作品享有专有出版权。任何未经权利人书面许可，复制、销售或通过信息网络传播本作品的行为，歪曲、篡改、剽窃本作品的行为，均违反《中华人民共和国著作权法》，其行为人应承担相应的民事责任和行政责任，构成犯罪的，将被依法追究刑事责任。

为了维护市场秩序，保护权利人的合法权益，我社将依法查处和打击侵权盗版的单位和个人。欢迎社会各界人士积极举报侵权盗版行为，本社将奖励举报有功人员，并保证举报人的信息不被泄露。

举报电话：（010）88254396；（010）88258888
传　　真：（010）88254397
E-mail：　dbqq@phei.com.cn
通信地址：北京市海淀区万寿路173信箱
　　　　　电子工业出版社总编办公室
邮　　编：100036